中國學術思想 研究輯刊

三七編

林慶彰 主編

第 4 冊

儒、道兩家「中道思維」的生命底蘊（下）

白恒旭 著

花木蘭文化事業有限公司

國家圖書館出版品預行編目資料

儒、道兩家「中道思維」的生命底蘊（下）／白恒旭 著 -- 初
版 -- 新北市：花木蘭文化事業有限公司，2023〔民112〕
目 2+238 面；19×26 公分
（中國學術思想研究輯刊 三七編；第 4 冊）
ISBN 978-626-344-172-9（精裝）
1.CST：先秦哲學 2.CST：儒家 3.CST：道家
030.8   111021695

ISBN-978-626-344-172-9

9 786263 441729

中國學術思想研究輯刊
三七編　第 四 冊　　　　　　ISBN：978-626-344-172-9

儒、道兩家「中道思維」的生命底蘊（下）

作　　者　白恒旭
主　　編　林慶彰
總 編 輯　杜潔祥
副總編輯　楊嘉樂
編輯主任　許郁翎
編　　輯　張雅淋、潘玟靜　美術編輯　陳逸婷
出　　版　花木蘭文化事業有限公司
發 行 人　高小娟
聯絡地址　235 新北市中和區中安街七二號十三樓
　　　　　電話：02-2923-1455／傳真：02-2923-1452
網　　址　http://www.huamulan.tw 信箱 service@huamulans.com
印　　刷　普羅文化出版廣告事業
封面設計　劉開工作室
初　　版　2023 年 3 月
定　　價　三七編 17 冊（精裝）新台幣 46,000 元　　　版權所有・請勿翻印

儒、道兩家「中道思維」的生命底蘊（下）

白恒旭 著

目

次

下篇　透過道家而思

第一章　從「相對」思維所開出的中道推演──《老子》的正言若反

本章提要

　　同處於一個必須思考「秩序重建」的時代氛圍，《老子》必然同樣地關注著生命將如何達到「和諧」的課題；在古典道家的思維世界中，《老子》一樣深切地並充滿著濃厚的「反省」意識。然而，《老子》的「反省」方式卻深深地給我們一次徹底性的翻轉，一次革命性的思維訓練，即從事物的另一面向切入，思考的向度由反向開始。於是，對於「禮壞樂崩」的歷史檢視，《老子》則指出：「故失道而後德，失德而後仁，失仁而後義，失義而後禮。夫禮者，忠信之薄而亂之首。」〔註1〕這樣的檢視意義確實充滿批評的聲浪；但是，身為通曉禮樂制度與掌管古代占卜、曆算之學的這批文化人〔註2〕，必當在此檢視中有其新的思維方向與期望；在「反向思考」的叩問中，卻隱含思索著如何重整這「失序」的人間。藉此而思，在《老子》一書充滿「正言若反」的思維模式中，「反」理當不是一味的抨擊，更不是因為反對而反對的無謂聲浪；站在重新檢閱這場「失序」的歷史轉變裡，以及走出絕對神權的思想蛻變上〔註3〕，

〔註1〕《老子・三十八章》。參見〔魏〕王弼等著：《老子四種》（含：老子王弼注、老子河上公注、馬王堆帛書老子、郭店竹簡老子）（臺北：大安出版社，1999），頁32。

〔註2〕《漢書・藝文志》認為：道家者流，蓋出於史官。參見〔漢〕班固：《漢書》。二十五史（上海：上海古籍出版社，1991）。

〔註3〕徐復觀以為：老子思想最大的貢獻之一，在於對此自然性的天的生成、創造，提供了新的、有系統地解釋。在這一解釋之下，才把古代原始宗教的殘渣，滌

《老子》的「反」，正是對生命的「平衡」提出由衷的叩問。這實質意味著，我們可以藉由這「正言若反」的思維方式，來探尋《老子》對「和諧」、「平衡」——所謂「中」——的思索與詮釋。本章將藉由《老子》所謂「正言若反」的思維方式，來觀察道家對「中道」思維的基本推演。

第一節　認知的打破與重構——知不知上

從另一個角度切入，即是從另一個角度推出；《老子》的「正反」思維，首先提供我們一處可以進行自反的思考空間。對於自我生命的全然獲知，正是依循在並體認到沒有一刻能完全達到「全然」的思維基礎上才能持續進行的；能洞悉到自我認知上的侷限與缺失，才能健全我們自身的認知。「正言若反」的思維，首先提供我們一場對「認知」的打破與重構之思考。

倘若我們一直無法揭穿我們的「無知」，那麼，我們本身就等同於處在一種莫大的「無知」狀態中；然而值得注意的是，當我們意識到我們有這項「無知」的狀態時，「無知」正在慢慢地被我們揭開、消去；其實能揭穿我們「無知」的真實源頭，正是從我們自認並且以為的「知」而開始的——我們正在檢閱我們的「已知」。《老子》對此，有其深入的觀察，其言曰：

> 知不知，上；不知知，病。夫唯病病，是以不病。聖人不病，以其病病，是以不病。〔註4〕

我們如何從中揭穿我們的「無知」，那便是須要從我們既有的「已知」開始，即從我們「所知道」的地方開始進行思考；也就是說，從每一個自身所知、所處、所能、所得的地方開始（現在就可以開始）。這些「所知」雖然有所侷限的，但卻是我們得以思考的現有基礎；我們之所以能有所調整與轉化，也是出自於我們對自己「現有」所知的再叩問，這隱含著一個相當重要的生命品質，即我們應當必須面對我們所處的生命狀態而有所反省。

這裡相當明顯地告訴我們一項事實，「知不知」不是讓「思維」停止，而是

蕩得一乾二淨；中國才出現了由合理思維所構成的形上學的宇宙論。不過，老學的動機與目的，並不在宇宙論的建立，而依然是由人生的要求，逐步向上面推求，推求到作為宇宙根源的處所，以作為人生安頓之地。參見徐復觀：〈文化新理念之開創——老子的道德思想之成立〉《中國人性論史》（臺北：臺灣商務印書館，1999），頁325。

〔註4〕《老子·七十一章》。參見〔魏〕王弼等著：《老子四種》（含：老子王弼注、老子河上公注、馬王堆帛書老子、郭店竹簡老子），頁61。

希望「思維」不要受到干擾，特別是起於「自心」對「自心」的干擾，透過對這些干擾的重新檢視，讓「思維」本身的品質明朗起來；確切地說，「知不知」的意涵是希望我們的思維能盡可能地朝向「不受干擾」的狀態前進──這是一場朝向梳理自我，並且是面對真實自我狀態的旅程。然而，在這裡所謂的「朝向」，並非只是一味地為了某一種目的而前進，或是為達成某種目標而努力；這裡所謂「朝向」的實際狀態不單只是直線性或單向性的思考模式，它採取的方式，正是由它自身對自身所提出的「反問」而開始的──「知不知」實際的企圖是讓自身回到與自身進行對話，反思的意義正在這場「迴轉」思考上步步成型。這應從「己所不知」的思考當中來反照自身，讓自身所造成的原有干擾能透過其它觀點（己所不知的部分）的參照來體現思維的全面性；因此，單一性「目的」或者是「目標」理論，只是另一個造成自我限定的「干擾」而已，真實的反思猶如拿著一面鏡子看著鏡中的自己。這將顯現另一項更為深刻的事實，「知不知」並非只是讓自己朝向真實明白自己而已，它同時也意味著對自己以外的部份進行關懷，它實際朝向的是「全然性」的明白──參照於他者，正如同也在進行自我的檢視。思維透過此項的「迴轉」不但沒有停止，反而更加活躍。

　　「知不知」的思考，正是啟動我們自身的「知」去打破我們自身的「知」（以自身去打破我們的自身的無知），因為我們深深「知道」尚有我們還「不知道」的層面，以及值得我們細心品味的內容與我們不盡明白的道理存在；在這段「知不知」的歷程中，實際體現了幾項重要的思維意涵：

一、「知不知」的思考意義實際上是源自於對自身「所知」在其限定上的省思與突破。「知不知」是為了下一個「所知」而預備的。

二、其省思的啟動，是參照於自身所知以外的「不知」。所以「不知」成為一種可以不斷被認知的常態，一個時時保持淨空的狀態。對這一個「不知」狀態的省思，將引領我們獲得更多的「知」；同樣的，此「不知」的精神體驗，也將引領我們持續獲得更多的「不知」。這樣的獲得是非常平實的，正如孔子所言：「不知為不知，是知也」的義理相通。

三、「知」顯然沒有因為「不知」而被訴諸於一種停止的狀態；它不但沒有停止，反而能藉由這樣的反思能力來蓄養「知」的活力。換言之，「不知」不是「無知」；「不知」最大的回饋就是再度建立起新的「知」，即重新排列並組合我們原有的「知」。因為有外界聲音進入（我們所不知道的），使得「已知」的成分必須進行調整。

四、由此得知，「知」的真實品質是一種「啟發」作用，而不是滯留在一種既定的形式上，或者是強化要「知道什麼」或「擁有什麼」；它沒有為了要「知」其「不知」而走向永無止盡的「追尋」狀態（這極有可能會讓自身侷限在自己的限定中）。「知」其「不知」是一次次「迴轉式」的自我檢視（《老子》稱之為「反」〔註5〕）。正因如此，所以「知」同時使我們了解到「知」它自身的「不足」與「侷限」，以及洞視到它可以被再造的可能性；它不是一味地往前行進的意識，它更重要且必須的是，時時照見自己可被啟發的條件。

五、倘若我們只是固守在永無止盡的追尋上，那麼「知」的自身就極有可能被此種狀態給限定，這只是一種「假象」而已；在這些表面看似豐富的獲知上，充其量也只是造成更多的障礙而已。「蒙蔽」就顯現在「自以為是」的狀態中。所以，「知」必須從自身自以為的狀態中抽離才能是「知」，「抽離」是為了「進入」而準備的。這才能真正進入到所謂的「真知」。「真知」就是「知不知」。

「知不知」在不斷進行「迴轉」思考的語境當中，其實際表露出來的意涵已經不再只是對外在「對象」（包含事物本身與連帶產生的議題）的關注，在轉化的歷程中，「對象」回歸到「自我本身」，關懷的核心由外圍現象的變化轉向了內部本質的確立（這裡的內部本質不是抽象的理論，而是真實可感的心）；確切地說，「知不知」的「知」已經不在只是停留於對「知道」與「不知道」的判別，或是從中思辨兩者之間的差異而已；此時之「知」所展露的是對「一切」的關懷，此時之「知」所體現的是能全然面對於一切事物，而且保有並開啟對一切事物的「對話空間」。

換言之，各自「差異」的相互碰觸，只是此次對話歷程中的暫時現象與方法而已，在思索對象的不同時，其實正是在尋求對自我的再認識。這不是一種自我孤立的狀態，這是一種謙沖品質的展現，以及富有包容其它對象的互動精神；它將原先所「面對」的心境已經轉化為「應對」的狀態；它所啟動的不是針對「對象」的判別（判斷我與非我之間的相同或不同）而已；它已經由「對

〔註5〕有物混成，先天地生。寂兮寥兮，獨立而不改，周行而不殆，可以為天下母。吾不知其名，字之曰道，強為之名曰大。大曰逝，逝曰遠，遠曰反。《老子‧二十五章》。參見〔魏〕王弼等著：《老子四種》（含：老子王弼注、老子河上公注、馬王堆帛書老子、郭店竹簡老子），頁21。

象」回到了「自己」，讓「自身」處於可以靈活運用的狀態（也就是因應）；因為，它明白通曉一件事實，即「自身」（我）也是他人眼中的「對象」（非我）。「知」沒有一刻被停止過，但「知」也沒有因為持續的進行而進入所謂「分化」的狀態。沒有停止，是因為「知」一直在「知其不知」的狀態中被喚醒；沒有進入分化，是因為「知」一直在進行「知」與「不知」的調合。

　　王淮就此問題，提出他的觀察，其言曰：

> 所謂「知不知上」，即莊子「知止其所不知，至矣」（齊物論）之義，蓋「不知」所暗示的是「知」之限度，一切之「知」在本質上皆是相對而有限的，莊子大宗師所謂「夫知有所待而後當，其所待者特未定也」，即其義。能知「不知」，即是知「知」限度，能知「知」之限度，即能保證「知」之有效性，而不致產生謬誤。〔註6〕

從簡單的思考角度來說，這當然是無庸置疑的，因為察覺到自身的不足，所以才能讓自身處於時時更新與運用的效應；但是，所謂的「有效性」與「不致產生謬誤」的觀點我們應當再度深入思索才行。因為「有效性」與「不致產生謬誤」的引申意義似乎容易讓人有了某種目的性與絕對性之觀感，對於這樣簡化的分析我們必須加以思索。

　　「上」與「病」顯然是一個對比，我們確實極為容易地從「對比關係」上來解讀此條材料，雖然沒有太大的訛誤，但我們不能因此而限定它們只是兩種「極端」觀點上的對照而已。我們應當深入檢閱這等關係。端詳仔細，「上」是使生命朝向「不受干擾」的狀態，「病」則是使之朝向「受其干擾」的狀態；《老子》所謂「知不知上，不知知病」的陳述，是屬於思辨程序上的第一層次，然而真正進入省思狀態的乃是「以其病病」的程序，這當是屬於思辨程序上的第二層次。在這第二層次的思維活動中，才能真正啟動察覺自我的「不知」，這一層次的思考才是獲得「知」的開始。誠如稍前的論述一樣，「不知」的本身不是一件錯誤的事情，不去認清且面對「不知」的事實才是問題的根源；換言之，「病」的出現並不代表問題的癥結，沒有進行對「病」的內部檢閱才是干擾的開始（通常我們正如《老子》所言一樣，以「不知」為「知」，所以才「病」）。據此，「病」可被視為是通往「上」的一個基本條件，這一個通往的過程就是「病病」（知曉自身的不足），這是極為重要且必須的歷程。

　　我們可以說，「上」的真實呈現，正是對「病」進行深入的檢討；嚴格地

〔註6〕參見王淮：《老子探義》（臺北：臺灣商務印書館，1982），頁269。

說，「上」的成就必須從「病」的體悟開始。由此可知，「對比關係」的提出，實際上是在顯現一體總有它兩面的道理，這樣「一體」才是聖人所要關懷的。因為，就一方而言，「上」的真實狀態，並沒有因為在其「上」而產生「自居」的態度，反倒是在其「上」的同時，則能時時檢視自己的「病」，因為「上」的品質是自謙的；就另一方而言，「病」並沒有造成在成就進路上的障礙，「病」使之自我有了深刻的警覺，「病」反倒能成為進步的資源。事實上，「知不知」正是一種「中性」狀態，它實際依循在「知」與「不知」的兩種平衡上，「知」將立足在對「不知」的反芻上。

正如所謂的「謙受益」。「謙」的體會就是保持在這種平衡點上，讓自身可以接納他者，並從中尋得平衡的機制。所以，對「受益」的理解就不容簡化地解釋成為所謂接受到某種「好處」；所謂「受益」理當是讓自身有其更多的「學習空間」，讓自身與他者之間在彼此關係上有更多的思考與互動。據此，「受益」的意義可以被理解為是一種可以不斷增加與推展的狀態，這也同時意味著需要不斷進行關係上的調度與整合。

「真知」正是依循在沒有一刻能完全達到「真知」的思維基礎上才能持續進行的；換言之，「知」不是在刻意保持它常態性的「有效」上而努力，它自身可能會面臨一時的無效，但無效的到來並不是問題的癥結，真實面對並調整自我與他者互動之間的條件與關係才是能重新建立起新局的重要關鍵；所以，「知」的真切意義也就不是站在能推翻之前的有效上而感到自喜，因為這一刻的重新整理只是為了要面對下一個無效性可能到來所準備的，這亦如所謂「滿招損」的叮嚀一樣。有了這一層認知，才是具備謙卑與活力的「有效性」——時時接受自己可能發生的無效，並從中調整且轉化其無效。同樣的道理，要達到「不致產生謬誤」就必須時時檢討自身可能發生的「謬誤」；也就是說，不要以為自身永無「謬誤」，在能洞視到自身可能有產生「謬誤」的可能性時，才能隨時處在活絡的狀態中。

「知」便不帶有任何自以為是的限制，而是能領會他者所能的領會的部分；所以「知」所呈現的是真實展露我們「不知」的一面（我們的「知」），也同時是展現出能品味他者所能的領會的部份（我們的「不知」）。面對這樣浩瀚無垠的「知識」群體，我們是可以那麼的親近的，甚至當我們在面對所謂的「知識」時，「知識」已經沒有原來與我們分隔的姿態，因為我們是如實的與它合而為一，並且因應其中（知識顯然不被以知識來看待，這種合一狀態所關注的

是生命的運作與生活的運用）。「不知」也就不是不明或無知的狀態，而是能領會其中的不足，啟迪與他者對話的可能性；因為，真摯地呈現出「不知」的一面，所以可以清楚地呈現「知」的一面。

我們的論證可以說明一件事實，即每一個自身都有其自我的領會，然「知不知」則能使之各自的領會與他者之領會進行參照，讓參照不斷在新的體認與新的領會中喚起更多各自所「不知」的一面，使之全體的參照值朝向更為健全方向前進，生命的任何可能性也同時不斷地被開啟；這種品質將帶領著生命體悟到「真知」的意義，使之我們知道自身的侷限與他者的無限，從而轉化並使得我們對自己產生更為全面的新的認知層次，讓自身的侷限打開以展演生命它自身各自無限的潛能。與其說保有一定的「有效」品質，倒不如說，是常處於一種「靈活」的狀態。

嚴格地說，「靈活」的狀態正是讓「知」保持在「中性」的狀態上，一方接受新意，一方反芻舊觀；「知」能在每一刻中被「轉化」，這種「轉化」是真實的認識自我與認識他者。「滿招損」，是在關切我們如何不要走向「失衡」的狀態，而「謙受益」，是在提醒我們，能站在「平衡點」上，時時吸收可以豐富我們「已知」的「未知」；「滿招損」與「謙受益」的觀點是讓生命在更多聲音的參與中來淬煉自我，使之全體有更「穩健」與更「和諧」的發展。

然而，在看似「簡單」的思維當中（相對思考），《老子》所關懷的視野似乎也因其「簡單」的特質而讓人容易忽視其中「豐富」的意涵（與《老子》自身所推展的思維一樣，最為簡單的內容，往往蘊藏著複雜的思緒。這裡所蘊藏的，即從最為「簡單」的「相對」關係上探索我們無以預知的種種現象；在某種程度上，這樣的思維活動本身正啟動了我們對自我的觀察與思考，它啟迪了我們生命中對種種「可能性」的尊重）。「叩其兩端」或許還只停留在事物的「平面」思考上，但在針對「相對」之間的關係發想上看來，它們之間的互動性被打開了，這樣的思考進路則足以朝向「立體」思維的狀態持續前進。

> 天下皆知美之為美，斯惡已；皆知善之為善，斯不善已。故有無相
> 生，難易相成，長短相較，高下相傾，音聲相和，前後相隨。是以
> 聖人處無為之事，行不言之教，萬物作焉而不辭，生而不有，為而
> 不恃，功成而弗居。夫唯弗居，是以不去。〔註7〕

─────────────

〔註7〕《老子‧第二章》。參見〔魏〕王弼等著：《老子四種》（含：老子王弼注、老子河上公注、馬王堆帛書老子、郭店竹簡老子），頁2。

　　首先，《老子》從「另一個視角」來觀察事物的「全體」，很顯然的，在掌握這個「全體性」的同時，他所觀察到的「另一個視角」與其原先所站立的「角度」之間的關係是如此地讓人深感其「衝突」，甚至帶有一些「緊張」的意味（很顯然的，《老子》所提供的兩個「端點」隱藏著「極端」的意味）。但我們可以這麼說，《老子》只是暫時採取了一種較為「方便」的思維方式，即以所謂的「相反」觀點，或一般我們所稱之的「相對」觀點來活化思考的內容；《老子》正藉由兩者之間的某種「對立」關係來激發、活化我們思維的內容與品質，以及在思維活動本身中注入思辨的能力，最終《老子》可能期盼依此而能推展出更多的思考空間與其在多元思考之下所帶來的創造力。

　　一旦我們自認為自我只是一個「我」時，我們將不斷地以自心的觀點去接受或排斥我們所喜好的與厭惡的，獨斷的思維將使我們成為一個傲慢且具偏見的個體；雖然眼前我們掌握了某種程度上的決定能力，但生命的內在質地充其量而言也只是空洞與孤寂而已，進而那些所決定之能力就趨向轉於對一種「權力」上的掌握與把持；那些難以阻擋的掌控心理與其立場預設，終將使之原有的美意錯置在不對的時空條件中而產生莫大的生命阻力。因為，自以為然的事理，在他者身上不一定是全然如此的。《老子》所謂：「天下皆知美之為美，斯惡已。皆知善之為善，斯不善已。」正是在提點我們能從那容易受限於自我的迷思，以及長期以來被自心的一偏之知所誘導的執著眼界中儘快覺醒。

　　正因有了這一點的「反思」，生命的起點正在其另一個與我們相異或甚至是與我們對立的另一端開展了起來。那些我們眼中所謂「對立」的觀點——「有無」、「長短」、「難易」、「高下」、「前後」、「音聲」等關係——在《老子》眼中，這正是提供我們進行自我檢視的最佳參照對象。一旦「對立」成為我們自身思索的另一個「對象」時，我們的謙卑態度才真正開始被啟迪，生命的平穩狀態也同時才能獲得支持，並依此而持續地進行著。儘管這些所謂的「對象」極有可能與我們的意見歧異乃至相左，但正是這些相左與歧異讓我們自身也能同時洞視到我們的自視與固執。

　　事實上，我們能察覺的是我們自己，而不是單單將落點放在只有他者的設想上；正當我們能察覺並轉換角度思索與「我」之外的世界時，許多「非我」的存在與不同的觀點將改變、轉化我們原先自以為「是」的種種思維。我們的調整不是單就於他者的存在而調整，也不是單就於我自身的存在而調整，恰恰這種關係不是衝突的，反而是在這樣的歷程中形成某種程度上的相容；依此，

我們的調整就是我們之間的調整（「我」與「非我」之間的相互調整）。確切地說，我們所要思考的正是生命與生命之間的「平衡」關係，因為一切的本來狀態就是「一體」的。

在這些「兩極」觀點的舉例當中，「有無」、「難易」、「長短」、「高下」、「音聲」、「前後」其實只是事物的外在形象與其不定性的表現而已；然而，正因我們著重於一切外在的表象，而難以洞視事物背後的本質，終究只是受限於我們的自心。因此所以，我們極為容易地將《老子》所提出的這些現象（「兩極」觀點）視之為一種「對立」的關係。事實上，《老子》所要突破的，正是我們站在「對立」思維上的盲點；確切地說，《老子》企圖從一般人們眼中所謂「對立」的關係中去尋得並提升它們之間原有的平衡與其本具的和諧關係，《老子》正以察覺「對立」之關係來解消「對立」。

據此，「相生」、「相成」、「相較」、「相傾」、「相和」、「相隨」的狀態才是《老子》所要關懷與學習的核心；因為，「相」是有其「對象」的，「相」是有所「互動」的，「相」也是關係上的「平等」。有了「對象」的存在，則使我們在於思考之時將有所一定價值上的參照；然所謂「互動」，則提供我們所謂相互調整的可能；至於「平等」，則時時在提醒我們應當培養生命中的謙遜品質以及相互尊重的態度。更加深刻地說：正因為有了「對象」，我們才有照見自我的可能；正因有了「互動」，所以我們的生命才有繼續生成的可能，當我們無時無刻的在進行調整時，事實上是在進行改造，積極地說，是一種創造；正因為有了「平等」，我們的思維才是健全的，我們能欣賞彼此之間的特質，進而在這些彼此都沒有的特質當中，砥礪、促成、茁壯彼此各自所擁有的特質，並以此相互激發出來的向度來體認各自原有的生命質地。

最終，我們的思維向度受到轉化了；原先的「對立」關係只是一般的眼界的限制，要達到所謂的「對等」關係，才是能真正察覺萬物事態背後的本質，一種「和諧」的本質。相較而言，原先所謂的「對立」，只是我們各自的初步設限以及不明的假定而已；《老子》透過這層思索以及調整，生命竟可以在所謂「衝突」的氛圍當中找到「協力」的進路，在所謂的「緊張」關係中卻相當清楚地洞視到這樣的「平衡」機制。

進一步地，當我們在省思《老子》所謂的「反」的同時，「反」已經成功地且據實地提供了我們對一切事物的再觀察以及相互學習的機制。所以，「反」是對自身的「叩問」，同時也是對他者的「關懷」。當「叩問」與「關懷」同時

進行並且產生相應時,《老子》那原先所謂的「相反」策略就進而提升至對各自之間的「相對」關係之思索;因此,「相反」不再只是衝突的表現,「相反」也不再只是對立層次的議題而已,「相反」讓我們知道生命有其另一種我們不可預知的深度。此時,物(非我)我(我)之間的「相互省察」才能真正的被啟動,這是一種自身(我)與他者(非我)之間的真誠對話(消弭我與非我之間的限隔),也是重新看待生命的最佳方式與態度。「反」的提出,不單就只是為了一種思維方法而存在,「反」是為了真正「認識」生命而存在的,甚至能藉此而具體地提供重新組合生命的種種可能,這即是所謂的「反省意識」,即思索著如何「傾聽」於我之外的「聲音」。

透過以上這些深刻的「反思」,《老子》所謂「正言若反」的思考〔註8〕,其真實本質將遠遠超過我們的設限,所謂「相反」乃至「相對」似乎不能全然符合《老子》思想中的基本性質,也絕非是《老子》思想所終究期盼的。我們確實可以將《老子》這種思維模式界定在於一種所謂「辯證邏輯」當中來進行,我們亦可將這種認知意識視之為是一種「相對主義」;但這樣的界定似乎太過於簡易,甚至無意地或不免地讓《老子》思想核心中的「反」受到某種程度上的委屈。澄清這種錯誤認知的理由與意義相當簡單,因為《老子》所建立的是「全體性」的生命關懷,而不是「為反而反」的消極論證。

換言之,「辯證邏輯」只是一個歷程,是一種方法,我們對於這種方便法門的正確態度必須建立在其所謂重新認識自我的意義上;因為,當自我能感受並體察到所謂:「知不知上」時,「正言若反」的意義才能走向「圓融」的狀態。如果我們的探索無誤,那麼《老子》所謂「正言若反」,便不是遊走於形式上的分析,或是純然的反對聲浪,以及那些所謂權謀論者所信奉的某種教義。倘若我們只是將「正言若反」視之為一種為達到某種目的而所建立的一種假性柔弱與順從,那麼所謂的「欲擒故縱」與「以退為進」的思維內涵,將被沾染上無稽的內容,以至於就算最終的目的達到了,生命的耗損以及乍看之下的成就,將顯得格外諷刺。

據此,我們應當重新檢視《老子》「反」的意涵。劉笑敢就此思維之內在深層意涵則指出:

> 以大量例證充分說明老子的辯證觀念有一種非世俗、反常規的傾向,

〔註8〕《老子·七十八章》。參見〔魏〕王弼等著:《老子四種》(含:老子王弼注、老子河上公注、馬王堆帛書老子、郭店竹簡老子),頁65。

有突出的價值色彩。老子的辯證法雖然有對自然現象的觀察與概括，有對世界普遍規律的關懷，但重心或意向卻在於一種與世俗或常規不同的價值和方法，因此與一般的辯證法理論有鮮明不同。認識這一點，對於我們把握老子之辯證法的特點是有重要意義的。〔註9〕

在劉氏的觀察中，我們極力可以認同一項事實，即《老子》的「辯證法」將有別於一般世俗或常規，《老子》的思維模式確實不同於大眾心理。當然，對於這點觀察將有助於我們深入思索《老子》對生命的解讀。然而，我們卻可以再進行一項思考，即《老子》的思維並沒有因為他的「非世俗」或「反常規」的特質而離開人間這樣的舞臺，雖然不同於大眾心理，但也不至於有其刻意標新立異之意；恰恰可以相容的，《老子》是暫時性地站在舞臺之外，但其心境卻是隨時凝視這舞臺的全貌。

　　換言之，《老子》對所謂「世界普遍規律的關懷」實質上是一種「再認識」的歷程（對自我與他者，以及自我與他者之間關係上的再認識）；《老子》所謂的「反」的思想成就，不是表面化的理論陳述，而是具體地參與以及深切的實踐精神。也就是說，《老子》思想必定要再度回到這個人間，也才能使其所具備的所謂「關懷」有其實質上的意義。唯有如此，這一「傾向」——再度回到世俗與常規，以及所謂的「突出的價值色彩」才能被成立；實際上《老子》思維的本質一點都不會讓人感到歧異，因為他並沒有站在脫離群眾的心態上來進行思考。相反的，令人可以反覆咀嚼的理由正是，《老子》能對生命「本然」的狀態進行實際的觀察並投入其中；因為，他察覺到一項事實，事理都有其相對的一面（這個道理相當簡單）。換言之，這是一種相當平凡且自然而然的思維與體驗歷程。

第二節　正反的交融與整合——不如守中

　　真正對於「平衡」的掌握，就在其面對原有且據實的「不平衡」。有其深入的相互理解與經歷的參照，經思索之後的接納才能提升到轉化的層次與意義上。「反」的提出，不是為了取代「正」的位置；《老子》所謂的「反」（返），是一種「整體性」的「反思歷程」；這種「反思歷程」將指向「中」的目標前

〔註9〕參見劉笑敢：《老子古今：五種對勘與析評引論》（北京：中國社會科學出版社，2006，5），頁670。

進。「正」思索著「反」，「反」思索著「正」，兩相之間是一種思維與思維的接觸，以及其思維重新統合的歷程。

思維的方式從最為「簡單」的方向切入，《老子》並沒有使我們進入艱澀且難以理解狀態中，反而是提供了我們一則我們經常忽略的思維角度，即每項事物的「相對面向」；理路的推演相當簡明，如同《論語》中其「叩其兩端」的基本思維架構一樣，思維活動所展現的正是以它自身的兩種最為基本的樣態呈現在我們眼前，這一個「簡單」的思考就從兩個「端點」開始。

誠如劉笑敢的另一項觀察一樣：

> 老子說過「正言若反」（第七十八章），也說過「玄德深矣，遠矣，與物反矣，然後乃至大順。」「順」相當於「正」（第六十五章）。正和反的概念很能代表老子關於事物對立雙方的相互關係的理論。〔註10〕

依據劉笑敢的看法，我們可以肯定的是，正和反是對立的雙方，當然也是相互有其關係的雙方；但是劉氏所謂的：「順相當於正」的見解，似乎可能是過於偏向於「反」的認知，而輕易得出的簡化結論。所謂「順」是否能等於「正」，而「順」的實質義涵，與其《老子》思維的轉折處到底為何？這將有當需要深入再度審思才是。除此之外，對《老子》正反關係的定義，劉笑敢也提出這樣的觀點：

> 「正反觀」或許可以作為代表老子之辯證觀念的術語。「正」是一切常規的現象，也是世俗的價值、標準或方法，「反」是超越常規或看起來與常規相反的情況，是表面上與世俗觀念相反的價值、標準、觀點和方法。〔註11〕

對於這樣的觀察與其中的二分，大致上我們是可以接受的；但是，我們似乎也能意識到劉笑敢在其論述歷程與闡明其要旨上的簡化之處——思維的癥結極有可能是，出自於單從其對比關係上的簡化推論所至。

事實上，劉笑敢的看法相當明白地為我們指出《老子》思維中之「反向思考」的意義，其所謂的「超越」見地，十足地指出思維的核心；但是，對於其中的思維轉折與其思維模式的推演歷程卻需要深入探討；問題就在於，這個「超越」是如何「超越」的？我們切實要問的是：所謂的「正」，何以能就此而易言之為「常規」或「世俗價值」、「世俗標準」、「世俗方法」呢？而所謂的

〔註10〕參見劉笑敢：《老子古今：五種對勘與析評引論》，頁671。
〔註11〕參見劉笑敢：《老子古今：五種對勘與析評引論》，頁672。

「反」，又何以能就此因其彼此的相對關係而推論言之為「超越常規」或「超越世俗」呢？進而，這一所謂「超越」的真實意義與其中所能包含的意味又是什麼呢？以及，其所謂「超越」之義之意味所帶給我們的真實啟示到底又是什麼呢？最終，我們還得連結之前的思考，「順」就能等於「正」嗎？這些都將需要進一步探索。

回到思維的推演上，當「正言若反」的思考被啟動時，思維的切實核心理當是在其相互之間的激盪，這句話的重點在於一個「若」字，「正」與「反」將各自看見對方與自己。就我們的觀察，《老子》的「正言若反」有其推演的歷程，以及在思維進程上的三個層次：

第一層：從發現「正」與「反」的對等關係開始；《老子》首先沒有偏向於任何一邊，他提出一個思考的基礎，即「正」與「反」都是平等的；正因為有其「相對性」的存在，所以對話的平臺與空間才能被展開，各自之間才有需要進行自我檢視的必要。

第二層：進而在思考相對關係的同時，「正」與「反」之間的各自的「反思意識」也已經被開啟；當一端見識到另一端時，其真實的意義還有一處，即檢閱到自我這一端。正方思考反方，反方思考正方；這種各自因其各自的存在而開啟的「反思意識」之「思考」才是真正所謂的「反」；「反」的真實意義在此時得到了提升與深化（不但在進行自我檢視，也同時在觀察他者）。所以，此時的「正」不可視之為「常規」，也不可就此易言之為是屬於「正常性」的；相對而言，此時的「反」便不可視之為「非常規」，不可就此而言之為是「反常性」的。此時的正、反關係嚴格說來，是就其相對性質而言，而不是常態或非常態的界定。

第三層：當「正」與「反」相互思索時，其同時也意味著：在「正」與「反」之間即將可能出現第三種聲音，此時的「聲音」將代表某種新的方向，就某種程度而言，這將有別於之前彼此之間的看法，或是各自原先的看法；嚴格說來，這有可能會是經由相互之間的碰觸之後而所產生的新的「共識」。當然，能不能是「共識」，還有待彼此之間的發展。就此而言，「正言若反」的最終思考與意義，正是在「兩者」當中找出平衡的機制，以及就此找到得以依靠且讓事物發展下去的動力；有了此思維上的推演，才可稱之為所謂的「超越」。確切地說：「正」所超越的，是「正」自己；同樣的，「反」所超越的，是「反」自己；然而更為重要的是，當「兩者」在超越各自過去的藩籬時，彼此之間的共同超

越也已經展開；彼此重新認識彼此，彼此也重新認識各自的自我；「兩者」之間正同時在開創新局。所以，所謂的「超越精神」應當是經由各自的「自省」，以及各自經由省思之後與從中調整彼此之間之關係後所呈現出來的「全體性超越」，這種超越才是真正的「反」；這種「反」的狀態，已經超越原先正、反之間各所自是的立場，其實質上是「反省意識」的實踐歷程。

我們可以這麼說，真正的「超越」是：「正」與「反」都產生了「自省意識」，它們都有了「退讓」；正當它們有所「退讓」，所以「正」與「反」也才能有所「進展」。

從以上的論述中得知：劉笑敢所謂「超越常規」的思考就不可輕易的放在正、反之間的相反意義上來談；換言之，就相對意義上來看，「正」不可專指於是「世俗常規」，「反」也不可專指於是「超越常規」。如果我們輕易就此而劃分，則容易將《老子》的「正言若反」誤以為是「反世俗的」，甚至認為其思想的本質是「避世傾向」的。當然，劉笑敢的觀察絕非此意，只是我們藉此而深入探討了第一與第二層的思索歷程；然而，在缺乏第一與第二層的思索歷程下，實未免讓人稍嫌粗略而有所誤解，所以，在其論述上當有所補充才是。

因此，我們可以說，劉笑敢就「超越觀點」所界定的「反」理當不能只是停留在單就相對關係而推展出來的正、反的「反」，這樣的「超越」應當是建立在「兩者」之間各自因其「反省意識」所帶動出來的「反」，這才有其思維轉化上的意義，至少才有「健康」的思維品質存在，以及具有朝向健全方向發展的意義。這樣的「反」是「整體性」的，是回歸到彼此之間的相互調和，以及尋得其可以永續發展之機制；而不是相互的對立，以及只為對立而持續生成的對立。「正言若反」當然有其「以退為進」的意涵存在，《老子》的思維意義與精神，也是就此而顯現其生機的；然而，若無以上對其思維推演上之察覺與其思維轉化上之洞視，那些片面性的解釋，可能會讓「反向思考」的思維內容顯得相當單薄。

英國漢學家葛瑞漢（A. C. Graham）對《老子》正反語境的思維模式有其這樣的見解，其言曰：

> 《老子》「反」不是由偏愛 A（即有、有為、有知、雄、實）轉向偏愛 B（即無、無為、無知、雌、虛），旨在變成弱、柔、下而非強、堅、上。由於人類的努力都是為了抵制朝向 B 的下滑，那個方向最初接近於自然過程的「道」，繼而被調整為從 B 的繁殖力旺盛的底部

　　　　新生後向上推動。這種「反」摧毀了 AB 的二分法，聖人並非停止
　　　　於柔弱的選擇上，而是轉向剛強，因為他意識到，順從強力而保存
　　　　自我，是待其大勢已去而戰而勝之途徑。〔註12〕

事實如此，「反」的提出，並非只是一味的「相反」或是「反對」，不是由一方
轉向於另一方；「反」的提出實際上是讓二分之兩端有足夠的空間來加以對話，
以此才能推出「正」的意義，與思索反的意涵。然值得注意的是，葛瑞漢在接
續的分析中之所謂「聖人並非停止於柔弱的選擇上，而是轉向剛強」一語，理
當深入探究。依據之前的分析；從「柔弱」的提出，到轉向「剛強」的應對，
其實是一場「剛柔相互調合」的歷程，是一次整體反思而推向新局的歷程，其
實這必須是尋找到剛柔之間最為合宜狀態才能推行的，所以這裡的思維轉折，
理當是「中」。倘若將「轉向剛強」視為以「剛強」為其目的，那便會窄化《老
子》的原意，以及忽視了其中具豐富性的思維闡釋。

　　美國漢學家安樂哲（Roger TAmes）為此（《老子》正反語境的思維模式）
提出他的看法，其言：

　　　　「道」追求平衡與和諧，當這種秩序遭到破壞時，道的作用是幫助
　　　　恢復它。同樣的，作為對佔主導地位的「陽」姿態的反應和糾正，
　　　　《老子》提倡將「陽」外延，而將「陰」的特點包容進去，以此作為
　　　　對人的世界不平衡的一種適當的矯正方法。《老子》並不是提倡以
　　　　「陰」的價值觀念來取代居主導地位的「陽」的價值觀念。〔註13〕

這樣的觀察，使得《老子》所謂的「反」的真實精神有了彰顯的空間，其思維
的價值性也有了更深遠的意義；至少，「陰」與「陽」各自之間都將是立足在
平等的基礎上的。在所謂的平等基礎點上，彼此之間才有進入調整的可能，在
融合的歷程中，整體的相互尊重是必要的，而所謂的合作關係也才能展開，以
及所謂和諧的狀態也才能有所依據與進展。

　　這樣的所謂「恢復」的品質，誠如我們所言，是朝向於「健康」的，是關
注其「全面」的；「陰」與「陽」在此狀態上，才能找到他們彼此之間可以發
展的空間，而所謂的「共識」才有可能達成；更重要的是，各自之間對自我生

〔註12〕參見〔英〕葛瑞漢：《論道者：中國古代哲學論辯》（北京：中國社會科學出版
　　　　社，2003），頁 266。
〔註13〕參見〔美〕安樂哲著彭國翔譯：《自我的圓成：中西互鏡下的古典儒學與道家》
　　　　（河北：河北人民出版社，2006），頁 458。

命的認同也才能建立起來。因為，真實的平衡與和諧的關係不只是單就於犧牲某一方而能獲取，這種秩序的恢復需要透過彼此之間的省思才能完成，以及最終自我的再肯定而得以圓滿；「反」就如同是一次的再造工程，它使之彼此之間產生自省的機制，以及相互參照的精神，「陰」與「陽」就此而找到可以站立的位置。

為此，安樂哲依據他所謂「陰」、「陽」共存的論述進一步將《老子》思想中的「母性」特質作了一番融通性的闡釋，其言曰：

> 《老子》原文中那些被認定為女性化象徵的符號系統更經常地表達了女性和男性之間的協調統一，這一點對我們所採用的雌雄同體（androgynous）的解釋方法相當重要。比如，「母親」是受孕的婦女；「子宮」之所以有生殖力是因其受精（fertilized）的緣故。〔註14〕

這等詮釋讓我們深思到：《老子》所提出的「反」，有其深切的「居中」的意味，「陰」、「陽」之間的問題是一場共同學習的歷程，這基本上正是「中」的狀態，「中」的基本特質；在這種「統一」之前，我們勢必需要對各自的「差異」進行認識，正當認識彼此的思維在進行的同時，我們其實也在進行自我反觀；這種對外的認識，同時已經也是在表明著對自己的檢閱，這種雙向互通的思維方式正是「正言若反」的實質精神；唯有如此，才能促進「協調」的機制，也才有「協調」的可能；那麼，所謂的生成與變化（生殖力）才能有其進行的依據；從思維的轉化角度切入，思維的品質被活化，因為有其「協調」的可能，那就能有其「創發」的效應。

不過，就此，我們得再度深入思考一件事實，《老子》的「陰」、「陽」兩極思維並不單就指向於「男性」、「女性」的概念，所謂的「生殖力」應當意味著相當豐富的詮釋內容；至少我們可以將「生殖力」引申為是一種「創造性」，並依此來進行更為豐富性的思想表述。從「男」、「女」生理的概念出發，對古老的生殖崇拜與信仰的基礎，實際在《老子》的思維體系中已作了一次廣大的延伸與翻轉；古老的神話隱喻將體現在切實的生活事物上，如果將這樣隱喻放在思維的運作上來思考，《老子》的「母性」形象實際上將意味著是一場在思維上的啟迪，以及其所呈現出來的孕育、積澱與再造、生成之意義。

「陰」、「陽」兩極的思維方式可以被推演成為「兩大概念」來進行，這種

〔註14〕參見〔美〕安樂哲著彭國翔編譯：《自我的圓成：中西互鏡下的古典儒學與道家》，頁459。

思考模式實包含著對所有兩種可能形成的相對形式進行理解與認識；在兩種差異極為甚大的條件中，《老子》要我們認知到事物的變動，正是由此展開的，並且在這種看似兩種極端的結構中，去學習傾聽你我都所需要傾聽的；在更大的可能詮釋中，我們可以察覺到，這是一場開展思維內涵的訓練，也是思考如何重新進行建構思維的訓練。從思維的角度去延伸這樣的隱喻內容，我們當有一個重要的體會：正值要達到所謂的「生殖力」之前，我們必須學會進行「參照」，再來我們必須行走在「和諧」的發展進程上，那麼，最後的「生殖力」才有其最為健全的型態；這一個歷程如實地再度告訴我們一項事實，《老子》對「中」的觀察就呈現在裡面。事實上，我們認為，這就是道家對「中」的基本詮釋。

因此，我們可以這樣進行思索，當「正」的一方與「反」的一方進行對話時，這樣的溝通機制，將啟動著各自所具備且能自行進行自我「觀照」的良好品質。也就是說：「正」與「反」它們各自都能「超越」自我（退），它們也同時地「超越」了原有的狀態，因而能使之事物之活動得以運行（進），並以「和諧」的姿態繼續在相對關係上進展下去（繼續地再進行所謂的「退」，又同時可以不斷繼續地「進」）。它們「超越」了原先的狀態，也就意味著，它們將有所「成長」；這種「成長」可被賦予更深刻的哲學語言，那便是「創造」；在「道」的整體上，我們看到它極為「謙卑」的一面，正也因為這種「謙卑」，所以我們又可以看見它「偉大」的一面；這種「和諧」，其實是在「超凡」當中顯現出一種「平實」，因為，「謙卑」與「偉大」等同如一。

《老子》思想時常在提醒我們的生命必須要有「包容」一切的精神與品質。知曉這一面向的同時，我們必須培養知曉另一「相對」面向的情操。思維是可以更為成熟的；當知曉這一面向的同時，我們必須培養知曉另一面向的存在與其意義。我們最終可以說：當知曉這一面向的同時，我們必須培養尊重「任何一種」面向存在的可能。確切的說，當我們思考著並建立起某種觀點時，我們必須思考著另一個與我們同時存在的觀點，甚至是與我相反或衝突的觀點。正因為有了這一層的省思，觀點與觀點之間才能互補、互相調整、互相包容，乃至最終的相互成長。《老子》認為：

　　知其雄，守其雌，為天下谿。為天下谿，常德不離，復歸於嬰兒。

　　知其白，守其黑，為天下式。為天下式，常德不忒，復歸於無極。

　　知其榮，守其辱，為天下谷。為天下谷，常德乃足，復歸於樸。樸

　　散則為器，聖人用之則為官長。故大制不割。〔註15〕

當我們對某種觀點產生「認知」乃至「認同」時，《老子》告訴我們，另一個相對觀點也同時是俱在的；這層認知將誠摯的提醒我們，真正的「平衡」是在其接納原有且據實的「不平衡」。在「知道」雄的同時，我們也必須「持守」雌的存在，就黑、白以及榮、辱之間的關係而言，也是如此同理可證的。據此，平衡的機制可以展開，在兩種相對關係的參照中，事態得以發展，事理得以推行，生命得以進行對自我與他者之間的相互觀照。過去對於「為天下谿」、「為天下式」、「為天下谷」的解釋，往往只是因為對《老子》的「反」的解讀過於簡化，而偏頗指向於「柔弱」的型態，以至於認為《老子》思想中的成分當以「柔性」為主；《老子》固然有其「柔弱」的面目，但《老子》理當不失其「剛強」的力量。

　　經由前面的分析得知，《老子》所謂的「谿」、「谷」、「式」理當是兩種相對關係兼備的狀態，這些意象都展現著消長、含融——「中」；所以，「谿」包容著雌雄，「谷」蘊含著榮辱，而「式」則並蓄著黑與白。換言之，一個真實的全然生命體必須展現著「柔弱」與「剛強」兩種相對關係。從「反省意識」來看，「谿」、「谷」、「式」的型態不只是單向思考之下的柔弱狀態，它們是兼具「兩種」相對思考下的「反思」型態。雌雄、黑白、榮辱之間的共同關係，理當有其一定的形式存在，但不至於走向一種制式與硬性規則；因為，雌參照雄，雄參照雌，所以是一個可以源源不斷生化的「式」（方法不斷推陳出新）。雌雄、黑白、榮辱之間有其相互依據的條件，所以它們各自有其各自形象，但不至於走向自我為是的狀態；因為，黑突顯白，白突顯黑，所以是一處時時不斷可以返照的「谿」（看到他者，等同照見自我）。雌雄、黑白、榮辱之間有其相容而又相成的作用，它們就此行走在平緩而穩健的狀態上，雖有各自的聲音，但不至於走向雜亂而無章的地步；因為，當「榮」與「辱」彼此洞視彼此時，相互成立也就等於可以相互消解，處於「不驚」的狀態才能往新局前進，所以是一個與時相容的「谷」（具備著接納，也具備著推出）。

　　雖然「谿」、「谷」有其「低下」的意象，但因為其具有高度的「反省意識」，所以其「低下」的一面就能凸顯出生命中另一「崇高」的一面（謙卑的態度，使生命有了擴充自我的機會）。從「全體超越」的視野出發；所謂「為天下谿」

<hr>

〔註15〕《老子·二十八章》。參見〔魏〕王弼等著：《老子四種》（含：老子王弼注、老子河上公注、馬王堆帛書老子、郭店竹簡老子），頁24。

的真實意義是：呈現一項「孕育」的歷程，因為它具足雌雄之條件；所謂「為天下谷」則是：具備「含融」的品質，因為它蘊藏榮辱之間實為一體之兩面的反思；而所謂「為天下式」則是：培養「參照」的精神，因為它可以同時吐納黑白之間的意見。

據此，那麼對所謂「復歸於嬰兒」的解讀，就不再只是回到一種所謂原始的狀態可以說明，而對「復歸於無極」的理解，也就不再只是回到一種所謂純然的狀態可以概括，至於對「復歸於樸」的詮釋空間，則不能再只是以回到一種所謂簡單的狀態來解釋；因為這些所謂「復歸」，事實上，都希望有所「再生」，這些「復歸」將充滿著「發展」的性質。

所以，我們對「嬰兒」、「無極」、「樸」的重新詮釋是：他們雖意味著「簡單」、「純然」與「原始」的意義，但不能就此論證只是單向思考中的「簡單」、「純然」與「原始」，否則會與「容易」、「幼稚」與「無知」等同；相對而言，正因為有其「簡單」、「純然」與「原始」的思索，他們實質上也同時顯現出擁有「無限」被啟發的「可能性」、「多元性」與「變化性」。這種「復歸」精神實際上是深具「創造」意義的，而不是因其決然性的反向思考而刻意去簡化某些必須存在的因素，進而無形中樹立了那些無意義的且不必要的對立與衝突；「復歸」是察覺其對立性，並吸收轉化其對立，而不是再度製造出對立。

換言之，「谿」、「谷」、「式」的型態事實上是「居中」的，將生命的品質回歸到「中性」的狀態，並藉由這些不同聲音的相互激盪，進而引領且轉化生命；他們謙卑地展現生命原有的智慧，所謂的方法對他們而言似乎可以更加超越，因為他們能運用其中而不被限制。據此，有了這一層思維的推展與其轉化，這樣的「復歸」不但有其「發展性」，且在其發展的歷程中，發展極有可能是不被看見的，甚至是相當平凡且不引人注目的（事實上，當一切進入軌道時，運行的狀態是如此的寧靜）；因為，這個「發展」是如此的平衡、穩定、和諧而謙遜的，《老子》對這種「中性狀態」的體會是如此地貼近，《老子》則就此狀態而稱之為「自然」。這正是《老子》對「中道思維」的首要詮釋。

我們也可以從「玄德深矣，遠矣，與物反矣，然後乃至大順」這句話再來進行思考。我們解讀的核心將放在「然後」一詞。所謂「然後」，勢必意味著必須經歷一場思索、調整，以及轉化的程序；所以，「深」不單只是有「就下」的意義而已，其所以深而不可測，當包含「往上」的力量；而「遠」也絕非只是「無限延伸」而已，其所以廣大而無邊際，是因為它理解到自己是有所限的；

而這裡的「反」，也就不只是單一思考所推論的「反面」思考而已，它實質包含著「正」的聲音；據此，整體而言，「玄德」的含蓄精神是有其主動性的，並且意味著某種程度上的積極作用。因為，它無時無刻地在進行自我檢視與觀察他人，所以是不斷性的再造。

深入探究，《老子》所謂「大順」，事實上是一種不斷在進行「調和」的狀態，是一種不斷接受「碰撞」並進行「調整」的狀態，這才是能真正地進入所謂「和諧」的狀態；所謂「大順」的思維模式，實深藏著「中道」的思維底蘊。所以，「順」就不能易言之等於是「正」；所謂的「順」，以及其中之所以能「順」，理當是因為立足於有其「正」、「反」之間的相互調和之基礎上才能被呈現出來的。所以，在「大順」的本質中，已吸收了正面觀點與反面觀點；「順」所意涵的思維核心與其精神其實就是「中」。其道理如同：當思索著「黑」時，同時也能思索著「白」；其中並隨時調整著「雌」與「雄」之間的關係；它更能轉化所謂「榮」與「辱」之間的對立。「大順」之所以可以持續展演下去，是因為它掌握了「中」，它展現出「中性品質」的特性與精神。

依此，我們以為，當兩處「端點」一旦被提出時，實際上正是意味著對「平衡基點」的探尋──「中道」的思維內涵正一一被引領而出；正、反之間的相對思考最為重要的意義不是停留在探討它們「原有」的相對關係而已，更重要的是如何從中推展出可以持續且平穩發展的「嶄新」動力。所以，「相對思考」是有其「願景」的，而不是「固守」的；那麼所謂的「超越觀點」才能就此建立起來，也才能全面性的來解讀《老子》所謂「正言若反」的切實意義。

然而，劉笑敢在論述中有一項重要的補充說明：

> 但是，老子絕不是從世俗的層面反對世俗價值的取向，而是從超越世俗價值觀的高度反對世俗的簡單的價值取向。所謂以反彰正，以反求正，就是要超出正反之對立，達到不同於世俗的「正」，或曰包容了「反」的「正」。〔註16〕

在這段論述的前半段中，劉笑敢的見地則與我們的思維推演相當接近；所謂「超越」意義當然勢必要建立在「超越」正反之對立的情景下才能彰顯，誠如我們所論證的，唯有「整體性」的「反」才能從所謂「超越」領域來界說，所謂的「超越」是建立在正、反各自之間的「反省意識」，更是建立在兩者之間相互調整的機制裡，當然也包含兩者之間不可預知的未來；「超越」的意義不

─────────────

〔註16〕參見劉笑敢：《老子古今：五種對勘與析評引論》，頁672。

斷在進行生命中的自我創新。所以，就所謂「達到不同於世俗的『正』，或曰包容了『反』的『正』」這句話，理當需要再度審思。我們似乎可以接受所謂「以反彰正」、「以反求正」的說法；我們也可以明白劉笑敢此種見解的用意，但這是一個極為方便的論述。因為我們以為，這一「超越」理當還須回歸於一切「常態」當中才能有其意義，所謂「達到不同於世俗」的「正」，並不是「不同於世俗」；這裡的「正」是經由「調整過後」的「正」，這一個「正」非但沒有不同於世俗，恰恰相容的，它還能在這一個世俗的舞臺上展演自己。一切思維將清楚地在人間裡落實，這不只是《老子》思想如此，中國古代思想的特質正是如此；正因為它需要回到人間，所以才能有所謂的「包容」，才有所謂的「超越」，以及持續不斷的「超越」。真實的「包容」不是暫時性的接受，具有深度的「超越」也不是立足於逃避中的假想；那麼，所謂的「相容」，也才能有一「反」一「正」的差異與統一。

據此而論，我們必須再度審慎檢視《老子》第四十章裡的這一句話：

反者道之動，弱者道之用。

此時的「反者」，不是為「反」而「反」的「反」（不是在於刻意與強化「對立」的關係），也不是一味地單指回到無有起始的開端的「反」（許多研究認為，《老子》的「反」是指向一種對「原始」的崇拜）；此時的「反」，我們以為是指向總體性質的「反」，它所呈現的狀態誠如之前所論，是一種「整體性」的「反省」意識，以及因其「反思」而得以持續前進與發展的動力。這一個總體性狀態，事實上已經進入到正反調和而開新局的狀態。

嚴格來說，「反」與「正」是一體的；從事物整體發展的歷程來看，正反關係從來沒有脫離彼此，而所謂的「平衡」也將必須建立在相互存在的關係中才有意義；倘若單單止於一方，或強化某一觀點，那麼狀態就會「失衡」。所以，這個「反者」不只是相對觀點中的「反」，此時的「反」，是「超越意義」上的「反」，是隨時都在進行「檢視作用」的「反」。

那麼，《老子》此時所謂的「弱」，就不是為「了弱」而「弱」的「弱」（不是消極性的「以柔克剛」），也不是一味地單指削弱自身或他者而成立的「弱」；此時的「弱」，是「謙遜」的品質。因為，從相對性思考來看，「弱」是「強」的另一面，「強」也是「弱」的另一面；當這層關係被關注並思考到時，相對關係也就被提升，提升到對各自自我省思的狀態上。

「柔弱勝剛強」的智慧，不只停留於以「柔弱」來「取勝」於「剛強」的

立場上，事實上，其義理實已超乎外在形式或一般所言及的「取勝」心態，「柔弱」並無藉由一方之觀點或偏頗的立論來強調自身的「柔弱」；令人感佩的思維意義是，「柔弱」所「取勝」的並不是對立面的「剛強」，它所戰勝的是它對「自身」的認識（再認識），它的「勇氣」正來自於能真實的面對「自己」。正因於它有參照於剛強的益處或剛強的缺失（剛強的條件使之「柔弱」有了省思的可能），所以才能依此明白洞視到自身的優劣而「相輔」於「剛強」當中；確切地說，「柔弱勝剛強」的真實狀態是經由雙方（柔弱與剛強）的相互「調整」而使之全體進入「平衡」的機制中。

　　《老子》所言的核心價值是在於後者（相對思考所帶來的啟發意義），而不是前者（單指相對性）。正因為有了這種「反思」（超越性），「弱」也就能體現出「剛強」；同樣的，「強」也就能體現出「柔弱」的一面。在「剛強」與「柔弱」的個別體質中，其實都蘊含著彼此的條件，只是當我們執著某種立場時，這種相對關係就會顯得格外衝突，因為我們關心的只是某一個點，我們只是強化了他們之間的對立而無法觀察到他們原有的和諧；然而《老子》卻能以此相對關係而超越此關係，在「柔弱」的體質中展演出「剛強」，在「剛強」的思考中也能保有「柔弱」的意見。換言之，有了這一層「相對弱化」的作用（各自進行對自我的檢閱），「弱」才有機會思考自己，「強」亦如是能藉此反省自我；那麼這層「弱化」也就不是「弱化」，「弱化」作用其實是進入調整的狀態，從另一角度來看，它正也是一種「強化」作用，其中的平衡正在協助我們如何進行調整；這其實是「中」的狀態。「弱者」將深具相互調整與自我檢視的品質；因為，「強」也同時因而顯現其中。

　　「道」之所以能前進與發展，正有賴於「正」、「反」之間的相互調和；所謂「反者道之動」的「反」，是從整體性上來考量的（是經由相互調合所得出的智慧，而不是一味的「反」）。此處的「反」，是《老子》對生命所提出的一種自我檢閱的方式；透過「反」，讓事物得以回到它自身的「自我觀察」中，進而參照相對一方的聲音，在其「平衡思索」的狀態中，減低我們一味因執著而過分強調的那一面（事實上，「平衡」的獲取正有待「正」方的參與，以及「反」方的參與）；在整體思考中的「反思」，其作用意義不在於因其能推倒「正」而存在，「反」的提出是「調和」的開始，是一種全盤性的觀察，這種自我檢閱啟動了事物的種種「可能性」；這樣的「可能性」正是宇宙萬物得以生成變化的「動能」與「方向」；依此，《老子》稱之為「道」──這是一個可以依循

的方向，但行走在這處方向上卻沒有一個制式化的規定與獨斷性的方式，這個形式一直走在不斷自我修正的進程上；「道」一直在反思自己。

所以具體而言，這裡的「反者」與「弱者」是一種「省思」態度。「反」在其立場上也必須進行「反思」，因為「反」必須尊重「正」的存在；而「正」在其立場上也必須進行「反思」，因為它也必須尊重「反」的存在。「反者」的「省思」意義，都可以在正、反各自反省態度上來講。誠如之前所論的「正言若反」之第三層次思考一樣，所謂「反者道之動」的「反」，是深具「超越性」的，它是「正」與「反」各自「自省」的結果；這裡的「反」已經不是相對意義上的「反」，它是超越於相對意義上而言的「反」。相同的思考，所謂「弱者道之用」的「用」，亦是深具「超越性」的，它是「柔」與「剛」各自「自省」的結果，唯有相互之間的「剛柔並濟」，「道」才能有發揮其「作用」的可能。

換言之，《老子》對生命的解讀，不單只是停留在所謂「以反求正」的狀態而已；因為，「以反求正」只是將轉化歷程化約成一種簡略的描述而已，如果不解其中，甚至會導致另一個無謂的爭端的生起。事實上，從另一個角度來看，我們也可以進行「以正求反」，這也是一種「反向」的思考，另一種可使之事物有其更多參照價值的「反向」思考。

在正與反之間的「對話」中，這是最為簡易的一種溝通模式，在歷程中其本身就已提供一個可以相互成長的空間。所謂的「成長」並不只侷限於各自的茁壯而已，在彼此相為消長的過程中，全面性的平衡狀態才是最終的指向，「成長」意味著彼此之間的退讓與進展，這也是一種和諧的局面。更重要的是，在正反消長的歷程中，平衡的機制不斷地被喚醒，創新的力道一直被提振；這當中，原有的「正」就已非昔日之「正」，而本來的「反」也就非昨日之「反」；在一「正」一「反」當中，它們已經產生一種良性向度（不以自我觀點為觀點），即如何「欣賞」彼此之間的特質。這絕非是苟且或是容忍的態度，這種「欣賞」是能將自己融入彼此當中，並且接受與提振彼此之間關係（這等關係便是，以正思反，以反思正的健康態度）。

依此而深思，《老子》所謂的「反」，實際上所要確立的是「正反達和」的進程，以及時時保持這種自我檢視的狀態；更重要的是，再藉由不斷「正反達和」的相互調和歷程中，持續地朝向「以和」而「達中」的全然向度前進；事實上，在「正反達和」的歷程中，「中道」的精神與品質已經透過這樣的思維被不斷地喚起了。所以這裡所言及的「道之動」的「動」，便不是單就站在相

對觀念中之「動」與「靜」的「動」，這裡的「動」是經由「正反達和」所產生的「動靜融合」之狀態，這種狀態正完全符合於《老子》書中對「道」的變化性與其生成意義的體會與說明；據此，我們可以說，「道」的「動能」是處於「動」、「靜」相互調和歷程中所得以進行之結果。透過對於這種「動能」的了解，我們可以深入得知，《老子》思想的本質並不是一味朝向「反向思考」的奉行者，在「反」（返）的歷程中，回歸到生命的總體價值上而言，才是「超越」生命的唯一方式；《老子》的「反向思考」之核心與其「超越意義」，正是建立於生命平衡的基準上而顯其可貴，其中的關鍵深切言之是「中道」精神的表現。

所謂總體價值正是指：當處於「動」的狀態時亦能思考「靜」的存在，當處於「靜」的狀態時亦能思考「動」的存在。對生命整體性而言，「前進」是相當重要並且需要關注的議題；然而其思維轉折的價值，正在其能透過「正反調和」的歷程而展現出具高度和諧意識的生命觀。如果這是一種「動能」，那麼這「動能」是透過「自省」的模式，在不斷察覺生命的種種可能下所持續推進的。我們可以說：「反者道之動」的「反」，以及「弱者道之用」的「弱」，所開啟的「動」與「用」，深具「靈活度」與「創造性」；因為，它們正是處在能「正反調和」與「剛柔並濟」的狀態上。

所以，我們必須再度重新檢視《老子》所謂：「萬物作焉而不辭，生而不有，為而不恃，功成而弗居。夫唯弗居，是以不去。」這句話。在過去的解釋中，我們簡略地從單向的反推思考而論，認為因其「不有」所以能「生」，因其「不恃」所以能「為」，因其「弗居」所以能「功成」。大致而言，這樣的推論並沒有錯誤；然而，這樣的簡略推論似乎還有些許瑕疵，不能進入《老子》思維的核心。因為，一旦我們極度關心於「不有」、「不恃」、「弗居」的「否定」語言情境時，我們的心思事實上只是進入了另一種「極端」而已，這種「極端」足以讓我們暫時接受自我的推論，而誤以為藉此就能與它們的「相對面向」——「有」、「宰」、「居」——達到某種程度上的平衡。因而，在這種局部性與片面性的思考中，容易將《老子》思想的內容往另一個偏執面向靠攏，進而因此以為《老子》的思想中存在某種「消極」的態度。

值得注意的是，「相對思維」之所以能被提出與進行，其論述的基礎並非單只依靠於「相對面向」的提出而已；一個成熟且穩健的相對思維，必須先建立在對「對象」的存在事實進行全盤性的理解與體驗；換言之，在提出「不有」、

「不恃」、「弗居」的思考面向之前，我們必須對「有」、「宰」、「居」有相當程度的思索與了解，甚至我們也必須尊重「有」、「宰」、「居」的立場。倘若要培養一種完整且賦有「全面向度」的生命品質，傾聽、理解、包融其「相對立場」中的聲音是必要的。

當然，思維的核心先由某種「絕對性」的面向出發，其向外推展的主要目的在於，能讓生命自我突破侷限；其中所歷經的翻轉，正是在不斷「相對性」的思維基礎上進行檢視與調整，最終所展現的是回歸到兩兩「相應」的狀態上。所以，「相對」模式的提出顯然只是一項方便的思維方法，因為它極為簡易且快速地觸及思維的核心，但其複雜的意涵卻不容我們以「對立」的角度來概括「相對」思維當中的「複雜性」、「豐富性」與「可能性」；依此，提出「相對」思維模式的主要原因理當是為了培養「相應」態度而準備的。「相對思維」的本質在其能拓展生命的種種可能，它能察覺到事物本身的可塑性，它亦能使事物不斷延展與擴充。

因此，一旦我們自心產生一種「立場」時，所有觀點的成立，也就同時意味著各種分化的開始。當《老子》提出所謂「不有」、「不恃」、「弗居」的觀點之同時，也正是要我們去思考我們既有的「有」、「恃」、「居」的狀態，從而在觀點與觀點的「對話」中去排除我們各自立場上（不管「有」還是「不有」）的盲點與缺失，甚至是彼此之間的衝突。「不有」、「不恃」、「弗居」的觀點提出，是提供我們另一個觀察事物的角度，而絕非要我們採取「不有」、「不恃」、「弗居」的觀點而不放；實際上它們不但成功地啟動了「有」、「恃」、「居」的自省能力外，也同時在反省著自己的思維內容（「不有」、「不恃」、「弗居」也同時在反省自己）。所以，「不有」、「不恃」、「弗居」是生命省思後的「謙虛」品質，而不是一種被簡化解讀之後的反對聲浪。換言之，「不有」、「不恃」、「弗居」的提出不是為了要有「生」、「為」、「功成」的結果；「不有」、「不恃」、「弗居」的提出，是要讓生命自己能自己觀察到「我」與「非我」之間的平衡與和諧。

從另一個層面來看，「不有」、「不恃」、「弗居」在「有」、「恃」、「居」的相互調和之下，所謂的「謙虛品質」不再只是一味的謙讓而不為；經由調整後的「不有」、「不恃」、「弗居」，是自然而然地展現出生命對自身領悟的本有能力而已，而絕非是陰險巧詐與謀略的代言，也不會朝向「消極」的進路。相對而言，「有」、「持」、「居」在「不有」、「不恃」、「弗居」的相對調整下，不再

是自視甚高的自我，也不再只是「假性」的積極態度。所謂的「積極態度」有了更為深刻的意涵存在；此時的「積極」，所展現的不再只是一味的追尋與前進，因為「假性」的積極只是盲目的欲求與無謂的追隨而已。依此，盲目的動力似乎不能代表此時的狀態，經由調整後的「生」、「為」、「功成」，是自然而然的「生成」、「變化」與「成長」，一切正處於和諧的狀態中持續前進。

據此而論，「生」、「為」、「功成」的狀態，是經由「有」與「不有」，「恃」與「不恃」，「居」與「弗居」之間的相互調和下所產生的，這實質上應證了《老子》所言的一句話，即「道常無為而無不為」〔註17〕的真實生命狀態——在生命的歷程中，我們勢必要碰觸許多問題與疑難，但這正也代表著我們的思考是在進行的，以及證明我們之所以可以存在之關鍵；然而，我們卻必須這樣藉此訓練自己（生），即我們不能對任何的一時的結果獨斷下了自以為是的定義（而不有）。

最終我們可以認同的是，在「不有」與「有」的調和之下，「生」被啟動了；在「生」的運作中，能實際回應出「不有」的謙遜品質，以及「有」的具體意義。在「不恃」與「恃」的調和之下，即能引領出自然而然的「為」；而這樣的「為」便能自行而「不恃」但也有所「恃」。在「弗居」與「居」的調和之下，即可穩定「功成」的結果；而「功成」即能展現出「弗居」的態度，以及「居」的安住意義。「生」、「為」、「功成」將體現出一種生命可以在平和狀態中持續發展的「中性品質」。

嚴格來說，「生」、「為」、「功成」的狀態是「中性」的，以道家的語言來說，正是「自然而然」的狀態。是經由省思、調整、融合之後的狀態，這是一種經由全面考量且關照後的「和諧」狀態，也就是回到它能自行的生成、運作的「中性」狀態。這種「中性狀態」因立足在兩兩相互影響且相互調和的氛圍中，所以當它以「恃」的方式看待事物時，則能叮嚀自我不能自視甚高而獨攬一切；相同的，當它以「不恃」的方式看待事物時，卻也能叮嚀自我不能過度消極而無所作為。正值這些聲音被包含且相應時，那麼萬物則得以運行（生），萬物則得以發展（為），萬物則能安身且立命（功成）。

我們更可以說，「中性狀態」時時可以接受考驗，它不會因有其作為而自滿，而沉溺其中；也不會漫無方向地遊走兩端，而顯現出消極的態度、極端的

〔註17〕《老子・第三十七章》。參見〔魏〕王弼等著：《老子四種》（含：老子王弼注、老子河上公注、馬王堆帛書老子、郭店竹簡老子），頁31。

虛無主義，乃至鄉愿的性格。如果我們只是一味地從狹隘的反推理論去看待
《老子》，而定之為因其「不有」所以能「生」、因其「不恃」所以能「為」，
以及因其「弗居」所以能「功成」的話，那《老子》思想的可貴終將只是被窄
化為一種「目的論」或「陰謀論」而已；因為我們思考的化約，《老子》思想
中的省思意義與其融通歷程，則極有可能被深深埋沒了。那麼，對這種「中性
狀態」的呈現而言，其實某種程度上我們可以稱之為「真」，這正如儒家語言
中所講的「誠」。

第三節　各種聲音可以齊響──沖氣以為和

　　從對「相對關係」的體認上再持續地擴充，《老子》之「正言若反」的精
神訓練，實意旨在培養生命的包容力與創造力。「正」、「反」思維是一種持續
處於動態歷程中的思維，其將從此時的「平衡」朝向更為「平衡」的狀態前進。
一個「平衡點」的真實面貌，不是靜處於兩端中央的支撐點；一個真實能展露
其「平衡」的「平衡點」，正在於它沒有所謂的固定的樣貌，它正因應於事物
之不同條件的參與，而有所移動、有所不同。生命多元且複雜的條件聚合與分
散，將提供我們更多在思維上的參照；所謂「沖氣以為和」的思索，正是由此
「中」朝向另一「中」的進路。

　　進一步地，當我們將「兩端」的假定拓展為三種、四種，乃至各種不同的
聲音時，思維的廣度與深度就必須進入真正所謂的「全面」考量，真正的「全
面性」考量將觸及更多無法預知的變化與種種可能。「全面向度」不因反對而
反對，不因提出相對思維而顯現出其自身的極端，更不會因此使自我之論證朝
向矛盾的循環當中；「全面向度」的思維模式不是消極的相對主義（兩者皆可
而沒有主見與方向），也不是極端的相對主義（只為了反對而存在）。「全面向
度」的精神正在於我們深知一件事實，即隨時認清「知不知」的道理，以及對
自我進行叩問的品質。《老子》說：

　　　　萬物負陰而抱陽，沖氣以為和。〔註18〕

所有的事物總有其最為簡單的兩個面向，在陰陽兩極的關係中，《老子》告訴
我們，陰陽兩極同時都在我們生命個體中具足，只是顯現的比例不同而已；每

〔註18〕《老子・四十二章》。參見〔魏〕王弼等著：《老子四種》（含：老子王弼注、
　　　　老子河上公注、馬王堆帛書老子、郭店竹簡老子），頁37。

一個生命體都有他自身的能力，這種能力就是要在這簡單的兩個面向中不斷思索與學習，進而找到他們之間最合宜的狀態。根據《老子》另一條材料得知，生命在其根本質地上就涵蓋這種全面性，其言：

> 含德之厚，比於赤子。蜂蠆虺蛇不螫，猛獸不據，攫鳥不搏。骨弱筋柔而握固。未知牝牡之合而全作，精之至也。終日號而不嗄，和之至也。知和曰常，知常曰明，益生曰祥，心使氣曰強。物壯則老，謂之不道，不道早已。〔註19〕

「赤子」（嬰兒）之所以能展現生命的純然與其厚度（深具及大的潛能），乃是在於它本身具足了「牝牡之合」的條件，但卻不受此條件的過度分化而干擾其中。所謂：「全」，是指嬰兒的生殖器官；帛書《老子》乙本作「未知牝牡之會而脧怒，精之至也」；「脧」字亦作「峻」字，河上公本作「峻作」。而所謂：「脧作」亦作「峻作」〔註20〕。其原意是指：赤子在其不懂男女交合的情形下，卻能全然保有其勃起的狀態；其意味著陰陽各具，卻能相為交融而無所妝飾與作態；其中所呈現的生命狀態是：全然飽滿的生理與心理，其精神將不受事物而左右。從思想的寓意來看，實包含兩種對等條件的參與，即陰陽的持平，以及相互之間的學習與包容；深入而言，這是生命平衡之自然狀態。《老子》藉此象徵來說明生命中的一種全然性（自然的狀態），以及在這種全然意義底下的一種平衡與穩定。所以，相較而言，一旦各自偏頗於一方，執著於男女各別之情慾作用時，則生命的全然性便會受到干擾，最終則既不知調和其中，亦會同時走向破裂。

這證明一項事實，萬物實有其相互交融的品質，這種品質可以引領出生命

〔註19〕《老子·五十五章》。參見〔魏〕王弼等著：《老子四種》（含：老子王弼注、老子河上公注、馬王堆帛書老子、郭店竹簡老子），頁47。

〔註20〕高明論及：「脧」、「峻」同字別體，「脧」、「全」同音相假，在此均指男性嬰兒之生殖器。河上公注：「赤子未知男女之合會而陰作怒者，由精氣多之所致也。」猶謂尚不知而且無兩性交媾之理與欲之赤子，生殖器何以充盈翹起，乃因體內精氣之充沛，純屬生理之自然現象。參見高明：《帛書老子校注》（中華書局，1996），頁94。

王弼本作：「骨弱筋柔而握固。未知牝牡之合而全作，精之至也。」亦可參見〔魏〕王弼著〔日〕石田羊一郎刊誤：《老子王弼注》（臺北：河洛圖書出版社，1974），頁77。

陸德明《經典釋文》曰：全，如字。河上作「峻」，子和反。本一作「脧」。說文：子和反。又子壘反。云：赤子陰也。字垂反。參見陸德明：《經典釋文》。孔子文化大全編輯部編輯（濟南：山東友誼書社，1990），頁1413。

的強韌性。從「韌性」來形容只是方便語，所謂：「骨弱筋柔而握固」、「終日號而不嗄」，實際上只是思維推論上的方便而已；《老子》思想的核心仍在其「精之至也」與「和之至也」的狀態上，因為，唯有兩者相融平衡才能呈現其中的「生命力」。我們可以這麼說，「精」是其中經由相互（陰陽關係）調整之後得以發展的條件，而「和」是其中相互調整的狀態與歷程。

換言之，陰、陽之間的關係（牝、牡）雖然可以被簡化為一種所謂「對立」狀態的模式上，但這似乎不再只是《老子》所要關懷的重點，在一般所謂「對立」的條件顯現中，「合作」關係與「相融」的本質似乎是必須被注意的，而之前所論述的「自我認識」（陰陽之間它們必須相互學習與成長）的思考也必須被開啟；極為顯著的，誠如之前的論述一樣，陰、陽之間的關係正建立在「對等」的互動上，而不是相互排斥，或化約成陰陽相加除以二的情態而已；它們隨時保有相互「進退」的機動性質。

「負陰」與「抱陽」，事實上可以暫時被看成兩種狀態：即「負陰」是柔弱的精神，「抱陽」是剛強的精神。然而，當兩種狀態相互參照並進行融合時，關照的核心將移轉到對任何事物在發展與進行時的變動狀態上；他們之間的實際狀態是「相輔」的，整體關係呈現出一種「呼應」的節奏，並且依據其整體之變動而從中調整彼此之間的位置。由此觀之，原先彼此的「定位」是有的，但不會就此將自己鎖定成為是唯一的一種可行的方式，因為《老子》所要關懷的是它們所要開展的是他們之間的融通品質與精神。

陰陽之間之所以顯現比例不同，不是見風轉舵的聰明，也不是識時務為俊傑的應變能力；它們之間只有一項共通的堅持，那就是對「和諧」的尊重與維護。此時則進入到《老子》所謂「沖氣」的狀態。「柔弱」將參考「剛強」的觀點，「剛強」也能體會「柔弱」的立場；它們將重視在彼此調整狀態下所要面對的下一個可能轉變的事實──兩兩交融，而又能不斷推出新局──這是「負陰」與「抱陽」兩者之間最為重要的「共鳴」點，也是能被視為一體的主要原因。

「沖氣」的第一層意義，是針對「陰陽」之間的調和進行觀察，但「沖氣」思維實際給我們的第二層啟示，是對「各種聲響」的包容能力，以及對這種包容力的培養與訓練。第一層的意義是建立在思想的推演上，是將事物的運行基礎提出來；而第二層意義則落實到生活中的運用，同時認清事物運行的複雜性與多樣性。

　　據此，「沖氣」正意味著更多條件的參與，以及從中獲得其轉化與調整之條件。將可能介入的條件轉化為參照的聲音，藉由這層思考的推演，讓生命的質地提升至更為「豐富」的狀態；這樣的「多樣性」首先提供相互思索的基礎，進而能促進彼此的調整機能，乃至從中建立起不斷需要更新的依存關係。這裡以「豐富」的狀態稱之，而不以「好」或是「理想」來說明或界定此種狀態，實際的原因是在於「沖氣」的本質原來就站在其多樣與變化的基礎上；正因為有了這樣的思考意涵，生命的整體性是在體驗其各種條件的「平等」，以及他們之間的「平衡」關係，而不是在探尋一個「最好」的狀態。所謂的「理想」狀態就是無時的感受到自我的「不足」或是「不理想」的狀態，唯有從這層反思中才能跳脫自限，也才能與他者相互參照、共同認識而相容；那麼，所謂的「好」才能有進行的可能。

　　這裡所謂的「平衡」不再只是兩個端點的「中心點」，這一個「平衡點」隨時都有可能移動，自然而然的移動；因為，外來的條件隨時可能參與其中，進而改變事物的發展。因而，這裡的「平等」是相互學習的精神，他們之間甚至可以彼此欣賞。那麼，所謂的「多樣性」態度，將一直保持在「中性」品質的呈現上，它將時時接應事物的轉變，這是一種「應」的態度，是「和諧」的本質，也是一種面對事物不定性的最佳「方式」。然而，任何形式都可能不被明顯地提及，因為「應」就是本身的實際參與，而非理論化的陳述，「應」將顯現在其對「形式化」的破除與再推進的歷程上；其緣由在於，這個「立足點」（各種條件相應之後的參照質）終將永遠地佇立在面對事物的變化上。

　　正值不是一個被格式化的特定模式，所以「功能」沒有被設定，換言之，「功能」並沒有被指向於只是任何一種作用而已，「功能」實際上誠如之前所言及的，是一種「機能」的呈現，是關乎於全體性的和諧運作，而不是單一面向的掌握；所以，從另一個角度來看，「功能」其實是不需要被表述的，因為事物發展條件中的「能」不想被窄化。據此，「沖」沒有滯留在只是一種形容語句的階段，「沖」的底蘊實際上將表現出無限的創造力。正所謂：

　　　道沖而用之或不盈，淵兮似萬物之宗。〔註21〕

〔註21〕道沖而用之，或不盈；淵兮似萬物之宗；挫其銳，解其紛，和其光，同其塵；湛兮似或存。吾不知誰之子，象帝之先。《老子·第四章》。參見〔魏〕王弼等著：《老子四種》（含：老子王弼注、老子河上公注、馬王堆帛書老子、郭店竹簡老子），頁4。

依據王弼的看法：

> 夫執一家之量者，不能全家；執一國之量者，不能成國；窮力舉重，
> 不能為用。故人雖知萬物治也，治而不以二儀之道，則不能贍也。……
> 沖而用之，用乃不能窮。滿以造實，實來則溢，故沖而用之，又復
> 不盈，其為無窮亦已極矣。〔註22〕

所謂「一家」與「一國」的角度似乎不能進入「全面性」的思考，單一性的空洞與缺乏容易造成自我膨脹，以及對事物多樣性的不尊重；它們的「考量」將受限於它們的自我限制上。唯有當思維體系轉向相互參照時，作用才可能被啟動，而作用本身也才可能是「活潑的」，並且是「健康的」。「二儀」之道採取了相互學習的態度，站在此處而思索彼處，這樣的態度不僅能培養自我的品質，更能使生命朝完全發展的可能性有所提升；這便是所謂的「健康」。更深入而言，所謂「二儀」實際上不只包含陰、陽兩處條件而已，誠如我們所論及的，「二儀」所開啟的意義，是從面對自我的「省思」開始的，這種省思作用接連帶動的正是參照作用的發揮。從王弼的解釋中得知，事物的成就實際源自於它自身的「謙受益」而不是「滿招損」的停擺狀態。

根據王淮的看法：

> 所謂：「道盅而用之或不盈」者，蓋言「道」以「虛無」為其性用，
> 故似或非「實有」也。嘗試言之：所謂「虛無」者相對於「實有」而
> 言者也。實有，指具體之「事物」；虛無，指深微之「玄理」。此言道
> 以虛無而深微之玄理為其性用，故似或非實有具體事物也。世俗固
> 多知老莊貴「虛無」，鮮能識其深義。〔註23〕

相當明顯的，王淮以「體用觀點」來說明「沖」的狀態。我們可以這麼說：「用之」，所呈現的是「道」的實質作用（這是落實於事物中的種種作用）；而「不盈」，則是能說明「道」有其含藏的種種可能性（而這是含藏於事物發生作用前的任何一種可能的作用性）。就整體而言，可以跟我們論述接軌的是，「道」是深具可被開發的狀態，「沖」所呈現的是一種可以不斷進行「重組」的狀態，並且從中不斷發覺不同的「作用性」；這種型態正是所謂的「活潑」。

而陳鼓應的詮釋是：

> 「道沖」即是形容「道」狀是「虛」體的。這個「虛」狀的「道」

〔註22〕參見〔魏〕王弼著〔日〕石田羊一郎刊誤：《老子王弼注》，頁5。
〔註23〕參見王淮：《老子探義》（臺北：臺灣商務書局，1982），頁20。

> 體，像是萬物根源。它不但是萬物的根源，而且它所發揮出來的作
> 用是永不窮竭的（這可見老子所說的「虛」，並不是空無所有的）。
> 這和第五章上的說法是一樣的：天地之間，其猶橐籥乎！虛而不出，
> 動而愈出。「橐籥」是形容虛空的狀態。天地之間雖然是虛空狀態，
> 它的作用卻是不窮盡的。〔註24〕

陳鼓應就此也提出這樣的引申論述：

> 「道」體是虛狀的。這虛體並不是一無所有的，它卻含藏著無盡的
> 創造因子。因而它的作用是不窮竭的。這個虛狀的「道」體，是萬
> 物的根源。在這裡，老子擊破了神造之說。〔註25〕

對於陳鼓應的看法，我們是肯定的；「沖」所呈現的作用狀態是無限的，是具
備活力的。所謂「擊破了神造之說」，是還給每一事物在其自我認同上的基本
尊嚴，讓一切的運作回到事物與事物本身的互動性上，讓它們自身彼此產生對
話，使之干擾減至最低；如果這種自然運作的機制能呈現，那麼這種「整體」
才是完整的，不是破碎的。神的主宰性與其絕對性，在此似乎是被穿透的；《老
子》的思維不是毅然決然地放棄所謂的「神造之說」，《老子》是在反省的質地
中進而提升「神」的精神與意涵。「道」的品質是謙卑的，它不以主導性的角
色來看待事物，唯一尊榮的品質是在於它能不斷地自我學習（道法自然）；回
到事物各自彼此的相互學習中，每項事物都是「道」，「道」更能在事物彼此之
間的相互調整與融合之中展出來。我們要如何保護一處森林？其最好的方
法不是造林，最好的方法是「不要干預」這座森林。

　　從三家的解釋中得知，他們極度肯定「沖」（古解是「盅」）的作用意義，
以及它所能被容納的種種作用性原則。正值保有這種作用性，所以「沖」的狀
態有其發展方向，但沒有被鎖定於一種固定的模式（方式）。「沖」才可以被進
一步引申為「含藏」、「孕育」與「變化」。然而，縱使他們提及問題的核心，
但卻只能停留於對事態的形容與表達；對於《老子》所謂的「道沖」解說，還
尚待論證與剖析。「道沖」的本質與結果被發現了，可是少了對「道沖」之發
展與其歷程的論述。例如：為何可以「無窮盡」？為何可以「為其性用」？又
為何可以有其「創造力」？倘若我們之前所論述的方向無誤，那麼對這些疑問，
我們是可以解決的；站在這些註解之上，我們可以進一步論證並適度地提出一

〔註24〕參見陳鼓應：《老莊新論》（上海：上海古籍出版社，1997），頁30。
〔註25〕參見陳鼓應：《老子注譯及評介》（北京：中華書局，2007），頁77。

些補充，便能讓「沖」的思維精神更具意義。

　　從本論文的論述方向言之，「沖」不再只是「孕育」、「含藏」與「變化」等狀態描述或其表象意義而已；在這樣的隱喻當中，「沖」更意味著它自身必須進入「傾聽」與「消化」的狀態，它必須進行吐納，吐納各種不同的觀點。在各種聲音的交融當中，誠如一個和諧的演奏，各種聲音將一一呈現各自所擁有的特質；任何一種樂音（觀點）的存在，都將顯現出有其必要的部分（用之），但任何一種樂音（觀點），將不會以突顯自我的存在而存在，而顯得各據一方（不盈）。「沖氣以為和」正是這種和諧狀態之表現與總稱；歷程中，因「不盈」所以能時時「用之」，因「用之」所以能時時「不盈」。

　　「沖」正表現著不會太過，或不會有所不及的和諧狀態；所有的聲音，將恰如其分地找到各自的定位，並且發揮它們於當時最為理想的功能。如果從整體來看，「定位」的意義，其實不再只是表現各自的樂音特質而已，而所謂真正「功能」之發揮正，也展現在各自相互輝映的狀態中。據此，所謂的「虛無」實際上是超越實與虛的狀態，它實質上也同時包含了實與虛的條件；站在之前「沖氣以為和」的論述基礎上，條件其實是千變萬化的，而各種條件也都在相互揉合當中。正因如此，「虛無」才有它發揮作用的可能；正是因為它處於隨時相互參照各種聲音，所以它才有創造的活力。那麼，這種「為其性用」的狀態其實是相當「活化」的，對於這種特質，我們可稱之是「中性」的；因為，這種「中性」包含自謙的品質、相容的能力，亦即轉化的機制。這種特質將持續保持在平衡的狀態中，並且隨時接迎任何一種條件的參與。

　　換言之，「道」是如何呈現其「孕育」、「生成」、「含藏」的狀態的？其實是在於它自身「中性品質」的呈現；各種聲音的態度將是謙卑的，它們的聲響是和諧的，它們之間的關係是和睦且合作的。我們以為，「沖」的確切意義是在於《老子》對於「道」的一種整體運行上的表述，其中包括本質的認定──道的「豐富潛能」、活動的體驗──道的「轉化機能」，以及它最為重要的人文精神──道的「自省意識」。就整體而論，《老子》對「道」的體驗也是從「中」的思維開出，而又回到「中」的狀態來進行。

　　在生命的歷程中，遭遇「困難」並不會使之陷入「困擾」當中（每一項條件的變化，都有他實質的意義）；而對於「功成」的狀態也不會因此而感到「欣喜若狂」。阻力可以轉化為助力，助力可以昇華為協力。

　　　曲則全，枉則直；窪則盈，敝則新；少則得，多則惑。是以聖人抱

一為天下式。不自見故明，不自是故彰，不自伐故有功，不自矜故
長。夫唯不爭，故天下莫能與之爭。古之所謂「曲則全」者，豈虛
言哉！誠全而歸之。〔註26〕

對於生命的體驗，將時時處在兩端的「平衡」與「融合」的基點上，生命時時
都在這基點上展現其自身的安然；《老子》將這種生命品質稱之為「自然」。然
而，「自然」的狀態絕對不是「無感」或「無思」的現象，其本質是有所「思
索」的；理由是，這項「平衡」的基點隨時都在做「調整」，它不是「靜止」
不動於天秤兩端的中心點，它是隨時而應於其兩端在其整體產生變化時的「活
動」支點，它讓生命更為茁壯。所以，「抱一」的真實意涵是站在兩種相對觀
念之中，並且隨時進行相互之間的對等反思；「一」很顯然地不是唯一，也絕
對不是自我；相當明確的，「一」是全體互動的關係，「一」是相互傾聽的原則。

　　相互傾聽的特質說明了各自尊重的態度，而全體性的思維則能顯現其和
諧運作的機能。我們甚至可以觀察到，在這些「曲」、「枉」、「窪」、「敝」、「少」
的姿態中，它們呈現的其實是包容與接納的精神，在那些原先只是被視為是柔
弱的形容中，事實上已經相融了剛強的元素；所謂的「全」、「直」、「盈」、「新」、
「得」，正是柔弱與剛強相應的結果，它們指向的其實是「中」的全面狀態。
誠如觀點與觀點之間的互動，以及更新的觀點可以再被提出一樣，「抱」的意
象所顯現的是吸收與融合，以及在吸收與融合之下所開出的新局。如果我們能
了解這一點對生命的觀察與體驗時，我們才能真切地去感悟《老子》所謂的「柔
弱勝剛強」的真諦。

　　在正、反的兩極對等關係中：「不自見」正說明著，在正與反的相應中，
各自將不以自我為自我；「不自是」正說明著，在正與反的相應中，各自將不
以自我觀點為唯一觀點；「不自伐」正說明著，在正與反的相應中，各自將不
以自居其功勞與成就；「不自矜」正說明著，在正與反的相應中，各自將不以
自我之功成而感到驕傲。由此觀之，《老子》所言之的「明」、「彰」、「功」、「長」，
是觀點與觀點之間在經兩相平衡之後的「真實」狀態，並且是有其發展性、有
其具體之意義的──事理與萬物的進行是有其確切的「方向」的，而不是「盲
目」的（其中有所「明」）；事理與萬物的進行是有其「意義」的，而不是「消
沈」或「無物」的（其中有所「功」）；事理與萬物的生長與變化，正依據於這

──────────

〔註26〕《老子·第二十二章》。參見〔魏〕王弼等著：《老子四種》（含：老子王弼注、
　　　　老子河上公注、馬王堆帛書老子、郭店竹簡老子），頁 19。

種「調和歷程」而能綿綿不斷地進行（其中有所「長」）；事理與萬物將展現他們最為「自然」的一面（其中有所「彰」）。

　　事實上，《老子》所謂「明」、「彰」、「功」、「長」是經由各種觀點相應與調和之後的狀態，它們持續走在「和諧」的進程上，它們的品質所展現的狀態理當是「中性」的；「中性品質」要時時接應，並同時成長，正所謂的「有道者不處」[註27]。所謂「有道者不處」的真實意義是在於：「道」不以任何一種觀點為觀點，不以任何立場為立場；它時時保持「沖和」（沖氣以為和）的狀態──「道」的品質將保持在「中」的立場上，某個意義說來，「道」一點都沒有自以為是的色彩。

第四節　活絡的生命體──吾不知其名

　　從所謂「知不知」的基礎思維之精神訓練開始，《老子》的思維本質正是讓事物本身的詮釋權交還給事物本身，讓詮釋的空間保留在能有所活化的狀態裡；所謂的「定義」將因此而必須時時接受多方的檢視。這正是道家的「中道」。對於方法、形式《老子》不是予以唾棄，也不是放棄，更不是因此而對生命採取虛無、放任的態度；所謂的「完善」，就是在於體認到其中之「不完善」的思維歷程上而成立。《老子》希望生命的「方法」能「大方無隅」，生命的「形式」能「大象無形」。《老子》「正言若反」的思維核心，將提供一個活絡的思維空間（沖─盅─中）。

　　在生命的種種現象的體驗之下，其伴隨而來的是一種「常態」上的穩定性質，而不是因其激動與泛情緒化所導致的「偶發」現象。所以《老子》相當細膩地提出其對這種「常態」的看法，以及對這種「全面向度」真切之體驗與據實之評價。其言：

　　　吾不知其名，字之曰道，強為之名曰大。大曰逝，逝曰遠，遠曰反。
　　［註28］

［註27］《老子・二十四章》中，也有同樣的看法。所謂：「企者不立，跨者不行；自見者不明，自是者不彰；自伐者無功，自矜者不長。其在道也，曰餘食贅行。物或惡之，故有道者不處。」參見〔魏〕王弼等著：《老子四種》（含：老子王弼注、老子河上公注、馬王堆帛書老子、郭店竹簡老子），頁20。

［註28］《老子・第二十五章》。參見〔魏〕王弼等著：《老子四種》（含：老子王弼注、老子河上公注、馬王堆帛書老子、郭店竹簡老子），頁21。

在此，《老子》表明了對事物的一種基本觀察，即許多事物是無法用言語來形容的，而事物的種種變化更是無以預知的（這種態度恰恰也是對於自身的觀察）；站在對「中性品質」的涵養歷程上來說，《老子》不但採取了「還原」的姿態，它更藉由「還原」的歷程來「開展」出新的格局。如果從這裡與孔子所謂「溫故知新」的思維意涵相互接連，那我們的比擬是有意義的──《老子》在「省思意識」上則注入了更多養分，除了人們以為的聲音之外，傾聽宇宙之種種可能將是我們所需要的；他們雖然異曲，可是同工（孔、老都是站在自心謙卑的基礎上來進行思索的）。

「吾不知其名」將顯示出「知不知」的謙卑精神，這讓自身保持在一種基本態度上，即隨時處於「中」的狀態裡；「沒有定義」不是為了成為「一種定義」而提出的一種目的論，「沒有定義」的態度也不是要摒棄「定義」的實質意義與價值而出現的簡化辯證，「沒有定義」更不是一味的誠如「懷疑論者」所信奉之「一切不可信」的浪潮；「沒有定義」的確實要義是為了要接應更多的可能性，以及讓自身所堅持的唯一獨斷、意識，以及觀點的主導性質降到最低。

誠如「一」的觀點一樣，「大」不僅涵蓋了事物豐富的多樣性，也同實體現出事物在本質上的共通性。從多樣性的意義來看，則能提供我們對許多事物在其不同狀態中彼此可以參考與學習的條件及價值；而就其共通性來說，則能回歸到事物可以相容的基本原則上來進行調和。「大」的思維，正可以表明無限擴充的基本調性，所以《老子》附帶以「逝」來說明事物的浩瀚，更以「遠」來呈現事物的弗屆；然而，「大」也同時可以指向於是自心的謙卑，它指向對自我的叩問與收攝，所以也可稱之為「反」（返）──越見其「大」，越顯自己的「渺小」。

根據裘錫圭的看法，「逝」在古本有「衍」的聲音與意義，並且可以訓詁為「溢」，有其延伸、擴大、超過等引申義。而廖名春則以為，「遠」在古本中，應當讀為「轉」字異構，而且有其轉變的意義。〔註29〕如果這一個意象群是成組的概念，那麼「逝」就不單單只是一味的擴充，它尚且需要「反」來整合（每

〔註29〕 參見劉笑敢：《老子古今：五種對勘與析評引論》，頁287。同參見裘錫圭：〈郭店《老子》簡初探〉《道家文化研究（第十七輯）》（北京：生活・讀書・新知三聯書店，1999）頁，48。同參見廖名春：《郭店楚簡老子校釋》（北京：清華大學出版社，2003）頁，223。

一次的擴充，就是一次自省；每一次的外在條件參與，就是一次的重新組合）；換個角度來說，所謂的「遠」，就不只是無限性的自得與意滿，因為「遠」必當在學習的基本態度上進行自我的「轉化」，才能顯現其「大」的真義（「大」其實是縮小自我，而含納他者）。

　　也就是說，在這樣一個「大曰逝，逝曰遠，遠曰反」的成組意象群中，《老子》希望生命能不斷接受淬煉，在每一次的吸收過程中，都能擴充自身的條件並反哺自心的思考內容，進而讓整體思維的維度趨向於完整性與全面性。

　　《老子》使用了大量的形容詞來描述生命中這種「全面向度」，「大」極可能是其最終且最為理想的選擇；勉強為之「定義」，正是在其「沒有定義」的狀態中來尋得最為恰當的「定義」，這樣的方便之語，事實上蘊含著在思維歷程上的揉合與轉化；也就是說，「定義」必須隨時接受「再定義」，這樣的狀態正是「沒有定義」的最佳寫照。劉笑敢對此認為：

> 「道」是確實性與模糊性的統一，是我們無法確知的世界之總根源和總根據的一個不會過時的象徵符號。對於世界的總根源和總根據的任何確切的解說都會被補充和替代，而總根源和總根據的符號卻可以容納任何新的發現、新的理解，因此永遠不會過時。〔註30〕

從整體思維切入，劉笑敢之見地與我們的論點相為謀合，然就本論文之論述核心以為，「大」的實質性質理當是「中性」的展現，因為「中性」可以隨其時空的不同，進而展現出它活絡的本質；「中性品質」將站穩一項原則，即面對任何一個特例而言，都能成為自身可以學習與參照的對象或條件；所以，在每一次的補充或擴增的歷程中，就是展現出所謂的「大」運作，而在每一次補充或擴增的自我超越，正是「反」的精神，這便是對「反」之思維之最佳詮釋。

　　「反」，讓每次在增廣見聞的基石上，都能隨時保有「謙卑」的態度（自我檢視）；「大」，則使之生命的自我檢視，能應證在許多無可預知的變化上（參照他者）。「大」與「反」的思維是如何可以接連起來，並且進而成為一種「迴轉」型態的思考模式的？其理由相當平實，即「自我檢視」正是等同於「參照他者」；最終，使之生命持續展演而擴充。

　　相當成功的，《老子》正是站在「知不知」的基礎精神上，讓事物的詮釋權還給事物本身，讓詮釋的空間保留在能有所活化的狀態裡。更加精確地說，這樣的詮釋空間是站立在自身與他者當中，這樣的詮釋權是被放諸在自身與

〔註30〕參見劉笑敢：《老子古今：五種對勘與析評引論》，頁297。

他者之間的平衡互動上才能得到更為清晰的表明。

《老子》並沒有引領我們走向因為分析而形成的分化中，《老子》相當清楚地在分析歷程中得到思維的統一與融合。「反思」絕對不是單指保持在「反」的思考型態中而已，「反」的提出正如我們論證的核心價值一樣，是為了展現生命可進行並達到的平穩且和諧的狀態；也就是「正反達中」的狀態。

> 致虛極，守靜篤。萬物並作，吾以觀復。夫物芸芸，各復歸其根。
>
> 歸根曰靜，是謂復命。復命曰常，知常曰明。不知常，妄作，凶。知
>
> 常容，容乃公，公乃王，王乃天，天乃道，道乃久，沒身不殆。〔註31〕

思維的統一與融合正展現在「虛」與「靜」的方便形容上；因為我們深知，「虛極」與「靜篤」絕對不是滯留在「虛無」與「靜止」的情況裡；「虛極」必須對於「實」的內容要有所理解，而「靜篤」也必須對於「動」的條件要有所接應。嚴謹地說，「致虛極」是能在其「虛」與「實」的相輔位置上維持最多的參照條件；而所謂的「守靜篤」是能在其「靜」與「動」的相成關係下保留最佳的活動空間。所以，「萬物並作」的道理是這樣的：因為「虛」與「實」、「動」與「靜」都能進行反觀，它們各自「退讓」，卻也因此而能彼此「前進」，當事物進入相互參照與調和時，即是所謂的「並作」。那麼，「觀復」（返）的態度極為顯明的不是一味的「反」；「觀復」實際上是為了「生成」而準備的。正如書法的基本原則一般，欲右行者則必須由左起，欲下行者則必須由上起，圓融與渾然正表現在兩者的調和與呼應上。

「明」的意象當然是光明與潔淨的，但是「知常曰明」的「明」是在站「通曉一切」的意義上才能凸顯它思維的價值的；在這一層引申意義上，「明」必須同時知曉「黑暗」與「光明」存在之道理（事理總有兩面，也就是所謂的「一切」），這才是一個深具「中肯」的思考，也才是「全面」的維度，更重要的，也才能從這樣的基礎上不斷進行檢閱事物的「常理」。所以，我們可以這麼說，「知常曰明」的「明」不再只是「光明」的意義而已，它的「光明」必須要對「黑暗」有一定的認知才能成立；我們更可以說，真實的「明」，正是能時時叩問自身的「不明」才能證得其「明」。

《老子》相當清楚地說，「知常」的基本態度是「容」。從「容」的引申意義來說，實包含著「傾聽」、「接納」與「調和」；如果要達到「明」（知常），

〔註31〕《老子·第十六章》。參見〔魏〕王弼等著：《老子四種》（含：老子王弼注、老子河上公注、馬王堆帛書老子、郭店竹簡老子），頁13。

我們必須要先懂得「包融」一切事理（容納）的道理，學習思考我們的不足。
所謂「容納」絕對不是無條件的接受一切，「容納」是讓一切可能參與的條件
相互激盪，在看似破裂的歷程中，找到成立的可能，更可在每一次的成立當中，
力求下一次創新的到來；真實的「容納」精神是相當「公允」的，這不單單只
是對於外在條件上的「公允」，這等「公允」還需時時反觀來看待自己，「公允」
正建立在「自我省思」與「參照他者」的平衡上。

　　所謂：「有容乃大」，這是一個持續不斷讓自身成長的歷程，正因為其「不
自滿」所以才能有所「受益」；「公」則顯現一項事實，即「中性品質」將以其
最大原則──靈活性──持續前進。從「正反達中」的思辨來說，「達中」的
意義，便是不斷進行條件的整合，而不是斷然地接受只能是在某種固定的狀
態，或是易言自身已經是「中」了。從「知常容，容乃公，公乃王，王乃天，
天乃道，道乃久，沒身不殆」的整體論述當中得知，《老子》體現了「中性品
質」，其最為可貴的本質，即能不斷接受新的評價與詮釋。

　　《老子》對「中性品質」的韜養與呈現，可由底下四個字的譬喻來進行論
證。其言：

　　　　大方無隅。〔註32〕

「舉一隅」而「三隅反」；在四方形中，任何一個角度，都將受到其它另外三
者的檢視；這是孔門思想中最為重要的基本概念。被檢視者當以謙卑的態度虛
心接應，檢視者則以趨向客觀的立場面對課題；這種「四方」狀態，確立了某
種程度上的穩固。《論語》的思維核心理當與《老子》相應，他們各自的思維
基礎都由「謙卑」開出；然而在其思維論證的歷程中，《老子》則採取更為深
刻的自我檢視。關於這項假設的開始，正是建立在於：此「方」，是否可以是
「無方」？

　　《老子》更進一步思考：「四方」可不可以接受突破，「方」可否能真正再
度接受，並進行自我的省思，進而走向自我的超越以及群體的超越。如果這項
假定可以成立，那麼生命的真正價值與其實際的體驗將還有一段更為長遠的
路需要努力。這也同時可以證明並突顯一項事實，那正是：「中道」它自身必
須是一條永無止盡的學習之路。在《老子》的眼中，所謂「有方」，的確可以
提供某種程度上的參考價值，但是兩線相交的點可能有其不可避免的死角；然

〔註32〕《老子・四十一章》。參見〔魏〕王弼等著：《老子四種》（含：老子王弼注、
　　　　老子河上公注、馬王堆帛書老子、郭店竹簡老子），頁36。

而這樣的死角產生，極有可能是方式被鎖定，方法日趨走向僵化所導致。為了檢視這個問題，我們必須對兩線相交所產生的角度再進行認識——檢視兩兩相融之後的狀態，是否可以達到真正實質上的平衡與穩固；倘若不行，則必須保有接受另一種聲音加入的基本態度。

《老子》不是反對「隅」的必然性，也不是反對某種「觀點」的出現，乃至於任何一項「觀點」的存在；所謂「無隅」的思考，不是要毅然決然地停止任何一種在「思維」上的運作或「價值」上的表述；透過「無隅」的思維，反到是能尊重各種不同聲音的存在與意義。換言之，即能尊重各種不同的「思維運作」，以及多元化的「價值表述」。「無隅」的思維，不但沒有走向「虛無主義」的偏執，並且還可以在各種迴響當中彼此學習、彼此包容、彼此成就，使之「方」能在各種聲響的相應狀態底下進而朝向「圓」以發展。

我們可以將《老子》所謂「大方」的隱喻思考視為是一個可以持續不斷被劃分的「多邊形」；當「多邊形」被持續以無限等邊劃分時，它的型態（生命的樣態）將一步步趨近於「圓形」。其中所謂的「大」，正意味著生命將有其無限變化的可能，而所謂的「方」，則意味著生命將有著各種不同於自身以外的條件來加以參與；正當各種不同條件相遇、進行調整，乃至重新組合時，此「方」就不再只是執著於「一隅」之方，此「方」是不斷在自我成長的「大方」。

「大」是《老子》思維的方便語言，「大方」的終究期盼，即是要達到「無隅」的狀態；對於「無隅」的最終理解，我們也可以稱之為「無方」。據此，這項假設的推演如果可以成立，那麼所謂的「無方」就不能等同於是「沒有方」。思維似乎進入到了第二階段，也就是要思考到「無方」的超越意義。「無方」絕非只是純然地處於一種所謂無意識的狀態，或輕易地被與虛無主義畫上等號；畢竟，「無方」還是「方」，只是此時的「方」，是一個可以不斷自我消融、自我充實，與自我超越的「方」。也因此，我們可以這麼說：因為時時涵養「無隅」的品質，所以才能有其「大方」的體現——涵養「無隅」，便是不執著於己見；體現「大方」，則是能在人間靈活地運用我們有限的生命，以發揮它無限的價值。深切的說，即是能活動於人間，又可以超越於人間；但必須說明的是，超越人間絕對不等同於離開人間。

一個思想的可貴終究需要回到實際的人間運作當中，才能顯現其「圓融」。所謂「人間」就是一個「方」——其意味著能實際地進入人間、參與人間，並體會各種不同狀態的發生；而所謂的「運作」，即是「大」——其意味著能在

其多變的世態（事態）中進行自我調整。我們之所以能將《老子》所謂的「無隅」延伸至「無方」來進行思考，乃是依據於其思維是站在多元視野彼此之間的相互包容與成長的基礎上而成立的。「無方」的思維體現出一個整體性，這個整體是：所有的聲音都將參與其中，但它們之間沒有任何的一己之見。參與其中是「有」，沒有任何的一己之見是「無」；有無之間能相生，所以「無方」的「無」正是超越於有、無的「無」。「無方」同時具足了「參與」（有）和「反省」（無）；一體總有兩面：因為反省，所以有了進步的空間（有）；也因為有其參與，所以沒有自是的一面（無）。「無方」不但能包含有、無的雙向條件，並且也能秉持經由有、無相互調和之後的共識，所以「無方」才能顯其「大」，「無方」才有其生命力。「大方無隅」，體現出一種不斷超越自我生命的品質與精神。

　　《老子》沒有創造任何理論或是所謂的方法，其思想所呈現的是一種「體驗」歷程，它所展演的是生命本然的狀態；在《老子》的種種語言表述當中，他自身正也同時間地在呈現他自己，《老子》正以一個「發現者」的身分來啟迪我們共同擁有且具共通特質的生命本質──老子與許多中國古老思想者一般，是一位「體悟者」，而不是一個「理論家」。《老子》所謂「多言數窮，不如守中」的思考，便是將自我投入這實際可以運作的狀態中來展演生命的多樣性，而不是藉此來發揮其論述，或言走向所謂永無止盡的分析路線。

　　陳鼓應在針對《老子》之「相對思維」的型態分析中提出四種觀察，其言曰：

　　　　一：相對的事物和概念是相互依存的關係（如「有無相生，難易相成，高下相盈，音聲相和，前後相隨」等）；二：矛盾、對立的雙方會相互轉化（如「禍兮福之所倚，福兮禍之所伏」）；三：對立面的一方發展到極限就會顯現出對立的另一面的特徵（如「明道若昧，大成若缺」）；四：注意事物向相反方向發展的徵兆──「微明」。〔註33〕

並且據此有了這樣的觀點，其認為：

　　　　老子辯證法沒有擺脫循環論的侷限，並且也未強調向對立面轉化過程中的主觀條件。〔註34〕

在陳鼓應的論述中，我們可以肯定的是前者的某些觀點：事物的本質與其展現

〔註33〕參見陳鼓應：《老莊新論》，頁82。
〔註34〕參見陳鼓應：《老莊新論》，頁82。

的型態其實是相互依存的、相互轉化的。然而我們也發現並且不能贊同的是，其最終的結論，即「相對思維」的深層義理如果只是被定位在「對立」或「矛盾」的循環體系中，那實在不足闡明《老子》的「反」，也無法從中洞察《老子》思維中的生命大格局；我們需要進行補充說明的理由是，陳鼓應與些許學人在其論述上有其簡化上的不足，並且在詮釋《老子》之「相對思維」時，只停留在「方法論」上，將其方法作為最終的目的，而使之停留在一種論證的侷限中。

我們要問的是：矛盾、對立的雙方是如何相互轉化的？它們之間的關係又將如何相互依存？既然是一種依存關係，那它們之間理當有其平衡點，其平衡點的探尋又是如何進行的呢？其次，所謂的「明道若昧」與「大成若缺」可以解釋成「對立的一方發展到極限就會顯現出對立的另一面的特徵」嗎？這些其實將有待商榷！最終還有一個核心問題，那就是：《老子》所謂的「微明」思想之理念只能是作為一種「注意事物向相反方向發展的徵兆」來詮釋而已嗎？換言之，所謂「微明」是單單只是呈現出往「相反方向」卻尋求答案解決問題嗎？我們更要問的是：「微明」在生命總體的價值上只是在表明一種「解決問題」的方法而已嗎？它實際的心境與態度到底是什麼？（這些提問證是要解決所謂「循環論證」的困境）這些看法終將需要進一步釐清與再詮釋，並且需要找到《老子》之所以對生命之序列重新安排的用意。

接連之前我們所綜述之內容與其論證方向而言，《老子》的正、反相對思維其最終精神理當是「中」的狀態；《老子》所提出的「反」，事實上不是矛盾與對立的循環論證，《老子》所展演的是對自我的再認識與相互之間的學習，「反」讓自身呈現在「中性」狀態中。「中」的觀點沒有「分化」的質地，也沒有意圖要「異化」這世間成為「常」或「不常」的對立；倘若《老子》思想只是建立在循環論中，那麼《老子》自身也就會束縛自己，並使得自己走向矛盾的立場，終究讓生命的性格與調性只能停留在對一切的質疑上，這充其量只能是一位狹隘的懷疑論者，何以能言之為「微明」呢？

據此，「微明」不能簡易被解釋成是「注意事物向相反方向發展的徵兆」，「微明」是參照並學習相反觀點的可貴之處；「微明」不但能注意到事物向相反方向發展的徵兆，「微明」更能藉此檢視自我，並透過檢視歷程來尊重他者；在非我與我、正與反、柔弱與剛強當中，尋得平衡之處。「微明」不是立竿見影的效應，它必須不斷經歷輾轉與揉合，才能顯現其健全狀態——明。所以，

《老子》不是虛無主義、不是相對主義、不是消極意識，其思想所呈現的是「中性」的品質。它真實的思考核心是：如何提升並轉化我們生命的品質，讓生命朝向健康與圓融的質地前進。

　　所以，我們可以在此為「微明」提出總結性的補說：

一、「微明」的出發點確實是「反」；不過此「反」不是只停留在相對思維第一程序中的以「反」論「正」的「反」（或以「正」論「反」的「反」）。此時的「反」，更不是在相對主義底下的循環論證的「反」。「微」的意義即是：「反方」思索著「正方」，「正方」思索著「反方」；同時，「反方」也在進行自我的回顧，「正方」也在進行自我的回顧；所以溝通平臺才能開啟，這個「反」是全體啟動的「反」，此時的「反」實已進入相對思維的第二程序，它實已進入「正反達中」的狀態。

二、「微明」的用意當然包含對問題的解決；不過解決問題的目的論不是「微明」的確切心境。事實上，「微」是聽取各種聲音的態度，當他者的聲音進入時，我的聲音也才有被參照的可能；這更呈現一個事實，「微」不僅在跟他者對話，實際上也在跟自己對話；「微」可以是向外的尋求，但別忘了，它也同時在體現對內的叩問。所以，「微」的意義不在於要思考如何解決問題，它啟迪我們的是能否有接受問題到來之能力，確切地說，能培養面對問題的態度才是「微」的實質意義與精神。

三、「微明」的意義確實是要讓生命的眼界更為高遠而清晰；然而，所謂的「明」，不是為了拒絕「黑暗」而存在的。「明」是要我們培養一種精神，即是讓我們在「黑暗」與「光明」當中，乃至在各種光線變化的狀態下，學習可以看見事物在當下的實然與本然的狀態。「微明」沒有停止在爭辯上（相對主義下的循環論證），「微明」也沒有論證說自己就是「微明」了（「明」將建立在對自己「不明」的洞視上），「微明」將持續不斷與事物的發展同步（各種光影的確都在活動與改變）；因為，「微明」告訴自己還須朝向「微明」前進。

　　相對性的「辯證邏輯」最終似乎是可以被「停止」的，然而這種「停止」不是因為有其放棄的心理，或片面性地遵從所謂消極主義而產生的，《老子》對於這種「停止」的展演，正是建立在其對生命的洞視所產生的感召上；因為，「相對辯證」是方法上的選擇，面對生命的課題，相對之間的關係不在其打倒對方，它們真正需要學習的，是相互尊重的情操，以及有所寄望的未來。正所

謂：「孰能濁以靜之徐清？孰能安以動之徐生？」〔註35〕。這樣的沉澱（徐清）不是為了某種「反對聲浪」而存在，它的發生意義是在於對生命總體的再認識；也就是說，不管「正方」的思考或「反方」的思考，都需要相互聆聽，混濁如何達到清澈，它必須在各種聲音都能展現其謙遜的品質時才能有所成就。所以這種「清淨」狀態（靜之）反能帶動起更多的思考空間，並且能在這樣的狀態中得到事物持續發展的力量（動之）；因此，「靜之徐清」、「安之徐生」顯現著正、反之間都需要在反思的精神層級突破，這樣的意義將表現在「總體性」的「反思」上，這是相較於在相對意義之上所開出的在其超越意義上的「反」。

其實，最終的狀態是不需要爭辯的，因為和諧的機制已經產生，生命之間的各自尊嚴將得到相互的認同；共榮取代了爭奪、吵鬧與傷害，相互學習取代了各自膨脹，「微明」的態度才能維持下去。「微明」的意義是：因為生命將持續地發展，所以事理也將必須接應更多的叩問與反思，「微明」是深具持續不斷活化的體質；所謂「微明」，即是保持在隨時可以調整的「中性」狀態上。

〔註35〕《老子・第十五章》。參見〔魏〕王弼等著：《老子四種》（含：老子王弼注、
　　　　老子河上公注、馬王堆帛書老子、郭店竹簡老子），頁12。

第二章　從「中軸」思維所開出的中道推演——《莊子》的彼是莫得其偶

本章提要

　　《老子》提供「相對思維」的基礎，而《莊子》則更為具體地、深入地提出「相因」的思維觀點。相對思維提供我們一種不同思考事物的空間，也讓思維的品質走向活化；然而，所謂思維活化的真實意義便是如實地接應事物本身的變換，在「正」與「反」的思索當中，並不是無端地在強調這其中的拉鋸，也不是一味全然地迷失在這知識體系當中的無謂分析；相當清楚地，相對思考的真實用意是在思索如何使生命朝向「和諧」而所做的努力。

　　在《莊子》極為重要的思維方式——「得其環中」裡，我們觀察到《莊子》對相對思考的提升與轉化；《莊子》實質注意到的不只是事物之間所呈現的相對外相，在因是、因非的思索當中，《莊子》進一步所體驗到的是，事物之間的相互關係，與其相互關係當中之轉變的條件問題，《莊子》所深入的是事物背後的「因」——思索如何洞視這些事物背後的真實質地。這樣的思維內容實際也緊扣著所處的時代背景，面對日新月異的物質文明變動以及社會結構的轉換；思索事物背後的真實質地之意義實意味著，對這「秩序」的重建。然而，這場思維訓練的背後，不只是在對的外在秩序的接應，更為深刻的是，《莊子》更藉此意識到自我存在的意義，以及如何提振自我生命的質地；回到「環中」的思考，事實上也是一場洞視自我的訓練，《莊子》切盼我們的思考或是生命的整體能佇立在這個空間裡，以環顧並且回應種種的課題。這項關鍵性的思維突破與生命的自我洞視，將隱含古典道家對所謂「中道」的理解與其詮釋；本

章就此出發，將針對《莊子》思想中有關「中道」意識的種種思維推演進行探討，希冀挖掘出以往研究中所忽略的部份。

第一節　相對之間本是相因——得其環中

　　或開、或關，是「門」所能呈現的兩種基本現象；然而，我們卻時常以此現象為不變的道理，而成為一種自是的心理，從而忽略了其中相通的原則；我們時常忽略的即是：無論或開、或關之現象的成立背後，都將有賴於「門軸」的存在才能展現其作用。相對關係的成立，正源自於相對之間的條件互轉上。在探析這些現象，乃至種種所發出的作用之背後，《莊子》正要我們思索一件事，即如何重新面對生命，並重新進行定位。

　　事物本身都有其相對的一面，這是如此真實的，但我們卻往往難以面對，甚至無法接受這種事實的存在；因為，我們時常以自身己見來認定一切，並且輕忽我們所不重視的另一面。然而，正當兩面同時呈現在我們眼前時，實意味著，其兩面亦可同時相互消解彼此。

> 物无非彼，物无非是。自彼則不見，自知則知之。故曰彼出於是，
> 是亦因彼。彼是方生之說也。雖然，方生方死，方死方生；方可方
> 不可，方不可方可；因是因非，因非因是。是以聖人不由，而照之
> 於天，亦因是也。〔註1〕

關於這種相對思考，《莊子》極為深刻地以「因」的概念來說明。據《說文》的解釋：「因，就也。」。所謂的「因」，簡單的說：就是一種相互關係，是建立在兩種面向以上的思考——「因」所表現的，絕對不只是就單一性質來思考的，「因」所切入的是全面性的關係探索。就此，《莊子》提供了我們幾層思考內容：

　　首先，「因」的概念是由事物與事物之間的關係性，以及從事物自身的兩種相對觀點所開出的思維模式，誠如《老子》所謂的「相傾」、「相生」、「相和」、「相成」、「相較」、「相隨」等關係。它們時而相互消融，卻也相互成長；它們極可能會產生衝突，但這個衝突也極可能是發展的動因。

　　其次，因為有了這些現象與不同觀點上的刺激，「因」所表示的是在其歷

〔註 1〕《莊子·齊物論》。參見〔清〕郭慶藩：《莊子集釋》（臺北：貫雅文化，1991），
　　　　頁 66。

程中的轉移與變化；傾、生、成、和、較，以及隨，都是「因」的種種具體性的現象描述。更深切地說，「因」的思維底蘊實際上具有活動與變化的意義；正因為這樣，所謂「因」的相對關係才能確實建立。

再其次，因為「因」所依據的是觀察到事物變換的特質，所以「關係」的內容與定位也隨時在進行調整，甚至因此而產生不同的界說；據此，某個意義上可以得知，事物所謂「變化」的確切意義，是種種條件上的重新組合，這時既包含著兩相參照之後的第三種聲音，乃至第四、第五等多種聲音的參與及介入。「因」所關懷的已經不是兩種相對的關係而已，它所要提醒我們的是，事物的豐富性與條件的多樣性的複雜關係及變動狀態；也就誠如《莊子》所言：「知」其「所代」──萬物都在變化之中。

最終我們可以發現，「因」所涵蓋的面向極為廣闊；《莊子》所察覺的不只是相對主義的理論而已，其所體會的是相對關係當中條件上的變化。從「因」的角度進行對事物的觀察，不但突破了兩種關係上的簡化論述，更能藉此說明相對關係之思考之所以能刺激、活化並提升思維內容的原因以及可能。

換言之，「因」的總體意義正是在培養我們能依據「每一個當下的狀態」來看待事物（就當下的條件來思考其中的關係），並且以這樣的態度來接應下一個可能出現或發生不同變化的「狀態」。從這裡我們也發現到，《莊子》所謂「因」的思維模式，實質上已深化了《老子》原先的相對思維。

所以，「彼」觀點的提出正是因為有「此」（是）的存在而成立，而「此」的觀點正如同它的相對面向一樣，不能離開「彼」的存在而存在。誠如人們一旦在某種概念中進行思考時，思考的判定將進行劃分，劃分使範疇有所界定；在種種範疇的關係中，原先概念又與更多的後起概念相互發展下去，而最終形成一套思維體系。

值得注意的是，《莊子》對此並沒有為此而加以進行好壞的論斷（《莊子》沒有就此為他們這些種種「關係」進行是非對錯的定調），《莊子》只是深切地提出對此種「關係」的觀察（《莊子》唯一的定調就是，讓我們知曉這些「關係」之是非對錯是如何產生的，以及產生的原因）；其確切的目的，是在提醒我們對這種「關係」的輕忽與漠視，以及我們對這種「關係」的誤解與偏執。除此之外，更是在喚起我們必須站在這種「關係」上來重新看待事物，而不是一面執意、論辯或抱怨已成的是非對錯之結果，以及藉由對這種「關係」的重新認識來加以自我省思與自我學習。

　　如果我們能深入並加以運用這樣的思維方式，在這樣的體系中，《莊子》所洞察到概念與概念之間的共存關係，以《莊子》的語言來說，就是「方生」。所謂的「方」，從古訓中得知，有其「並」的引申意義；「方生」可以解釋為「兩方並生」的意義。〔註2〕如果事物的關係是相對而生、相互依存的，那麼當「兩方」既能「並生」的同時，也就能進一步推出「兩方」也可以「並死」的結果；所謂的「方死」關係也就能從另一個視角中建立起來（事實上，這也就是能從另一個面向進行對事物的觀察），所以極為顯著的，事物也就有其相對而死（消融）的關係存在。那麼，在「並立」與「不並立」同時可以成立的狀態下，「並立」與「不並立」也同時可以去除；思維便是在一個「變動」的狀態上；事物的無定性，顯現出一種靈活狀態，我們必須就每一狀態來重新進行思考。從辯證法來看，研究對立的事物的相互轉化最重要的關鍵，是認識相互之間轉化的條件。曹礎基認為：

> 莊子學派不僅主張事物是在不停變化，而且認為事物是可以相互轉化的。所謂「萬物皆種也，以不同形相禪。」（〈寓言〉）「方生方死，方死方生；方可方不可，方不可方可」；「其分也，成也；其成也，毀也。」（〈齊物論〉）孤立地看，這是近似辯證觀點的，但其實又不然。從辯證法看來，研究對立的事物的相互轉化最重的是認識相互轉化的條件。拋開了任何條件來談轉化，就背離了辯證法，而陷入了相對主義。〔註3〕

相當中肯，且切要的評析；《莊子》的思索並不在停留於論辯的循環上，恰恰可以被解消的是相互之間的紛爭與疑慮，所謂「因」，正是建立在這種論證的基礎上，進而依此以尋得最為平和的相互發展。所以，「聖人不由」；理想人格的特質正表現在對事理的清明，知曉其中相對性之道理，但不受到其相對論證之拘束；「不由」之意義非但是在說明不要行走在是非對立的路上，更重要的是，也在提醒我們不能進入無意義的循環論證當中。相對思維提供了觀點上的相互成長（成長包含著消與長），但《莊子》並沒有滯留於此，正因為事物的

〔註2〕張默生認為：「方」有「並」義，「方生」，兩方並生。此說引自於陳鼓應：《莊子今注今譯》書中之註釋（北京：中華書局，2001），頁55。張默生亦言：方生方死、方生方死：此言是非無並立者，隨生隨滅，隨滅隨生，浮游無定也。同參見張默生：《莊子新譯》（臺北：漢京文化事業，1983），頁50。
〔註3〕參見曹礎基：〈一個博大精尖的客觀唯心主義體系——莊子學派哲學思想論辯〉《哲學研究》第八期，1980，頁48。

條件都在於不同時空當中進行著轉化。

如果相對思維能提供思考的活力，那麼，論辯理當不是「無謂循環」的；這種「循環」應當是有其「轉」，有其「化」的；因為，它為的是提升生命品質，而不是陷入某種自是的獨斷。所謂的「轉化」是能讓我們生命的品質在這種「循環」系統終朝向健全的向度前進。《莊子》提出這樣的觀察正是在說明，事物不但有其相互消長的關係，而且「消」與「長」並沒有好壞之別或對錯之分，這是一項對事物狀態的實際陳述，並且把這樣的事實陳述建立在面對下一個實際發生的狀態當中；如果我們了解這一點，「方生」與「方死」的本質其實是一樣的。從現代觀點來看，「方生方死」給予我們的啟示是：它們正在告知我們一項事實，即事物是不斷在「變化」的，且在其相互影響中進行；這就是「知代」，「知代」的深層意義就是在於能破除「成心」。所以「代」是事物表現的本然現象，而「知代」則是學習面對如何處於這樣的本然狀態裡。

《莊子》為此提出一個全方位的應對方式，即「照之於天」；「照之於天」是站在條件不斷重組的基點上來看待事物，因為「變動」極有可能是最為平衡的基準點，這種品質將必須隨時保有接受考驗的謙卑態度（照──聖人用心若鏡）；所以，彼此消長的關係一直在促使不同條件的進入以及狀態的更新，所以沒有一種聲音可以站在自己的立場來說自己是對的或者是錯的。那麼，所謂的「因是」，也就是「依循」於「此」，「依循」於「這個狀態」，依據（因）於這種彼此消長的狀態（是）來看待與融入這一切（因是）。值得注意的是，此時的「因」不只是方法論上的相互關係之概念而已；此時的「因」，是經由這層思索之後所引領而生的因應態度與方向，原先的相對思維概念經由消化便提升為一種可以實際應對一切的方式，「因」從理論晉升為行動；「照之於天」的生命觀，正是時時反觀於自身，並接應事物變化的態度，以及獲得在不同事態中的方法；不同事態顯現不同的方法，接應的態度則是基本原則與共同方向。

正因為彼此消長的關係，我們可以再延伸地說，這是「依循」於「某種狀態」（處在沒有被特定的情況當中）。這個「某種狀態」當指保持在對彼此、是非、生死，以及可與不可之間的相對參照中（也就是「照之於天」的「之」）才有意義。所謂的「之」是一種代稱，使用代稱便能顯現出其「狀態」不是被先行制約與既定的，而結果也不是能強加預期的，更不是套用於某種固定的形式當中；所謂的「之」，實意味著，等於任何種種的可能，它明白且清楚地指

向全體。生命「依循」於「某種狀態」來進行思考，並不是牆頭草兩邊倒的「鄉愿」，也不是巧詐多變的「權謀」理論；生命藉由這種「某種狀態」的思維方式來進行思索之真正價值所在，是在其能培養更為開闊的胸襟。那麼，所謂的「全方位」也就不只是概念上完美的假稱；所謂的「全方位」，正是讓自我處於「無所全」之狀態下才能「全」的相對思索。《莊子》不但要我們在觀點與觀點的激盪中去培養相互尊重的精神，進而也希望讓思考充滿活性，讓生命充滿活力。

當我們了解到「方生」與「方死」的本質性與其相通的意義之後，《莊子》便能進一步證實一項事實，即「彼是一也」的道理。相對思維讓我們明白事物的連帶關係，以及其中的條件轉移；「彼」與「是」其實都只是概念上的陳述，它們是在藉由每一次的界說當中所得知的暫時性分別而已；事實上，「彼」與「是」它們存在一個共通的本質，即相對可以「立」與相對可以「破」，也就是條件的互動性。

> 是亦彼也，彼亦是也。彼亦一是非，此亦一是非。果且有彼是乎哉？
> 果且无彼是乎哉？彼是莫得其偶，謂之道樞。樞始得其環中，以應
> 无窮。是亦一无窮，非亦一无窮也。故曰：莫若以明。〔註4〕

原先的概念又與更多的後起概念相互發展下去，而最終形成一套思維體系，這便是所謂：「彼亦一是非，此亦一是非」的道理。從「此」的一方出發，雖然顯現出不同於「彼」的種種看法，但是其內部的推論元素卻隱藏著自身（此）在與他者（彼）之論證上的反對之處與支持之處；從「彼」方觀之，亦是如此。在每一種思維當中都將包含其最為簡單的兩種相對思考，更遑論在一個體系裡，相對思維就不只是簡單的兩種相對思考而已，它的內部組成條件以及其中條件之轉移必然是格外豐富的。

據此，《莊子》藉由「門軸」的譬喻來說明這種「豐富」的本質。

門可以是為了「接迎」而存在，門當然也可以是為了「拒絕」而存在；但有一個不變的事實，或稱之為原則，即「門」就是「門」。另外還有一項極為重要的事實（我們極度容易忽略的關鍵之處），即「門軸」不管是「接迎」還是「拒絕」，都能發揮它本身應當所能發揮的作用（它必須是活動的）；這項作用正是如實地呈現出它自身的「靈活度」與「能動性」。我們可以說：「軸」就是「軸」，「軸」因為保有它「中性」的本質（不管開或關都需要這樣的活動性

〔註4〕《莊子・齊物論》。參見〔清〕郭慶藩：《莊子集釋》，頁66。

能），所以能發揮這兩種可能產生的作用；所謂的「應當發揮的作用」即是讓其自身處於「中」的狀態，使之自身處於隨時接應的狀態。

　　然而，我們常常礙於自身的觀點，只注重在接迎與拒絕的表徵作用而忽略了「門軸」的本質（中）；作用固然是重要的（失去作用層次實在很難顯現道理的存在），但我們卻被自心的設定而牽制了作用，以及侷限了作用背後的最大之可能性，進而使之作用只停留於自我的界定當中。因為某個立場的鎖定，所以掩蓋了「門軸」其原有的種種「能動性」；真正產生此種差異性的關鍵正是在於思考立場之不同所導致。《莊子》洞察了這個現象，然而我們卻是抓住這個現象。

　　《莊子》在觀察「門軸」存在意義的歷程中顯示了幾個問題：

　　其一：無論是在「緊掩的窗扉」或是「蓬門為君而開」的種種現象中，其接迎與拒絕二者之間並無是非對錯之分；《莊子》首先要我們知道，也要我們培養察覺各種聲音之所以存在的合理性；正所謂：「彼是莫得其偶」，任何一項意義都有它存在的原由，特別是站在對種種現象進行相對立場的觀察時。

　　其二：「門軸」所發揮之作用實際上已經可以從超越視野來說明，它不僅體現「接迎」與「拒絕」之作用，它同時也在體現它不受限制的本質；「門軸」正以不執著於所謂的作用（有時我們的感覺是，它好像是沒有作用的），來顯現更多的作用（事實上，它作用無窮）。正所謂：「以應無窮」。

　　其三：門是入口，也可以是出口。以現象而言，它們都是合理的；作用如實地顯現，但也如實的可以消去。但是，我們卻往往要使之永遠顯現或永遠消去；對於出口與入口的真實差別，我們非但沒有察覺其中之關鍵，反而是在於「立場」上之不同（於內、於外）來界定它們的差別，進而在所謂的「分門」與「別類」當中，僅僅捉住結果而沒有考量原因。所謂的「環中」是一項圓形思考，「圓」讓角度消融，而且使之成為沒有角度的角度；「環中」不是沒有作用，而是不執著於作用上。

　　其四：據此，「得其環中」就不再只是發揮接迎與拒絕兩種相對作用而已，它是在提醒我們必當培養良好的因應能力，以及具備深度的自省意識，並且在這個過程中吸取更多相異於自己的聲音，最終學習並了解這些相異聲音存在的原由與意義。

　　其五：當一切都如常並運作在一條軌道上時，理論就會被實際的生活應對給沖淡；古典道家所謂的「自然而然」的狀態就像「門軸」一樣，在開與關之

間都只是某種現象的呈現，作用的本質似乎不受外力的影響而改變，它們同指向於一切本然的樣態。「中性品質」如實地在這個譬喻中展現出來。這一個「環中」，不只是面對天平兩端的平衡問題而已，它必須能有所轉化與接應三百六十度之種種事態之到來，「平衡」即將顯現在對每種事態的不同處理上。在此，我們全然沒有感覺到有任何的消極面向，反倒是能感受到一股積極的生命力。當然，消極與積極只是我們論述上的方便；因為，事實上，「環中」的生命狀態是如此的「中性」，這種生命力不是積極所能言語與概括的，「門軸」只是展現出它應當有的當下作用而已。

最後：我們可以說，「軸」也已經不只是「軸」。「軸」讓自身處於所有可能發生的狀態中；所以，「軸」可以為「開」而代言，也可以用「關」來顯現，甚至可以藉由種種現象來定名之。「軸」是那麼的「無己」、「無名」、「無功」〔註5〕。「軸」已經不是「軸」，是因為它可以隨其時空而「順化」成為各種不同的作用；它必須去思考在相互轉化時的各自狀態以及其中的種種條件；然而，同時的，它自身卻能因此重新認識之歷程而更加明白自己，明白自己就是一個「軸」，而沒有任何的預設與攀緣。

除了藉由「相對關係」來探討之外，《莊子》更從思維的判別層次來進行探索；即是經由思維所產生的「指涉作用」來切入，以及從最終形成之各種觀點來觀察並進行剖析。思維的真正成立便是在於對「事物」的界定；當然，種種界說的產生往往也就是侷限的開始；為了跳脫這種侷限，《莊子》進一步提出這樣的觀察與見地：

> 以指喻指之非指，不若以非指喻指之非指也；以馬喻馬之非馬，不
>
> 若以非馬喻馬之非馬也。天地一指也，萬物一馬也。〔註6〕

對於任何事物之認知，以及表現出思維內容之方式，透過對一項事物之「指稱」是極為重要的一個歷程，體驗生命也是由此開始的；我們將藉由某種形式或符號來傳遞我們的思維。表達一個認知，正如我們在對這個世界進行建構；其所呈現的意義是，我們的思想內容被表現出來，我們的價值判斷被引領而出。當然，在這個環節上，《莊子》提醒我們必須格外謹慎與注意。

〔註5〕所謂：若夫乘天地之正，而御六氣之辯，以遊無窮者，彼且惡乎待哉！故曰：至人无己，神人无功，聖人无名。《莊子・逍遙遊》。參見〔清〕郭慶藩：《莊子集釋》，頁17。

〔註6〕《莊子・齊物論》。參見〔清〕郭慶藩：《莊子集釋》，頁66。

表達認知是何等重要，但是《莊子》也同時在提醒我們一項事實：即任何一項對事物的「指稱」，都將只是我們對該事物的一種表述而已，而每一項所「指稱」的內容與定義，也都是從某一種角度切入而已；我們的觀察與焦點極有可能只是事物的某一面，甚至只是相當微小的某一個點。

就某一面向或某一端點來進行觀察，並不會因此而產生是非對錯，真正導致是非對錯的關鍵點，或所謂的紛爭者，其實是在各自執著於自我的某一面或某一點當中所產生的。當一面或一點成為一種唯一時，價值性就會被限定，觀點也就偏重於一方；「指稱」本身可能沒有紛爭的問題，但是如果一項「指稱」被認定是絕對性的，那麼此時的價值性將帶有濃厚的主導性，以及控制的意味；那麼，「指稱」就不再只是「指稱」，陳述性的語言已經在執意的介入中產生表態的作用。

對於一項事物的本身來說，我們可以從任何一個角度來說明它，也可以由任何一個面向來陳述它；就一棵樹而言，你有你的觀察，我有我的觀察，各種聲音是可以同時齊放的。在「描述」一項事物時，我們可以說只是暫時選擇最為方便的一種方式來加以陳述而已，單就事物本身而言，它讓我們可以有多種陳述的選擇；這如同借用「門樞」的作用性來譬喻一樣，種種聲音的表達都是環繞在這事物之上的（得其環中），事物還是事物本身（樹還是樹），只是在不同視角當中，對它們的陳述，將由其不同的聲響來表達而已。《莊子》對這樣的種種聲音並沒有感到失望，或是因此而提出反對或要破除它們的看法，在察覺這樣現象的同時，《莊子》反倒是能肯定每一種「指稱」的存在意義，並且以尊重的態度來看待它們各自發聲的內容。

基於此點，《莊子》避免了以單一視點對判斷事物所帶來的缺失，同時也可以進行思索自我與事物之間的對應關係；《莊子》不但可以抽離因為執意所造成的困境，又可以進入事物實際運作的狀態中。片面性的解讀《莊子》是消極的或是積極的，都不足以形容《莊子》真實的用心；因為，《莊子》所採取的是「聖人用心若鏡」的態度〔註7〕——對於每項事物都可以如實的應對，如實的映照出每一件事物的樣態；「鏡子」沒有先設定任何立場，「鏡子」唯一的真實狀態就如同「門軸」一樣；有甚麼來，我就照出甚麼。

對於這些價值判斷與思想內容，《莊子》是予以尊重的；因為《莊子》清楚地察覺到，事物有其相對的一面，甚至蘊藏著多元化的性質；《莊子》所依

〔註7〕《莊子・應帝王》。參見〔清〕郭慶藩：《莊子集釋》，頁307。

循的，依然是「正反達中」的原則。《莊子》正行走在對等關係的相應與學習上，以及在經由相對思維之條件互動下對多樣性的尊重與包容。正因為有這樣的觀察與態度，《莊子》才能進行以下的論述──「天地一指也，萬物一馬也」的見地。

所謂「以指喻指之非指」之道理，正猶如「以非指喻指之非指」的結果一般；誠如以「我」來說明「我」與「非我」的不同，就如同以「非我」來說明「我」與「非我」的不同一樣。那麼，所謂「以馬喻馬之非馬」的思考模式，也如同「非馬喻馬之非馬」的論證相同。我們可以就「彼」為一個起點，來看待彼此之間的差異；這誠如，我們也可以同樣藉由以「此」為一個起點，來看待彼此之間的相同之處。道理是互通的。切實而言，《莊子》的目的不是在於論證的循環，其思維的真切意義是：思考的向度是否能走出自我的臆度與限制，更重要的是，經由這樣的思維訓練，能思索事物在其相對因素中的條件轉動，與其因此而有其不同面貌之呈現。

如何才能證成「天地一指」的論述（能指）？其首要的條件，就是尊重各種不同的發聲，以及進行相互之間的參照；如何才能達到「萬物一馬」的思考（所指）？實依據於各種聲音的平等性，以及它們之間可相互融通的性質。總體來說，觀點隨時在因應事物的轉動而進行變化，回到思維的本質上，這依然還是所謂調整與轉化的問題。

這些論證可以是持續不斷的，可以是相互推演的，而且有許多的可能性與變化會接連而產生；我們也可以推論說，能依據「此」的視角來評斷彼此之間的相同（或不同），亦能從「彼」的視角來評斷彼此之間的不相同（或相同）。這證明一項事實，觀點是相互依存的，觀點也可以是相互消長的。《莊子》對此觀察所提出的結論，不是在於說明彼此之間的「相同」或「不同」；《莊子》主要的用意是要我們時時培養「尊重他者」的態度。《莊子》也不是在強化甚麼都「可以」或「不可以」；《莊子》的用心，是要我們常保「超越自我」的精神，關注每件事物的變化性，以及事物在其變化中的所可能出現的種種狀態。

回到「中軸」之上；「尊重他者」與「超越自我」之思考是平衡對等的，正如當我們注意到另一種聲音時，另一種聲音也同時注意到我們。相對思維被「平穩」地放置在相互調和的狀態中進行，而不是相互「攻擊」的心態；所謂相對辯證的精髓，必須視關懷事態的發展，以及覺察到在其發展歷程中的條件之介入與變化；倘若只是盲目的進行辯證，那終究還只是淪為各自表述的狀

態，或落入循環不已的泥沼而已。

何以「尊重」為名；其原由正在於，《莊子》對相對思維的操作不只是著重於事物的對立面而已，它更關心事物的相互對等與連帶關係，以及相互之間的轉化歷程。何以「超越」為名；其在乎於相互之間的成長與認同，在觀點與觀點之間尋求價值上的突破，參照值隨時都在進行變化，溝通的平臺也隨時保有寬敞的空間。

所謂「一指」的論述，即破除了對各種聲音的執著，也破除了自我對自我的無謂堅持；「一指」，將洞視到思維的本質是相對互動的。而所謂「一馬」的論述，則提升了我們對事物重新認知的能力，也提升了自我對自我的重新認識，我們打破自己之所執，而融入他者之思。所謂「天地一指」與「萬物一馬」的思維核心，不是在強調事物本身的相同性，或是指向陳述歷程中的一種唯一方式；《莊子》並沒有著重在求同的立場上強加說明，《莊子》此時所謂的「一」，正是在培養思考的靈活度，以及隨時接應生命種種變化之基本態度。

極為顯然的；「一」的本質，是在顯現一個共同的方向，但在這一個共同方向當中，卻也能同時尊重許多不同方法的存在。深入而言，「一」不是「同」，也不是「不同」；「一」的思維正是「中性品質」的呈現。「相對思維」很顯然地已經進入到「多元思維」的層次。

《莊子》並沒有讓自己落入相對主義的循環中來進行任何答辯，《莊子》反倒是能讓自己可以因其時空的條件不同，而保持在可以應對各種答辯可能到來的狀態中。

對於事物的觀察，《莊子》似乎不想只是停留於「表述」或「定義」的狀態而已；《莊子》察覺到有一個更為深層的問題，即對事物「固然」的尊重，對本來種種樣態的尊重。尊重「固然」的存在，並學習「固然」存在之意義。《莊子》有這樣的說明：

> 可乎可，不可乎不可。道行之而成，物謂之而然。惡乎然？然於然。
> 惡乎不然，不然於不然。物固有所然，物固有所可。无物不然，无
> 物不可。故為是舉莛與楹，厲與西施，恢恑憰怪，道通為一。其分
> 也，成也；其成也，毀也。凡物无成與毀，復通為一。〔註8〕

事物在展現出某種狀態的同時，理當有它背後的條件與原因；「可以」有其「可以」的條件，「不可以」便有其「不可以」的原因。經由之前的相對關係等觀

〔註8〕《莊子·齊物論》。參見〔清〕郭慶藩：《莊子集釋》，頁69。

察之後，事物的「可以」與「不可以」其實有一項相同的道理，也就是它們各自所呈現出來的實際狀態，這些狀態是何等的真實，《莊子》稱之為「然」。

我們可以這麼說，它之所以這樣（然），理當有它這樣（然）的道理存在。從「然」來觀察事物，實際上已經同時包含了對「可以」與「不可以」兩種面向的關切，以及針對它們之間的相對關係進行詳盡的思索，甚至能藉由此思索而引領出更多且複雜的關係與條件（正如之前所論）。一味地著重於「可」與「不可」的差異性，並不是《莊子》的思考核心；《莊子》要我們成長的，是對「可以」與「不可以」背後的條件與原因來進行深度的探索，而不是在於對種種結果狀態上的某種堅持，或是對彼此之間結果的差異性來進行比較。所以，在藉由這種自我堅持與彼此互較當中得來的強迫接受與硬性規定裡，終將是危險且不明的。

　　至人之用心若鏡，不將不迎，應而不藏，故能勝物而不傷。〔註9〕

「心」並沒有停止，思索與生命一樣並且同步地往前運行。「心」如同一面鏡子，事物如何走向它的眼前，它就如何地以最為「清明」的方式映照出事物的樣態；當事物一旦遠離它，它便同樣地以最為「清明」的方式映照出無物的狀態。當一切事物映照於「鏡子」時，一切事物所見得的終將是最為「清明」的「自己」而別無他者；其實，「對象」都是暫時性的種種狀態而已，唯有自身的「心」才是問題的關鍵。《莊子》是希望我們能「照見」事物的本來狀態（用心若鏡），事物本身的種種條件與外相是相差甚遠的，但是它們有一個共通原則必須遵守，那就是在一面鏡子之前，無論如何都可以被清楚地照見；《莊子》這項譬喻是在告訴我們，萬物的差別實際上是出自於我們自心的認知上。我們必須要有所認知，但是，我們千萬不可滯留在我們的唯一認知上。

　　我們如何確定我們所「知道」的不是「不知道」呢？！而我們所「不知道」的不是「知道」呢？！這樣的思考，實際的核心不只在其體現「知不知」的態度，更重要的是，讓自我隨時處在「因應」的狀態中；如果有一個較為方便的說法，那我們還是可以稱之為是一種「學習」的態度，一種使我生命的品質朝向健康的態度。在這些「知道」與「不知道」的分際當中，《莊子》要提醒的是：我們的「認知」將須要進行多次的沉澱以及轉化，我們不但要認清「知」的本身意涵，並且還需要培養對「知」的開放性；我們不要在自以為什麼是絕對的，以及只是依據某種狀態就做了決然的判斷。

〔註9〕《莊子‧應帝王》。參見〔清〕郭慶藩：《莊子集釋》，頁307。

　　《莊子》為此列舉並描述了一些狀態與現象：

　　　民溼寢則腰疾偏死，鰍然乎哉？木處則惴慄恂懼，猨猴然乎哉？三
　　　者孰知正處？民食芻豢，麋鹿食薦，蝍蛆甘帶，鴟鴉耆鼠，四者孰
　　　知正味？猨猵狙以為雌，麋與鹿交，鰍與魚游。毛嬙、麗姬，人之
　　　所美也，魚見之深入，鳥見之高飛，麋鹿見之決驟，四者孰知天下
　　　之正色哉！自我觀之，仁義之端，是非之塗，樊然殽亂，吾惡能知
　　　其辯！〔註10〕

正如《莊子》所提出的譬喻一樣：潮濕的地方，人是不能適應的，甚至會造成
病痛與傷害；然而「潮濕」的定義與體驗，對於泥鰍而言就並非如此（潮濕對
泥鰍而言是有益的）。人居住在樹上是不便的，然而對於這種「不便」而言，
猿猴卻沒有任何的感觸與困擾（猿猴置身其中，便與不便似乎沒有被提及，只
是安居而已）。相同的道理，人以牛羊豬犬，為其佳餚美味；但是，所謂的「美
味」又是如何呢？麋鹿吃的是青草，牠們因此而能日漸茁壯；蜈蚣則認為小蛇
是美味的佳餚；鴟鴞與烏鴉則喜愛腐敗的鼠肉，惡臭對他們而言顯得格外芬芳
（道理就顯現在每一個事物本來的狀態中）。《莊子》在這些描述與例舉當中，
不是在進行無意義的「比較」（人的狀態與泥鰍的狀態沒有所謂好與不好的問
題），也不是在刻意相互「顛覆」各自存在的意義（人的狀態與泥鰍的狀態也
沒有所謂對與不對的問題，《莊子》並不是要從中改變甚麼）；在明白事理的相
對關係，以及其關係條件上的互動性之後，事態便如實地讓我們了解其所以然
的道理。

　　所以，《莊子》以「尊重」取代了「比較」，以「超越」取代了「顛覆」；
《莊子》要做的是認清事物的本然，而認清事物的同時，也正如是在認清自我。

　　《莊子》不信任「語言」（思維所開出的界定），並不是基於「語言」本身；
《莊子》的不信任，是因為我們容易偏執，容易處於一方來思考，這些將帶來
莫大的侷限。「觀點」是存在的（人不喜歡潮濕，泥鰍則反之），「觀點」也可
以是自身所感受的；但是，真正造成衝突的不是「觀點」本身，真正造成衝突
的是經由「觀點」所建立而起的「分化作用」，是將其自我的感受加諸在他人
身上；也就是說，以某種「觀點」去度量另一種「觀點」，才是相互衝突的癥
結，才是問題的源頭。當「指稱」被鎖定成為一種特定的內容，乃至成為固定
不變的答案時，「僵化」與「侷限」往往引發許多隨之而來的問題；然而面對

〔註10〕《莊子・齊物論》。參見〔清〕郭慶藩：《莊子集釋》，頁 93。

這些接踵而來的問題，也正是《莊子》所要關懷的核心，以及要破除的地方。

深切地說，問題的關鍵在於，我們是如此輕易地將「觀點」鎖定，從我們所「認知」的轉為我們所「認為」的，並藉此去設定所有可能發生的「認知」，以及最終的「以為」我們所「以為」的；我們非但沒有認清「觀點」的本質是深具「變化性」與「多樣性」的，並且還因其自我片面性的「認為」而造成許多的偏見與偏執。因此，那些所謂「正處」、「正色」與「正味」的觀點界定很可能必須重新接受檢視與評估。

在《莊子》的列舉中則提供了我們多元的思考空間，這不單只是粗淺的相對思維，更具複雜性與其意義的，《莊子》啟迪了我們對事物「多樣性」的基本尊重與學習的態度；在思想方式的比較上，《老子》較屬於理論型態的分析與思考，而《莊子》則能善用生活的經驗與實際的例證來說明事物本身蘊藏的道理，這實質地將使「相對思維」推向精緻而深入，並且使其體系與理論回到生命實際的狀態中。

無論是「潮濕」或「不潮濕」，「正處」、「正色」還是「正味」，它們都可以由各自的觀點來界說，來肯定自我的立場，這是它們相互平等的地方；然而，它們還有一處相互平等的地方，即這些自我立場的界說，都可以在相對思維模式中一一被解構；也就是說，任何一項界說，將只是一個角度而已，它們只是「環中」所開出的一種作用而已。

所以，《莊子》察覺到每項定義成立的背後，將隱藏著破裂的元素。誠如「无成與毀」的道理一樣，事實上是從「成與毀」的觀察中所推出。誠如「門軸」的作用一樣，「接迎」與「拒絕」是可以進行互換的；在立場不同的時機點上，其實我們同時都可以觀察到立場的相互關係；一旦角色改變，或是立場互換，「接迎」可能會變成「拒絕」，而「拒絕」也可能會頓時成為「接迎」。為何轉換如此迅速，因為《莊子》察覺到，它們實質上是「一體」的，只是我們時常陷入在各自的「兩端」當中；我們常常自陷在自我的立場當中，而沒有發現我們是極有可能被解構的。

一項觀點的成立，也同時在訴說著這項觀點自身的破裂；雖然「成立」指向的是某種作用的運行，但「破裂」的意義正也同時性地在指出一個全新的開始（「成」，可能是停止；「毀」也有可能是進行）。

從最為基本的層次切入，一旦是在「開」的狀態，就不可能是「關」；相對而言，一旦是在「開」的狀態，也就不可能是「關」。所以，一旦有其「分」

當然就有所「成」，但其「成」的同時，也必然有所「毀」；「分別」事物的種種，實際上也包含著對事物進行種種的「限制」。西施的「美麗」雖然成立，但這項成立也將只是侷限在於人的觀點上而顯現其破裂；所以，對屬的「醜陋」定義也是如此。其實：所謂的「成」，正是在演繹著「毀」；而所謂的「毀」，正是在演繹著「成」。人們雖然確立了屬的可怕與醜陋，但事實上這種「成立」也同時反映出對屬的限定（雖然有所成立，但也同時在破裂）；這種確立只是侷限在一個角度上，這樣的觀察與界定顯得相當粗糙；因為，西施的美（成），也同樣的將在「沉魚」、「落雁」與「驟鹿」的反應中而有所破裂（毀）。

然而，這只是一個基本性的思考層次，思維的深度必須在往下延伸；因為，我們必須再度反轉思考的是，「破裂」也可能是另一個「成立」的關鍵與開始。從相對性的角度再切入，《莊子》還要再度提醒我們的是，「關」也可能是下一個「開」，之所以成立的先前條件；那麼，所謂的「開」，也將預告發生下一個「關」的可能性與其成立的先前條件（事實上，「關」也是一種成立）。所以，在「沉魚」、「落雁」與「驟鹿」的破裂反應中（毀），不同觀點的刺激讓我們思維的內涵更為豐饒，使其觀察的視角更為多元，這也可以稱之為是一種「成立」。有了這樣的思維翻轉，《莊子》的這些列舉才有參照的價值，才能顯現其自我提升的精神，而不只是為了反對而反對的無限循環論證，或是消極的相對主義。

換言之，「成立」與「破裂」不再是兩個相反的概念而已，從相對思維的反轉引導之下，「成」與「毀」走向融通為一的整體；雖然「關閉」的門窗使之接迎的作用破裂，而在拒絕的作用上有所成立，但從另一面也可同時觀察到，「開放」自身也只是「開放」，卻也同時暫時失去「關閉」的功能。所以，《莊子》讓思維沉澱下來，使之應對不落於觀點上的限制；誠如《莊子》自身所言，使自己的心保持在「不將不迎」的狀態中。《莊子》要我們明白，當你處於「開放」時，就某一個層面而言，你也是處於「關閉」的狀態。

有了這一層思維上的轉折（有成有毀），才能統合「兩端」的條件（甚至更多條件——「兩端」思考只是簡易的相對假設，其實互動的條件相當多元），進而洞視到「一體」的本質（無成無毀）。當我們把「局限」（毀）的原因一步步還原到是因為「成立」（成）所造成時，所謂的「毀」也就如同是在演繹著「成」。

藉由以上的推演與思索，我們可以得知，「成」與「毀」的本質其實是如

出一轍的；但是，「成」還是歸「成」的現象，而「毀」還是歸「毀」的現象，正因為是在這一個基礎點上的平等，「成」與「毀」才可能被論證是「復通為一」的；《莊子》的總體生命觀，正是由察覺到這樣的共通本質而開啟的。

第二節　照見自我而超越自我——聖人懷之

「中軸」思維的第一意義，正是洞悉自我的生命。回到「中軸」上，便能正式開啟自我檢視的機制；當所能見得的視野愈顯寬廣，我們就愈能洞視自我的渺小，此時思維的質地才有成長的可能性。聖者並不執於他自身的思維，越是回歸到「中軸」上，聖者越是看見自身的無用之處，他必須為他自身所不知的一切保有一定程度的尊重，謙沖為懷不是口號，而是親身以對自己的不足；狹隘的觀點被層層消解，實意味著更多思維的開啟。

現在，我們必須藉由另一個角度來重新思考問題的核心，將思維的維度再做一次翻轉，也就是切實地進入到《莊子》的實際心境；這個心境不是一種假設或是與他者進行任何的比較，在這個思考維度中，《莊子》要進行對話的已經不是他者，而是真切的自己，《莊子》企圖分析的對象其實是自己。確切的說，我們要思索的核心是：《莊子》是如何對自我進行總體評估的，以及在這樣自我檢視歷程中所開啟的在思維上的意義。

> 今且有言於此，不知其與是類乎？其與是不類乎？類與不類，相與為類，則與彼无以異矣。雖然，請嘗言之。有始也者，有未始有始也者，有未始有夫未始有始也者。有有也者，有无也者，有未始有无也者，有未始夫未始有无也者。俄而有无矣，而未知有无之果孰有孰无也。今我則已有謂矣，而未知吾所謂之其果有謂乎？其果无謂乎？〔註11〕

《莊子》對其自身所提出的「觀點」（言）進行了深入省思。關於這樣的省思有兩大層次可以切入：

其一：我所表明的思考是否與他者一樣也只是一種「觀點」而已，或者不是呢？在進行這樣「是」與「不是」的思考時，其實我的思維也已經與他者的思維有所相互比對，並因此而產生相互的影響關係了，正因為如此，某個意義上來說，我的思考真的也只能被稱之為是一種「觀點」而已。《莊子》從立場

〔註11〕 《莊子·齊物論》。參見〔清〕郭慶藩：《莊子集釋》，頁79。

對等的態度上來進行自我的檢測，也就是說，《莊子》希望透過在自我與他者之間的相對立場上來反省自己的言論有無受到自我的牽制；其實《莊子》要叩問的是，我的言論有沒有陷入在無謂的爭辯中，或者，只是站在自我的立場上而已。

其二：當我在省思我自身的思考是否與他者一樣，也只是一種「觀點」而已時，「是」與「不是」的類比推想足以證實我確實是行走在一個「觀點」上，我的確是表達了我的看法；但正因為我的言論也只是一種對比思考下所進行的觀察，所以我無從說我的言論具有絕對性。《莊子》在此更要深入地表明一種觀察，即所有的言論都有其存在的價值與意義，但我的言論也如同他者的言論一樣，都必須接受不同聲音的檢閱；有了這一層的自破，才能面對自己的言論並予以負責。在這樣真切的自我檢閱歷程中，《莊子》希望自身能時時保持在「中性」的位置上。

「中性」絕對是一種聲音（它絕對不是沒有自己聲音的牆頭草），但它一直是處在不斷進行「自我檢討」（破裂）與「參照他者」（成立）的狀態中的聲音。嚴格來說，它有自己的聲音，也有其自己的立場；但是，它如同「門軸」的作用一樣，可以顯現開，也可以顯現關；「門軸」是以顯現各種聲音來表明它自身的聲音。

《莊子》勢必要進入言語的狀態，並且提出自己的論點；不過有了這一層思維作底，《莊子》也同時明白一件事實，所有言論之所以可以成立也將都是因為它有其相對可被突破的質地。《莊子》相當謙卑地說：「容我為大家說明我的觀點」（請嘗言之）。這種思考即是採取所謂「用心若鏡」的基本態度；鏡子勢必有它自身所要發出的影像的，然而，它自身的影像卻恰恰是依據於萬物的影像所呈現出來的，鏡子所對應出來的整體性，正是萬物的總合；莊子必須要表明其自身的聲音，他必然要有其態度，但他卻不受限於他自身的聲音，他使之態度走向萬物本身。以下《莊子》進行了一場思維轉折的論證：

宇宙有一個「開始」，有一個未曾開始的開始，更有一個未曾開始那「未曾開始」的「開始」。宇宙最初的形態有它的「有」，有它的「無」，更有未曾有「無」的「無」，更有未曾有那「未曾有無」的「無」。忽然間發生了「有」、「無」，然而不知道這個「有」、「無」，果真是「有」，果真是「無」。〔註12〕

在論述的方法上，《莊子》竭盡所能地去表明論述本身之所以與可以朝向

〔註12〕此翻譯之內容參見於陳鼓應：《莊子今注今譯》，頁73。

無限延伸的理由即可能性，這樣的可能性當然充滿著豐富的內容與辯證方法上的激盪；但是，《莊子》確也警覺到另一項事實，即一旦落入方法上的循環或是無謂的辯證上，那論述極有可能會限制了自己（實際上，這正是能再次藉由相對思維來思考相對思維本身。《莊子》在相對思維中持續叩問自己的思維，而不是無謂的論證。），如果沒有洞視這點，這充其量只能是進入「因是因非，因非因是」的循環論證而已。所以，《莊子》為自身提問了一個真切的問題：「現今我已經表明了我的看法，但我思考我自己一個問題（未知吾），我是不是已經表明了甚麼？還是我尚未表明甚麼？」這樣的自身提問，顯現一種在思考歷程上的基本品質，即叩問自身是否只是沉浸在自我一時的論述上。

　　《莊子》藉此要提醒我們同時思考一個問題，即語言（思維的表達）本身具有相當程度的「可塑性」，但也要注意其本身的「侷限性」；我們的確是不能沒有語言的，但在運用語言的同時，所謂的「超越」並不是標新立異或是無謂的顛覆；我們的「侷限」往往就是從走進這個「可塑性」中而開始的。

　　因為，在極為荒誕無邊的語境中，其真切之目的不是為了尋得合乎自我觀點而存在；在無端涯的語境中，是為了自我的超越；但是，它不但要傾聽他者的聲音，更重要的是要清楚自己的確切心態；所以，真實的超越即是又回到平實的狀態，在平實中找到萬物自身最好的定位，而不是漫無目地的種種假設或是放大。

　　如果我們將思維的「可塑性」只是導向無謂的相對論述時，那麼所謂的「攻乎異端」〔註13〕的偏頗心態就會不斷地在無謂的反對中循環不已，最終也只是能「大言炎炎，小言詹詹」的表面喧嘩。這不但不能善用「荒誕」，反而會更加誤用了「荒誕」，甚至使自身的立說走向極端，並且因此而認定自身的觀點是絕對的、無異議的。而不只間接性的，更為直接性的反應是，「荒誕」被主導了，被主導走向一種迷失乃至循環的論證，「靈活性」不但因此而有所削減，「偏執性」更無形地被以一種不清不楚的愚昧狀態（「其寐也魂交，其覺也形開」〔註14〕）反覆地牽引著。

　　　　天下莫大於秋豪之末，而大山為小；莫壽於殤子，而彭祖為夭。天
　　　　地與我並生，而萬物與我為一。既已為一矣，且得有言乎？既已謂

〔註13〕攻乎異端，斯害也已！《論語・為政》。參見國立編譯館主編：《十三經注疏分
　　　　段標點 19・論語注疏》，頁 46。
〔註14〕《莊子・齊物論》。參見〔清〕郭慶藩：《莊子集釋》，頁 51。

之一矣，且得无言乎？一與言為二，二與一為三。自此以往，巧曆
不能得，而況其凡乎？故自无適有以至於三，而況自有適有乎？无
適焉，因是已。〔註15〕

《莊子》深知我們是可以這樣進行論證的，即「天底下最大的東西就是秋天
動物的毫毛，沒有甚麼比得過，反證而得，那泰山的大就可稱之是最小的東
西了；所以說，沒有任何一種生命可以比夭折的嬰兒更長壽的，反推可知，
彭祖的壽命其實是相當短暫的。」但是，這樣的論述意義如果只是在「勞神
明為一」〔註16〕的話，那這等論述頂多只能是在「玩弄」相對思維而已；一旦
相對只是為了相對，那麼，此時所謂的相對就只是讓自身走向無法自拔的「荒
誕」罷了（不但沒有洞視荒誕的本質，反而更讓自身限於無謂的荒誕當中）。

　　在相對思維的基礎下，論述的目的不是在技巧上的呈現，論述的本質是
「反思」的啟動；這個「反思」的啟動，恰恰是針對思維自身（語言）的省察。
這等省察是這樣開始的：天地既然與我是「為一」的，那麼，我還需要表明甚
麼嗎？既然我也已經表明「天地既然與我是『為一』的」這樣一個言論，我還
能說我沒有表明甚麼嗎？前者是體會到語言的限制，也是在進行思考將如何
打開這種限制的提問；然後者，則是實際地去證實我必須使用語言但還須跳出
語言。這才能體現語言的可塑性，才能證實我之前所謂的論述。

　　《莊子》實然明白論述是可以被成立的，但卻也明白成立背後的基調極有
可能是深具破裂的條件的；《莊子》並不希望自身落於框架當中，對於語言的
掌握也絕對不是在「一與言為二，二與一為三」的無限消磨之上。正如許多研
究以為，《莊子》在「殤子壽彭祖夭」與「豪大泰小」的觀點上具有「突破」
意義，並依此認為《莊子》在此建立了相對思維的高峰；所以，在「顛覆性」
的思維中，足以作為思想論述的中心。然而，話雖如此，所謂深具「創造性」
的質地，如果沒有自我「省思」作為基石，那無限上綱的「創造」，很可能走
向所偏差的歧途。更深切地說，如果缺乏對自身的「叩問」，以及實務上的「面
對」，「殤子壽」、「彭祖夭」，或是「豪大」、「泰小」的論述，也只能被認定是
一種為了謬論而進行的謬論。

　　根據陳鼓應的看法：

　　　在經驗世界中，一個常人認為極大的東西，若從更廣闊的空間上來

〔註15〕《莊子‧齊物論》。參見〔清〕郭慶藩：《莊子集釋》，頁79。
〔註16〕《莊子‧齊物論》。參見〔清〕郭慶藩：《莊子集釋》，頁70。

衡量，確顯得十分微小。相反的，一個常人所認為極細微的東西，
逼近了看，卻可發現其中含藏著無盡豐富的內容。莊子雖然有意忽
略相對事物中的絕對性（即在特定的關係中，大和小的區分是絕對
的；如果在狗和螞蟻的特定關係中，狗為大而螞蟻為小是絕對的），
然而莊子的目的，卻不在對現象界作區別，乃在於擴展人的視野，
以透破現象界中的時空界線。若能將現象界中時空界線一一透破，
心靈才能從鎖閉的境域中超拔出來。〔註17〕

這樣的解讀理當可以部分掌握到「無端涯之詞」的突破用意，然而，對此我們
也有一些深入的補說。我們必須再度分成兩層來看：

在第一層的思維程序中，因為《莊子》知道事物有其相對性，所以「殤子
壽彭祖夭」與「豪大泰小」的推論是可以進行辨析的。在相對立論的基礎上，
所有的建構與定義都有可能被推出。正如《莊子》自身所言：更有未曾有那「未
曾有無」的「無」；相對推論是可以無限持續推展下去的。誠如陳鼓應所言及
的，如果我們從更大的視野來檢視泰山，泰山的「大」只是暫時性的，因為宇
宙的浩瀚足以顯示泰山是「渺小」的；同樣的道理，當我們極度縮小我們的視
野，當焦點只停留在秋豪的「小」上，以「小」觀「大」的道理是可以啟發我
們的思考的。然而，我們也要注意一點，它也只是暫時性的。這樣的思考內容
與辨析結構正可與《莊子》書中所謂：「至大无外，謂之大一；至小无內，謂
之小一」〔註18〕的論證相通。當然，這樣的思緒是必要的第一程序，因為它確
實可以「擴展人的視野」，也可以「透破現象界中的時空界線」；陳鼓應的這點
闡述，我們是可以接受的。然而，我們也必須虛心檢閱自我，這樣的立論歷程
是否被相對論述本身給牽制住了；倘若如此，那我們可能不是朝向《莊子》一
心想要超脫的「彼是莫得其偶」的境地，反而是落入「彼是得其偶」的相對詭
辯當中。所以，《莊子》才會有事先這樣的詢問：我到底是表明了甚麼？還是
等於沒有表明甚麼？這等叩問必將使《莊子》回到如實的時空中，也就是我必
須面對並接應的實際狀態。

因此，在所謂「超越」的歷程中，再度回到事物本身的原來基礎點上也是
極為重要的。因為「殤子」的壽命畢竟是短暫的，而「彭祖」的壽命理當是長
的；「秋豪」事實上是相當微小的，而「泰山」的確是偌大的。如果沒有注意

〔註17〕參見陳鼓應：《莊子今注今譯》，頁72。
〔註18〕《莊子·天下篇》。參見〔清〕郭慶藩：《莊子集釋》，頁1102。

到這點，那前面的辨析很可能走向自我觀點上的執意。《莊子》並沒有刻意要忽略事物本身的絕對性，反倒是在這層回歸思考上才能證成一個道理的完整性，即是事物因其「不齊」，所以才能「平衡」；因為，所謂的「齊物」，正是察覺「物」之「不齊」，並且尊重「物」之「不齊」。莊子何嘗不是一個「常人」，莊子並沒有要透過「荒唐」的思辨歷程來塑造自我的「神聖性」，反倒是在這樣的思辨轉換上警覺到自身的「荒唐」，進而才能回到如實一般的「常態」上，真正的「聖人」就是一個「常人」；這正是思考的第二層次。

　　鏡子可以照映出所有萬象（任何一個可能出現的景象都可以被容納），但鏡子卻不會捉住它可以照映出所有萬象的這種能力，鏡子的基本原則沒有受到動搖（就是映照，鏡子就是鏡子），萬物也能如實的在其中顯現其自身的種種現象──我的確是表明了什麼，但我也等同於是沒有在表明什麼。

　　《莊子》是在玩文字遊戲嗎？很顯然地，答案肯不是。因為《莊子》同時要告知我們，遊戲必須終止。所以真切的答案是：這不是進行詭辯，而是洞悉自我。就此，《莊子》是明白遊戲真實的用意的；誠如之前的論述，「顛覆」語言的最終用意理當是要還原語言的「可塑性」（靈活度）。破除言語的限制是相當重要的，但回歸到事物的狀態中才是《莊子》所要關懷的；如果沉睡在遊戲中，那可能會讓自己走向「彼非所明而明之，故以堅白之昧終」〔註19〕。這將使得是非不斷地在不明相對思維與沒有超越相對思維的情境下，持續互相爭論著；爭論則使得所有的聲響，只是為了自身而大噪；大噪的心境不但不能進行自我檢視，更讓自心「荒謬」地朝向無限的「馳騁」。

　　所謂：

　　　吾生也有涯，而知也无涯。以有涯隨无涯，殆已。已而為知者，殆

　　而已矣！〔註20〕

《莊子》確切地察覺了一項事實：「我」自身的生命是有限的，相對於「我」以外的「一切」是無限的（對於自身以外的「一切」我們可以稱之為是浩瀚無垠的「知識群體」）；這種謙卑的品質，並沒有透露絲毫的消極觀點或是感嘆的訊息；反而在洞視這樣的自身侷限中，《莊子》試圖超越其中，生命必須有所轉化。倘若我們對《莊子》這句言語的思考只是停留在一種「感嘆」的氛圍上，那我們的生命真的只能配稱做是一種「疲憊不堪」的追尋狀態了（殆已）。《莊

〔註19〕《莊子·齊物論》。參見〔清〕郭慶藩：《莊子集釋》，頁75。
〔註20〕《莊子·逍遙遊》。參見〔清〕郭慶藩：《莊子集釋》，頁115。

子》在藉由自身的叩問中，讓生命的品質更加充實，因認清其中的有限與不足，所以才能得到調整生命的可能；在這樣的叩問中，「反省意識」讓生命更為茁壯，也讓思維的落點回到人間，而不是純粹只是空泛的理論建構。如果，我們只是一味的「馳騁」，那心中所追尋的實在是無窮無盡的失落，落入心的框架中，則無不疲憊（以有涯隨无涯）；心的框架正是自我的限定，正是自滿於自身的論證中。而更為疲憊的是，將自心以為的是非來強加於這樣的不明循環論證中；正如《莊子》的感慨一樣，就算是通曉天文曆算的「巧曆」都難以抵擋陷入這場危機。

以多種姿態展現生命原有的本質，這是《莊子》在表達思想時的重要手法；其思維讓人撲朔迷離，卻也讓人從中感到心曠神怡。所以在《莊子》筆下的理想人物，彷彿是神仙中人，他們生長在「藐姑射之山」，他們「肌膚若冰雪，綽約若處子；不食五穀，吸風飲露，乘雲氣，御飛龍，而游乎四海之外。其神凝，使物不疵癘而年穀熟」[註21]。就連修道中人的肩吾都深深感到「大而无當，往而不返。吾驚怖其言，猶河漢而无極也，大有逕庭，不近人情焉！」[註22]而不相信接輿所說的話；甚至「以是狂而不信也」。這樣「不可思議」的生命情態也被呈現在《大宗師》「何謂真人？」的論述中：

> 古之真人，不逆寡，不雄成，不謨士。若然者，過而弗悔，當而不自得也。若然者，登高不慄，入水不濡，入火不熱。是知之能登假於道者也若此。
>
> 古之真人，其寢不夢，其覺无憂，其食不甘，其息深深。真人之息以踵，眾人之息以喉。屈服者，其嗌言若哇。其者欲深者，其天機淺。
>
> 古之真人，不知說生，不知惡死；其出不訢，其入不距；翛然而往，翛然而來而已矣。不忘其所始，不求其所終；受而喜之，忘而復之，是之謂不以心捐道，不以人助天，是之謂真人。
>
> 若然者，其心志，其容寂，其顙頯；淒然似秋，煖然似春，喜怒通四時，與物有宜而莫知其極。[註23]

無庸置疑的，在《莊子》的許多論述裡，思維的整體不但披上了濃厚的「神秘」

〔註21〕《莊子・逍遙遊》。參見〔清〕郭慶藩：《莊子集釋》，頁 28。

〔註22〕《莊子・逍遙遊》。參見〔清〕郭慶藩：《莊子集釋》，頁 26。

〔註23〕《莊子・大宗師》。參見〔清〕郭慶藩：《莊子集釋》，頁 226。

外衣，甚至還讓人感覺到那「異於常態」的邏輯，我們能在那些異於「常人」的「至人」、「神人」、「真人」的生命情態中發現到這些現象與問題。因為，他們各自擁有著特殊的「能力」。他們吸風飲露、水火不能侵、登高不顫慄、禽獸無以傷；並且能遊乎四海之外，上窺青天、下探黃泉，經大山、入深淵，更能置死生於度外，臨榮辱而無變乎己；對於這些「能力」而言，往往是超乎我們一般人所能理解與想像的。在深具強烈藝術性與文學性的語言中，這些人物，很可能不是「現實生活中」的人物。但是，反思其中，這些人物形象卻起了一種作用，即我的一貫思考已被顛覆，對生命的種種，我們必須重新審視自己。他們以「腳跟呼吸」、「睡時不做夢」、「醒時不憂愁」、「飲食不求精美」等多樣姿態則影射出，我們是如此受限於我們的觀點而不能前行，在「無端涯」的語句中，《莊子》是要我們靜心檢視那在也平凡不過的自心；所以，這些「異於常態」的邏輯，其實是一次又一次的「解構」；唯有解構我們生命的限定與框架，才能進一步重新「建構」起我們如實的生命。在《莊子》口中的「真人」必當使人深思；事實上，這些不可思議的生命情態就呈現在現實的世界中，只是我們容易因其蒙蔽而不能見之。

　　《莊子》將自我對生命的體驗訴說出來，事實上是對「事理」的體悟，即展現在這些「至人」、「真人」、「神人」的生命情態上。這些文字是那麼的模糊，但又是那麼的真實。齧缺與王倪便有這樣的對話：

　　　齧缺曰：「子不知利害，則至人固不知利害乎？」王倪曰：「至人神矣！大澤焚而不能熱，河漢沍而不能寒，疾雷破山、飄風振海而不能驚。若然者，乘雲氣，騎日月，而遊乎四海之外。死生无變於己，而況利害之端乎！」〔註24〕

對於人們而言，「跳脫生死」是那麼的遙遠，因為我們對於「利害」是那麼的清楚與計較；於是，我們受不了極度的寒冷與酷熱，我們始終憂心於所獲取的是快樂還是悲傷，當然也就難以體會乘雲氣、騎日月的真正自由。受不了極度的寒冷與酷熱，其寓意是，我們不能如實面對生命的中的冷暖與變化；憂心於所獲取的感受是快樂還是悲傷，實意味著，我們總是沉浸在我們的所愛，而離棄那我們的所惡。思維一旦受限於自心，則隨之受限於外在的表相而滯留無所前進。終究我們常常以假亂真，而又以真為假；因為我們視「自我」為其必要，我們將清明的心給蒙蔽了。原來，在「神人」眼中，我們原以為「模糊」的判

〔註24〕《莊子·齊物論》。參見〔清〕郭慶藩：《莊子集釋》，頁96。

斷是多麼的「精準」，從生即死、死即生的體會上看來，他們洞視生命的能力
是這麼的「純真」而「實在」；這些神人、至人的形象，正是《莊子》對自我
的一種期望與訓練，期望自身藉由心靈納空的訓練來達到生命最為圓融的狀
態（即是能讓思維先行回到「中軸」之上）。因此，在有限的生命裡，《莊子》
從不容許有任何一絲的墮落，對於偉大「道體」的落實，唯有不斷的「自我超
越」才能得到真實的詮釋。

　　進而，我們可以藉由知效一官、宋榮子、列禦寇的差異，來看出這一「自
我超越」的機制：

> 故夫知效一官，行比一鄉，德合一君，而徵一國者，其自視也亦若
> 此矣。而宋榮子猶然笑之。且舉世而譽之而不加勸，舉世而非之而
> 不加沮，定乎內外之分，辯乎榮辱之境，斯已矣。彼其於世未數數
> 然也。雖然，猶有未樹也。夫列子御風而行，泠然善也，旬有五日
> 而後反。彼於致福者，未數數然也。此雖免乎行，猶有所待者也。
> 若夫乘天地之正，而御六氣之辯，以遊无窮者，彼且惡乎待哉？故
> 曰，至人无己，神人无功，聖人无名。〔註25〕

投身於大道之中而能「以遊无窮」者，固然讓人著迷，然而在《莊子》心中，
一個真正能超越命運、體悟生命的得道者，並不只局限在他們這些特有的神異
功能上。因為，即便是能御風而行的列子，仍然因為「有待」於風而不能真正
達至「逍遙」的境界。表面上看來，列子似乎能超越一般眾生的侷限（與知效
一官、宋榮子相比），但內在真實的精神體現恐怕還是有所不及的。所以，真
正的「無心」、「無待」（所謂：乘天地之正，而御六氣之辯）才是通往至人境
界的重要關鍵，才是真正的「自我超越」。

　　獲知生命的本質不在於追求與建立生命以外的東西，那些人們以為重要
的知識系統在《莊子》眼中似乎不是那麼重要；因為，在一切精神活動沉澱之
後，我們所見的事物將會更加清明，在歸零的思維上我們更能看清並且洞識我
們自己。這種面對生命的態度，不只是一種轉折，它更是認清生命與提升生命
的思維反省。《莊子》特有的思維模式，其基本著眼點依然是在於對生命「內
在」的反省，除了兼具道德修養問題外，在生理以及心理的聯結上，有了多面、
多角、多元的思考，《莊子》把握生命本質及其運作之道，這將有別於「外求」
的人生觀。

〔註25〕　《莊子‧逍遙遊》。參見〔清〕郭慶藩：《莊子集釋》，頁16。

　　人可以視而不見的去一味解釋我們自以為是的世界，但這往往也會將我們原本同於萬物本然的性情打翻，在一切被分化的過程中，我們將因此而認不清自我的真實定位，並且落入自我所設限的障礙中而不能自知。人總不能再以自傲狂妄的態度去面對這個世界，因為我們也是萬物中的一員。這樣的生命情態，正是那些神人、真人、至人與聖人的真實本懷。

　　對一位思想家而言，發揮生命最高意義與價值恐怕是最為重要的事；所謂的「聖人」，在《莊子》心中，是何等的與眾不同，卻又如此的平凡。在《莊子》筆下的聖人，則以「至人无己」、「神人无功」、「聖人无名」等各種不同的生命情態與面向來體現；然而，這其中所指向的，無非就是一種最為「理想的」人格境界──正是不斷地超越自我的思維投射。對於《莊子》而言，體現生命的最高意義有其自身一套特殊的「邏輯」。因此，在《莊子》一書中的「聖人」形象，對我們而言，是那麼的引人入勝；可是，對莊子而言，卻是相當平實的。

　　人們常以「有限」的價值觀點去衡量生命的「無限」，殊不知在判斷是非、善惡、黑白的同時，「自我」立場的設定是一切「無知」的開始；而這其中，不免過於算計、現實，而顯得心胸狹隘。自然而然的，人們終於走向貪生怕死、趨吉避凶，甚至是人不為己天誅地滅的路，這些不但枉費生命原有的真誠與純淨，更可悲的是，終將難逃於自我設定的「命運枷鎖」當中。「命運」總是讓人感到「好奇」的，但予以「好奇」的心態似乎還不夠，因為「慾望」的燃燒才是它真正無明的本質。誠如佛家所言：「菩薩畏因，眾生畏果。」

　　人們總在結果上去判別事態的價值，卻往往忘記背後的成因；表面上，我們不僅錯失了改善一切的良機，從內在上看來，我們正也不斷的在注入一股無法拔除的惡習。因為，對於「利害關係」，我們總是那麼的在意。在〈人間世〉中有一則對話：

> 南伯子綦遊乎商之丘，見大木焉有異，結駟千乘，將隱芘其所藾。
> 子綦曰：「此何木也哉！此必有異材夫！」仰而視其細枝，則拳曲而不可以為棟梁；俯而視其大根，則軸解而不可以為棺槨；咶其葉，則口爛而為傷；嗅之，則使人狂酲，三日而不已。
> 子綦曰：「此果不材之木也，以至於此其大也。嗟乎神人，以此不材。」宋有荊氏者，宜楸柏桑。其拱把而上者，求狙猴之杙者斬之；三圍四圍，求高名之麗者斬之；七圍八圍，貴人富商之家求樿傍者斬之。故未終其天年，而中道之夭於斧斤，此材之患也。故解之以牛之白

> 顙者,與豚之亢鼻者,與人有痔病者,不可以適河。此皆巫祝以知
> 之矣,所以為不祥也。此乃神人之所以為大祥也。〔註26〕

自以為是的價值判斷往往是「自我迷思」的開始。「材」與「不材」,「祥」與「不祥」在世人眼中始終是對立的。但對於一個體道者而言,「不材之木」因其「不材」,所以能獲其「天年」;而有「痔病者」,卻也因其「不祥」而能逃過一劫得以「善終」。那麼,這層思想的轉化,也正是大道與小道之間的差別所在。

在〈徐无鬼〉中也有這麼一段故事:

> 子綦有八子,陳諸前,召九方歅曰:「為我相吾子,孰為祥?」
> 九方歅曰:「梱也為祥。」
> 子綦瞿然喜曰:「奚若?」曰:「梱也將與國君同食以終其身。」
> 子綦索然出涕曰:「吾子何為以至於是極也?」
> 九方歅曰:「夫與國君同食,澤及三族,而況父母乎?今夫子聞之而泣,是禦福也。子則祥矣,父則不祥。」
> 子綦曰:「歅,汝何足以識之?而梱祥邪,盡於酒肉,入於鼻口矣,而何足以知其所自來?吾未嘗為牧,而牂生於奧,未嘗好田,而鶉生於宎,若勿怪,何邪?吾所與吾子遊者,遊於天地。吾與之邀樂於天,吾與之邀食於地;吾不與之為事,不與之為謀,不與之為怪;吾與之乘天地之誠而不以物與之相攖,吾與之一委蛇而不與之為事所宜。今也然有世俗之償焉!凡有怪徵者,必有怪行,殆乎!非我與吾子之罪,幾天與之也!吾是以泣也。」
> 无幾何,而使梱之於燕,盜得之於道。全而鬻之則難,不若刖之則易,於是刖之,而鬻於齊。適當渠公之街,然身食肉而終。〔註27〕

九方歅以自是的相術層次來斷定出梱的命運,其認為梱具有「與國君同食以終其身」的祥兆;然而,子綦聞之不但沒有歡喜反而痛哭其中;因為,在子綦的認知裡,真正的祥瑞並非等同於「盡於酒肉,入於口鼻」而已。相反的,真正的「大祥」應當是心靈的純粹自由與自在,並且精神可以與天地同遊,進而能順其事物自然之變化而坐化其中;思維的向度做了翻轉,子綦所認為之「大祥」,是如此的平凡,然世人卻遠遠不能及之;《莊子》透過此次反思,正是要

〔註26〕《莊子·人間世》。參見〔清〕郭慶藩:《莊子集釋》,頁176。
〔註27〕《莊子·徐无鬼》。參見〔清〕郭慶藩:《莊子集釋》,頁856。

我們調整我們偏差且不健康的思考模式。

　　但站在九方歅身為術士的立場上，卻視之所獲的結果為大吉，並想當然而的能推之於父母，而惠澤於三族之間，認為這是無上的福份。面對子綦的哭泣，九方歅卻復以「先知先覺」之口吻，責備子綦不該拒絕上天給予的恩賜。然而，梱的命運終究是禍而不是福；九方歅雖然預知了「食肉終身」的結果，但也只是只知其一，而不知其二，知其然，而不知其所以然。儘管梱能終身無口腹之憂，「刖足之刑」的遭遇卻隨之一生，以至於地位卑下而無能以顯父母。這樣的結果，九方歅只講對一半；而事實上，這與所謂福祿無雙的預言全然不合。對於口腹之欲的滿足也只是「世俗之賞」，在某種程度上看來，這很可能是上天給予的「禍害」而非「祥瑞」之事；思維正要從這樣的限制中跳出，生命的意義必須就此進行審慎的評估。

　　不任命運之左右並非不相信命運，因為「超越」命運比什麼都還重要。《莊子》希望我們能回到生命本然的面目，承擔一切，進而也能超越一切。對於命運，無需疑惑與害怕，亦不必因而屈服或逃逸；在積極當中不失其謙恭，在委任中不失真我，這才是全然的體悟生命，才是真正的自由。然而，這正是《莊子》一書中對「理性」價值與「神秘」體驗的融合智慧。

　　謙卑可能不只是一種美德，對《莊子》而言，謙卑是層層認識自我的基本態度，即不斷地重新檢閱自己。

> 夫道未始有封，言未始有常，為是而有畛也，請言其畛：有左，有右，有倫，有義，有分，有辯，有競，有爭，此之謂八德。六合之外，聖人存而不論；六合之內，聖人論而不議。春秋經世先王之志，聖人議而不辯。故分也者，有不分也；辯也者，有不辯也。曰：何也？聖人懷之，眾人辯之以相示也。故曰辯也者有不見也。夫大道不稱，大辯不言，大仁不仁，大廉不嗛，大勇不忮。道昭而不道，言辯而不及，仁常而不成，廉清而不信，勇忮而不成，五者园而幾向方矣，故知止其所不知，至矣。孰知不言之辯，不道之道？若有能知，此之謂天府。注焉而不滿，酌焉而不竭，而不知其所由來，此之謂葆光。〔註28〕

在「存而不論」、「論而不議」、「議而不辯」這樣的頂真結構中，《莊子》的基本期望是：「陳述」是否可以就此交還給「不需要陳述」。當然，這樣的推想，

〔註28〕《莊子・齊物論》。參見〔清〕郭慶藩：《莊子集釋》，頁83。

將顯得相當消極；如果我是將《莊子》的行走放在一次又一次的自我檢視的歷程上時，那這樣的頂真結構，則是朝向「整體」前進的，它也不是什麼樣的積極態度，恰如其分的，《莊子》所期望這樣的「不需要陳述」的意義，是可以朝向原有的「清明」的狀態的。

事實上，在「A而不B」→「B而不C」→「C而不D」的結構中，我們可以察覺這是一場思維歷程上的檢討；如果我們倒推回去，我們可論證到：「若能C，就儘量不需要D」→「若能B，就儘量不需要C」→「若能A，就儘量不需要B」；就此，我們更能藉此澄清一項事實，《莊子》絕非毅然決然地為了反對而反對，自省的基本特質讓思維歷程表現的態度是「反省」而不是「反對」；所以，《莊子》沒有攻擊的心理，反而是能藉此提出自我在面臨任何狀態發生時的因應心理與準備。所以，對於「辯」、「議」、「論」的真實態度是進入「自我觀察」，而不是反對「辯」、「議」、「論」的存在價值。換言之，在所謂這樣回返的期望推演上，是試圖將「詮釋」放在可能被「重新詮釋」的基準上來思索的；因為，《莊子》洞視到的是：「我」是那麼的「不足」。當我體認到「不足」時，才有機會朝向「足」來前進。

我當然足以「辨析」，但是我的「辨析」將在我的觀點上自成侷限而形成「爭辯」，所以我理當朝向更為寬廣的「評議」基準上來重新評估一切的既定價值。當然，我也足以有能力進行「評議」，但是我的「評議」如果只是關乎於各自自身的立場，那「評議」極可能是無端的「爭議」，所以我理當朝向更為清晰的「公論」前進，讓「爭議」漸漸消弭。當我進入「公論」時，我的聲音確實只是一個視角而已，我的體認誠如他者的體認一樣，我們共同體認到一項事實，即任何一項「表明」都在「公論」狀態時被無形地「修正」著；當然，彼此之間各自可能因而有所激盪，也可能因此而有所吸收。這足以證明一項事實：生命各自實際上是在「參照他者」，也同時也在「超越自我」，這就是「存而不論」的真實意義，也是《莊子》所要表明的期望狀態。

一切可以是一個「整體」的，而是「什麼」讓「整體」破裂呢？答案是：「為是而有畛也」。所謂「是」，就是「此」（古注多以此解為通義），有了「此」就會有其「彼」的對應，也就是說，有了「此」的限量，當然就會出現「彼」的限量；然而我們以為，《莊子》的思考核心實際不只是在有「此」或有「彼」的相對論述上；其真實用意是在告訴我們，無論是「此」還是「彼」，它們都指向於「自己」（「彼」為的是彼自己，「此」為的也是此自己），所謂的「為是」

不只是「為此」，其實都是為了「自己」。如果思維的核心是為了要認清「自己」，那麼《莊子》的這番拆除工作，其實為的是思維的重建。《莊子》不是反對「有自己」，而是警覺到不要只是「為了自己」，正因為有了這層思維上的轉折，「有自己」才能是一個「沒有自己」的全然狀態；立足在一個活絡的「中軸」上，它便可以站立在創造自我的「活動點」上而隨時地檢閱自己（沒有自己──「無畛」），隨時地再發現自己（有自己）。在沒有自己的自己身上，重新認識自己。

據此，所謂「聖人存而不論」並沒有將生命導向於極端的神秘主義說；「存而不論」，不是將自己交由不可預知的神秘力量而藉此模糊焦點；倘若我們只是藉此將焦點模糊，那我們極可能是在假借神祕之名行自我膨脹之實；在此種狀態之下，不但聲稱自己「為是」，更因而縮小他者，也同時更加縮小了自己。誠如「無端涯之詞」的思維方式必須迴轉一樣，回歸到自我的重新認識才是生命的真諦；一個成熟且圓融的神祕體驗者，理當保有的是一顆「謙卑」且「尊敬」的態度；一位聖者，將習慣性地把「詮釋」放在可能被「重新詮釋」的基準上；因為他深知：我的界說不是「永恆」的，唯有一種可以界說的「永恆」的，那便是「沒有永恆」──「重新詮釋」並不是要反對或破壞原有的詮釋內容，反倒是在透過許多「參照」之下，詮釋內容的質地會因此而活躍了起來。「敬重」的態度，不僅讓不可測知的神秘力量保有其自身的尊嚴（它讓我學習到，我們確實是有所「不知」的）；更重要的是，我們也從中獲得到認識自我的尊嚴（我們也學習並體認到「知不知」的道理與精神，並可以找到肯定自我的方向）；這正是《莊子》所言：「故知止其所不知，至矣！」。這又同時再次證實，具備「中性品質」的生命體，實必須保有時時被開啟與再造的良能。

所以，提出是「什麼」讓「整體」破裂？顯然不是提問的唯一重點，其可能蘊含的重點是在於：該如何回歸到「整體」？以及面對「整體」時，我們確實能做些什麼？

回到原先的省思，聖人不是不要「辯」，也不是不要「議」；當然，也不是不要「論」。聖人實際所關注的問題是：「論」是為了什麼而被進行的？「議」是如何發生的？而「辯」又是什麼原因所造成的？進而聖人還問了一個問題：我們到底是為了什麼而「辯」？是為了什麼而「議」？是為了什麼而「論」？最終，聖人還思考了一個問題：我何以能「論」、何以能「議」、何以能「辯」？在這些蘊含的問題意識當中，將實際顯現在《莊子》對所謂「眾人辯之以相示也」的疑慮上，以及「辯也者有不見也」的擔憂裡。巧言的外衣與思維的詭辯，

足以讓生命沉淪而不能明白透徹（以相示也）；自是的偏執與獨斷的論定，則足以讓生命停滯而不能前進（不見也）。因此，「辯」的基本品質顯然遭受污染，它已經不是為了問題本身來尋求解決的方案，它單單只是為了自我的炫耀而存在；「為是」因此顯得如此渺小而微不足道。

「神人」與「巫」的差別，極有可能，就在於「一念」之差。一個不以自身為中心，一個卻緊緊捉住詮釋的主導權；一個是能洞視到「無端涯之詞」的「超越意義」，一個卻是依然遊走在「無端涯之詞」的「馳騁」上；一個能全然性地回歸到人間，並因應其中，一個卻想控制統御人間，而有所規避；一個是平衡，一個卻是失衡。

歷來對「聖人懷之」有這些註解，我們可以同時來進行參照。郭象言：

> 以不辯為懷耳，聖人無懷。〔註29〕

成玄英言：

> 夫達理聖人，冥心會道，故能懷藏物我，包括是非，枯木死灰，曾無分別矣。〔註30〕

陳鼓應則以為：

> 指默默體認一切事理。〔註31〕

王先謙之說為：

> 存之於心。〔註32〕

吳怡則言之：

> 「聖人懷之」的「懷」字是抱的意思。〔註33〕

吳怡又論及：

> 這個「一」，也是「為一」的「一」。如何才能抱一呢？吳怡《老子解義》釋為「虛而生物」，也即是虛其心，而使物自生。這正可以作此處「懷」字的解釋。〔註34〕

我們清楚可見，郭象是從相對思維的基本立論上導出「聖人無懷」的說法，但這不免會因為文字過於簡易而造成在語意上的片面解讀，「無懷」之說勢必

〔註29〕郭象註。參見〔清〕郭慶藩：《莊子集釋》，頁86。
〔註30〕成玄英疏。參見〔清〕郭慶藩：《莊子集釋》，頁86。
〔註31〕參見陳鼓應：《莊子今注今譯》，頁76。
〔註32〕此說引用於陳鼓應：《莊子今注今譯》書中之註釋，頁76。
〔註33〕參見吳怡：《新譯莊子內篇解義》（臺北：三民書局，2004），頁104。
〔註34〕參見吳怡：《新譯莊子內篇解義》，頁104。

還有待梳理。而根據成玄英的註疏中得知,「懷藏物我」實然已經洞視到聖者有其「參照」與「會通」之品質,但是「冥心會道」的說法,卻又將其轉化的歷程簡化,而使之《莊子》本具的光明面(「會道」之後理當是有所轉變的)被掩蓋了。同樣的,在陳鼓應的說法中,所謂「默默體認」又將如何進行理解呢?我們當知,「默默體認」是一個狀態描述,但它缺乏對實際歷程在轉化上的陳述,所以還少了一層補說。我們的補充也會在王先謙所言及「存之於心」一句上來進行;因為,「存之於心」極可能會導向以虛無主義的思維方式來進行思考,而漫無目的的無限性延伸,將會窄化《莊子》的思想精神。當然,我們必須明白陳鼓應在說法上的用心,以及體諒到王先謙在論述上的切要;但是,每一次的補充與闡釋,正是要對《莊子》的思維內容進行更為全面性的解說。如果,「存之於心」有一個補說,那麼「應之於物」就是它的另一面;有了這一面,才能全面。

以吳怡的論述而言,較能與我們的論述主軸相通[註35];「虛而生物」實包含了我們所言及的「參照他者」與「超越自我」的全面關懷。

在這個意義上,「默默」就不能等同於「無語」;聖人必定是要表明出什麼的,聖人是有聲音的,但是聖人的發聲卻來自於先傾聽他者的聲音開始。聖人不但含藏而且有所創造,以證「存之於心」而「應之於物」的生命體觀;有了這層歷程轉化上的補說,我們才更能理解成玄英所謂的:「曾無分別」,以及郭象的「聖人無懷」(事實上,聖人是「有懷」的,聖人則深知其中是有所「分別」的)。我們的補充無非是以呈現「中性品質」的生命體出發,我們並不是在於反對過去學人的說法,反倒是在他們的過去建樹中,能一一證實我們的論述,並讓《莊子》思維歷程的艱辛與其原意凸顯出來。

第三節　思維環顧並推陳出新──休乎天鈞

「中軸」思維的第二意義,正是推展出自我的生命價值。觀點與觀點相互消融(樞始得其環中),狀態保持在接迎狀態的來臨上,在所面臨的實境之下,從而不斷推出新的因應方式(以應无窮);然而,別具意義的是,這場看似靜止的狀態,在生命的總體歷程上卻深具其創造性。當狙公在面對猴群之時,他

─────────────

〔註35〕筆者按:此說,實際上是藉由《老子》所言:「聖人抱一」的觀點來說明其中之義理的。

並不以「喜怒為用」，他所採取的方式是，深入剖析「為喜」、「為怒」的確切成因與理由，進而再度去面對處理這些「為喜」、「為怒」等種種現象；他先行讓自身進行解消，再如實地進入事物的狀態中以應其變化。「中」因有其「庸」，而更顯其意義與完整。

深入而言，《莊子》對「中性品質」之精神體驗將是關乎於透視每種觀點的質地，而不是停留在只觀察其中之同與不同的問題而已（《莊子》不是在比較事物的差異性）；這樣才能算是真正尊重所有的聲音，並且才能因應這些聲音（《莊子》是在傾聽並學習這些差異）。《莊子》所提出的種種反詰不單只是在破除「語言」（思維的呈現——各種聲音）的障礙，單就破壞「語言」本質與結構來稱呼《莊子》，顯然是不足的；《莊子》思維的真正核心，是希望還給「語言」本身自由的質地，好讓這種自由的質地不斷地能接受重組。生命的質地也必須被重新開顯，而進行全面性的審視與重組。

很顯然地，所謂《莊子》的「因應」態度絕對不是保守主義，或是呈現出無意識的狀態（消極與逃避的生命觀）；《莊子》所謂「无成與毀」的體會，將是賦有「改造」意義與「創新」精神的——《莊子》極力想要跳脫思維的藩籬，《莊子》採取朝向思考的運用，但不受思考限制的方向前進。那麼所謂的「知」，其真實的意義，便是在於我們能不斷提升我們的認知範圍（這種認知方式不是無限上綱地往前追尋，它是面對自我，歸零自我），是在於對多樣性存在的尊重，其本質更是在養成我們對自身認識之不足之檢閱與對事物的融入與關懷。

這種態度將如何持續？《莊子》藉用了一個深具「得其環中」之精神的故事來譬喻：

> 唯達者知通為一，為是不用而寓諸庸。庸也者，用也；用也者，通也；通也者，得也；適得而幾矣。因是已。已而不知其然，謂之道。勞神明為一而不知其同也，謂之朝三。何謂朝三？狙公賦芧，曰：「朝三而暮四，」眾狙皆怒。曰：「然則朝四而暮三，」眾狙皆悅。名實未虧而喜怒為用，亦因是也。是以聖人和之以是非而休乎天鈞，是之謂兩行。〔註36〕

任何一個事物、樣態都有它存在的價值與意義，無論「朝三暮四」或「朝四暮三」都是一種「觀點」上的表達，它們原先並沒有任何是非的爭議與對錯的判

〔註36〕《莊子・齊物論》。參見〔清〕郭慶藩：《莊子集釋》，頁70。

別；但是，因為執著於自心的分化（相較而自以為是），猴群的喜怒（因分化所帶來的分化作用）便顯現出「自我觀點」的侷限性。

一旦「觀點」只是鎖定在自以為是的角度時，「心思」也只能是停留在強迫性的接受與拒絕的紛擾狀態而已，所謂的「勞神明為一而不知其同」的道理正是在指出：猴群只是執著於種種事物之現象與外在，卻不能察覺種種現象與外在之背後之一貫本質。《莊子》藉此再度重申一個相當重要的事實，即「朝三暮四」或「朝四暮三」其實都是某一個視角而已，某一種受限的觀點而已，這些將只是代表在變化的時空中的某一種選擇而已；可是，我們的選擇往往夾帶著濃厚的無謂爭議與期待，我們非但沒有洞察到事物背後之「名實未虧」的本質，卻又緊緊捉住我們所以為的，以及想要的；所以才會造成「日以心鬥」〔註37〕的局面。

《莊子》的思維核心，不是在乎於我們是否是這群猴子，他更不是在思考如果我們是這群猴子我們應該做什麼樣的抉擇；事實剛好相反，《莊子》是在告誡我們，當我們如果「面臨」到這種無端生起的變化時，我們應該如何以對？事實就呈現在每一個碰觸，與每一次的處理狀態中；因為，在「面對」猴群的喜怒無常時，其實就是在印證我們是否能藉此觀察到自己，以及回到「得其環中」的位置上；我們應當這樣訓練自我，能如此的不被牽動，而又能如實的面對生命的課題。

藉此，我們可以思索三個問題。

第一：在「朝三暮四」與「朝四暮三」的事物表現上，確實是不盡相同的，它們各自顯現出不同的現象；然而，這只是事物的表象作用而已。這猶如門有其「關閉」與「開放」的作用表現之道理是相通的。但是，以「喜怒為用」的猴群卻讓自身陷入「分別」當中，因而引發兩種因其不同作用所產生的情緒波動，終究使其自我朝向並鎖定在「關閉」與「開放」的分化作用上，而執意於自我「所喜」與「所怒」當中。那麼，這種「喜怒為用」的「用」，實在是非常狹隘的「小用」。

第二：如果我們可以再深入認清一項事實，即猴群的「喜怒為用」只是一件自然而然的現象而已；畢竟，猴群的反應是如此的（極有可能這是猴子的習性）。《莊子》將藉此事態而在告誡我們：當面對這樣一個外在的變化時，我們

〔註37〕《莊子·齊物論》。參見〔清〕郭慶藩：《莊子集釋》，頁51。

該如何應對（我們應當思考如何因應猴群喜怒為用的狀態，而不是因此讓自身陷入與其同為喜怒為用的狀態中）？《莊子》真正要我們省察的，是猴群「喜怒為用」背後的原因與其本質。了解整個問題的癥結點，我們才有可能使之「用」朝向「活用」的方向持續不斷前進。當突破「喜怒為用」的牽絆時，此「用」的狀態，才能是「大用」。

第三：就表面上而言，狙公是有其方式的，他採取「朝四暮三」的手段來取悅猴群；然而，這只是方法上的靈活轉移而已，因為狙公深知「朝三」與「朝四」現象背後的道理是相通的，他如實的尊重兩種聲音的存在。所以，狙公從「朝三暮四」改為「朝四暮三」不是方法上的巧取，也絕非是思想上的陰謀權詐，值得敬重的是他靈活地處於「門的軸心」上，以因應猴群的情緒變化。事實上，兩種方法的「並行」，其實不只是「兩者皆可」的思考而已；真正的「並行」意義，是在告訴我們有其「不並行」的道理存在，是要我們培養相互參照的精神；因為極有可能，我們會面臨到第三種狀態。狙公並沒有放棄猴群，反而能因應猴群所需，讓「用」處於時時活化的狀態中。

《莊子》並沒有輕易地選擇離開人間（狙公沒有放棄猴群，或因其喜怒而產生自我的喜怒），《莊子》如實地將自身投入其中；對外境變化而言將顯得格外超越，對其自心內在的表達卻又能如此的入世。這可以說明，古典道家對人間有一種切合實際的承擔精神。

然而，值得注意的是，我們是可以察覺到一種且平、且和的狀態；《莊子》所謂的「兩行」是如此這樣的「冷靜」。

狙公的態度絕對不是一味的「妥協」，狙公必須使之自我進入到具有深度的思考狀態中。所謂「兩行」的態度，絕對不是兩者皆可的輕放意識，也不是甚麼都可以接受的隨便態度；「兩行」必須先思索為何可以進行「兩行」的原因，以及隨時檢閱在進行「兩行」時所必須保有的態度（面對時空的變化）。誠如之前所論述的，「兩行」必須先培養從不同視角去觀察事物的能力，並保有尊重種種有別於己的思考與見解的心胸；在洞視事物具有這樣的本質之下，才能進入所謂「兩行」的狀態。所以，真正進入「兩行」的狀態不只是掌握兩種相對狀態而已，「兩行」之說只是藉由相對思維所開出的方便界說而已。確實地進入到「兩行」的狀態時，是要保有隨時接應任何條件轉換所產生的種種可能；事實上，「朝三暮四」與「朝四暮三」並不是相對概念，它們是兩種不同的狀況，它們將寓意事物有其不同條件的變化與組合。

　　換言之，「兩行」不只是在應對「朝三暮四」或「朝四暮三」的兩種情況而已；「兩行」的確切精神，是必須培養並接應「朝六暮一」的可能性，或者是面對「朝一暮六」的變化（所有變化之發生都有其可能）。

　　「兩行」正是「得其環中」的另一種形容；讓自身回到原有的「中性品質」上，使之活動是深具靈活度的，以應所有可能之變化。

　　據此，狙公的態度將顯得格外「不偏不倚」，他的應對絕對不是出於偶然；因為，他所採取的方式正是所謂的「因是」的態度（他將自己的經驗放置在可能發生全新且不同的體驗當中）；使之「因」其變化，而「應」其可能；所謂的「是」（此），就是種種之可能與種種之變化。猴群可能顯現出「喜怒為用」的種種狀態，但這些現象將不足以干擾狙公；因為，狙公的準則誠如「門環」一樣，無論是「開」或「關」，終將必須有賴於「環中」才能顯現其作用；或「喜」或「怒」，或「喜怒參半」，狙公終將能有所「因」（回到中軸上），有所「應」（再由中軸推出）。狙公之心，即是「環中」。狙公讓自身以「得其環中」的方式而處於每一次的「偶然狀態」中，進而使之每一次的「偶然狀態」轉化為「常態」。

　　深入而言，「是」正如之前所言及的，專指「某種狀態」而言；誠如中文語彙中的代詞──「之」──的使用一樣。使用一個代詞──「之」（是或此）──所代表的哲學意義，正是要我們學習跳脫唯一的觀點與絕對的論述，「是」將包含種種狀態，以及不可預知的變化；因為，我們真的不知道會有甚麼狀況出現。正因為我們保有不知道會有甚麼狀況出現的態度（因），我們才能隨時地去因應這些變動的事物（是）；《莊子》並沒有站在自視的焦點上去採取任何方法（為是不用），《莊子》是站立在沒有方法的向度上來看待一切（寓於諸用）。

　　這個「向度」誠如三百六十度的「門環」一樣，也如同《老子》所言的「大方無隅」一般，隨時因應於外在的變動，也隨時在調整自我的心境。

　　根據成玄英的註疏，我們可以再進行補充說明；其言：「寓，寄也」。〔註38〕「寄」的意義將顯現出事物的「多樣性」、「變動性」與「不定性」；當我們意識到生命在本質上的「變化性」時，我們其實更能以積極性的態度來面對；我們對「寓」的解釋，將朝向能提升生命之品質來進行思索。

　　正如「寄」是「寄託」之意，所以每一件事物都有其寓意的道理，我們不但能藉此學習並尊重到每項事物的「差異性」；這種思維的確切精神，正是呈

───────────

〔註38〕成玄英疏。參見〔清〕郭慶藩：《莊子集釋》，頁72。

現在對觀點上的「不耦」﹝註39﹞。「不耦」正是能「不偶」，能跳脫對立的限制，不再只是「彼」、「是」之間的相互牽引所導致的爭議與矛盾；這種洞視，是接應可能發生的種種變化（這已經是超越了「彼是」的相對思維）。因此，所謂的「和之以是非」，不只是在說明如何調和是非而已，更重要的是，我們必須要觀察並了解到造成這些是非背後的主要原因，以及學習將保持何種心境來看待這些種種是非之現象。換言之，「和之以是非」不是雜湊「是」與「非」的觀點而已；如果我們只是一味的環繞在對立觀點上的假性平衡，那麼，我們極可能只是再度塑造出另一個對立面向而已，我們極有可能重蹈「勞神明為一」之覆轍。此時的「和之以是非」的狀態，已經不在其原來的「是非」觀點上來看待事物了，它正是依循在下一個可能發生的變化的條件上。

「寄」實意味著「得其環中」的態度，以及「用心若鏡」的精神；「寄」的哲學意義，是讓自我投身在流動的宇宙中，而使之同步運作。《莊子》的因應哲學，不是「水上浮葉」這種略帶消極意味的思考方式能說明它的完整性的；借用禪宗的說法，《莊子》的入世精神是一種「月映萬川」的平實態度。所有的事物就是它原先的樣態；但別忘了，這些種種樣態，卻是由我再推出的，是由我這面「鏡子」所照見的；正是透過所思，而又回到無所思的狀態，原先那些茫然與無知，在此時將顯得格外清楚與鮮明。所以，這裡的「因是」，不是隨意，也不只是隨順可以界定之；更富創造精神與意義的，這裡的「因是」是一種「順化」──「順」指向於自我應對能力的培養，「化」則指向於自我在應對歷程中的成長與提升。

這將回到我們論述的基本面上，即「中性品質」的可貴，正是先回到「中軸」之上，再經由此「中軸」發揮出任何可能產生的作用。「寓諸庸」是一個立體同心圓的思考；球體的圓心將因應所有可能發生的狀態，它如實地面對所有球體中的每一個點，每一個位置。

王船山在解說《老子‧第二十一章》﹝註40﹞時，對這種「得其環中」的狀

﹝註39﹞根據許慎：《說文解字》的解釋；「寄，託也。」在段玉裁的註解中更說明到：「字從奇，奇，異也。一曰：不耦也。」參見段玉裁：《說文解字注》（臺北：黎明文化，1996，9）頁，345。

﹝註40﹞孔德之容，惟道是從。道之為物，惟恍惟惚。惚兮恍兮，其中有象。恍兮惚兮，其中有物。窈兮冥兮，其中有精。其精甚真，其中有信。自古及今，其名不去，以閱眾甫。吾何以知眾甫之狀哉？以此。《老子‧第二十一章》。參見〔魏〕王弼等著：《老子四種》（含：老子王弼注、老子河上公注、馬王堆帛書老子、郭店竹簡老子）（臺北：大安出版社，1999），頁18。

態有這樣的闡明；我們可藉此來引述而申論之，其言曰：

> 兩者相耦而有「中」。「恍惚」無耦，無耦無「中」。而惡知介乎耦，則
> 非左即右，而不得為「中」也。「中」者，入乎耦而含耦者也。〔註41〕

很顯然地，王船山運用了《莊子》「彼是莫得其耦」的思維方式來說明《老子》；在這層思維運用上，其思維內涵是相當融通的。一旦有「耦」（偶），就會呈現出一種「關係」狀態，一旦有關係，就不可能脫離相互之間的推論；從認知到這層基本關係中得知，唯有超越這種關係，才能對這種關係盡最大的掌握與責任。聖人是需要「莫若以明」的，這個超越歷程顯得相當重要。

　　依據王船山所言，可以推知；所謂「兩者相耦」之狀態中的「中」，依然只是停留在因其或「喜」、或「怒」而為其所用的不定狀態，這是因為「因是」、或「因非」的爭執所導致的情形，這種狀態還沒有脫離對立的關係，它充其量只是一般世人自以為清明的假象平衡。事實上，當我們只是明白我們是因其「相耦」而存在，但卻沒有讓思維投向對此「相耦」進行相互消融、重組與再推出時，我們極有可能只是又再次樹立出一個「兩者相耦」的「中」而已；這不是真實能洞視到自我與他者之間那相互尊重的關係的「中」，這依然只是停留在相當「自以為是」的「中」的狀態。如果我們將這種假象認知就此以為是所謂的「中」，那我們就只是介於兩者皆可，或是不是左就是右的「含糊」狀態裡；這不是「莫若以明」，這是見識不清、無所判斷，並且又有可能因此而演變出一種極為懦弱的逃避心理或無所適從的狀態。

　　所以，當深思「『恍惚』無耦」一句；其深切之義理是：當我們思考到兩相可以彼此相互消、長時，狀態才能真正回到一種「統一」；「統一」於他們之間的相異性，又能「統一」於他們之間的相同性，而又能「統一」於他們之間的差異性與相同性，最終「統一」於他們之間可以再被推出新意與新局的狀態上。所謂的「恍惚」並沒有選擇「模稜兩可」的立場，誠如狙公相當「明白」猴群的「知」與「無知」，他先讓自身抽離其中（他讓自己回到中軸上，他沒有先行預設猴群的任何行為與反應），而又如實地回到其中（他卻是以他所接受到的反應做出回應，讓自己行走在事實的發展上，狙公又將自身推回到猴群當中）。

　　「恍惚」確實是「其中有象」的；但是，此「象」就佇立在「入乎耦而含

〔註41〕參見〔清〕王船山：《老子衍》收錄於《船山全書》第十三冊（長沙：嶽麓書社出版，1991），頁29。

耦」的狀態上；它不是「沒有形象」，只是我們沒有看清楚它，甚至我們常以為我們已經看清楚它了；就在這層思索上，它不以「自己」為形象，它所要還原的是：我們先不要以「自己」來設定任何事物的面目。一方重整思緒，一方又需待重新出發。

當我們思考到這層思維轉變的歷程時，原先我們自認並以為是如此的種種，其實是相當混亂的；也正因為有了這樣的反思，我們其實同時也開始在梳理並重組這些混亂的種種了。所以，讓自心先回到一個「悅惚」的狀態，不是力求「模糊」，而是期望有「再造」的可能。

如實的「中」，將切合實際性地回歸到那些事實事物中必定存在的「相耦」中；只是此時的「中」，將有別於先前對立狀態下的「中」；此時的「中」可以進入左，也可以進入右，甚至已經將自身處於可以隨時接應任何變化的狀態，並且能融入左、右之間的任何可能發生的關係中。它時時處於預備的狀態。此「中」可以「因」，並且可以「應」；它是「莫若以明」的，就實際的狀態來展現它可以展現的姿態。它的「形」、它的「象」，就在所有萬物身上；所以，所謂的「其中有象」，事實上，就是「萬象」。

據此，我們要問，什麼是「天鈞」呢？「鈞」者，陶鈞也。〔註42〕一個可以製造出各種不同陶器的「坏車」。清方以智言：

> 均者，造瓦之具，旋轉者也。〔註43〕

讓思維先回到「軸心」之上，再回歸到「軸心」之上而等待下一個可能性的開創與發展；所謂「和之以是非」，正是藉由經過對偶（相耦）之間的「統合」，進而「泯除」對偶之間的種種相互關係，再讓對偶之間的關係去重新「面對」與「順應」這對偶之間的關係；這裡的「和」，是一個轉化歷程。值得注意的是，這已經是一個新的局勢與狀態。誠如聖嚴法師所言：面對它、接受它、處理它、放下它的人生哲理一般，歷程顯現出彼此之間的消長與變化；這最終還可以包含另一項深切的對應層次與態度，那就是：「欣賞它」。

所以，「兩行」是「寓諸庸」的另一個註解與代稱；「兩行」正代表著對「相耦」的狀態能得到深切的洞視，使彼此的原先對峙的關係消弭，進而重新走向建立。

〔註42〕陸德明：《經典釋文》曰：「天鈞」本又作均。崔云：鈞，陶鈞也。參見〔清〕
　　　　郭慶藩：《莊子集釋》，頁74。
〔註43〕方以智：《東西均》。參見龐樸：《東西均注釋》（北京：中華書局，2001），頁1。

在「入乎耦」而非「介乎耦」的狀態中，得知如何應對與處理的方式，而絕非是兩者皆可的表面應付；當思維從洞視到「相耦」關係可以超乎時，事實上就可以讓思維的主體融入每一件事物中。

而所謂的「含乎耦」，就是真正能理解猴群為何如此，而又不會受到「如此」而干擾自心；這個「如此」，讓事物的狀態得以相當平和地在進行；也就是說，在任何一種狀態下，自心都可以如實去面對（不管是左，還是右）。

因此，自心自然「可行」於「兩種」狀態上。實意味著，「中」能包容、吸取、融合了「相耦」的種種難題，並且靜待其新的狀態的出現；「中」連未來的時空與條件都沒有任何立場之預設。

其實，就整體而言，《莊子》感受最為難之處且最為重要的關鍵有兩點：

其一：我們將如何照見因彼此自我之自是所造成的「相耦」，以破除這對立性中的假象的「中」，進而超越彼此自我之自是中的「中」。

其二：透過這層思維，並不只是停留在某種假設性的「中」的狀態裡；真實的「中」，就是能再次回到那些原先的問題之上。所以，我們必須注意：能「行」於「兩者」而不「限」於兩者，能「入」於「兩者」而不「介」於「兩者」，能「含」於「兩者」而不「受」於兩者；有了這樣的再度回歸，才能證成所謂「創造」之意義，也才能符合所謂的「天鈞」之寓。

「中性品質」走在一個不斷需要淬煉的歷程中，一個「無窮盡」的思維裡；從一個「有限性」之自我的再認識的歷程中，得到一個良好且可以無限成長的推論基礎；因為，回到「中軸」，思維可以重新評估「有限」的原由與意義；這一次重新評估「有限」的本身，正是一個推展於「無限」的起點。

第四節　流動的秩序與平衡──卮言日出

「中軸」思維的整體性，正是吸取與推出；也就是第一意義（洞悉自我）與第二意義（推展自我）的結合。掌握生命的「平衡」，就在於知其何以「變化」開始，進而能參與其中之「變化」而得以獲取更多全新的認知。當生命可以認清「變化」，更以「變化」同步時，以「中軸」而思的「中道」推演，便能持續處於以「中」而涵養「中」的狀態裡。《莊子》將這種生命的理想狀態譬喻成為一個「卮器」，一個要我們思維向度不斷擴充，以一種流暢的節奏（注焉而不滿，酌焉而不竭）去因應這瞬變萬千的世界的「器」。

　　《莊子》對所謂「聖人懷之」其實有一個非常恰當的說明，在一貫的行文風格裡，《莊子》提出了一個重要的譬喻；「聖人懷之」的態度正如同一個可以收放自如的容器；正所謂：「注焉而不滿，酌焉而不竭」〔註44〕的狀態。

　　這一個「器」（聖人）在被注入時，不會讓自身走向溢滿的狀態，也不會在被提取時，使自身變成枯竭的狀態。不會溢滿，是因為「此器」一旦超過其自身的平衡點時，液體就會被自然的倒出（不會太過）；不會枯竭，也是因為「此器」一旦未及其自身的平衡點時，液體便能注入而被自然的保留住（不會不及）。這讓我們聯想到在《莊子》中裡的另一句話：「卮言日出，和以天倪，因以曼衍，所以窮年。」〔註45〕而這項重要的思維意涵的背後，則取自於一種獨特的酒器作為譬喻——「卮器」。

　　依據成玄英的註疏，我們可以明白以「卮」為譬的用義與啟發，其言曰：

　　　夫卮滿則傾，卮空則仰，故以卮器以況至言。〔註46〕

成玄英察覺，在《莊子》的語言系統中，將藉由「卮器」的「流動平衡」來傳達其汪洋宏肆的生命本質。在其「平衡」作用中，「中性品質」被出顯現出來；誠如《荀子‧宥坐》的「宥器」所言一樣，「平衡」的譬喻基調如出一轍。然而，在《荀子‧宥坐》的觀點中，是藉此「平衡」的譬喻來展現人間秩序的「穩定性」；實際上，是藉由「穩定」來展現並肯定「穩定」的重要性。相較而言，《莊子》思維的運行方向，則是藉此酒器之「平衡」狀態來展現人間秩序中的「不定性」；《莊子》是以其「不定」來重構「穩定」的另一真實意義——因為，「卮器」另一個需要被注意的寓意形象正是：流動。所以，所謂：「聖人懷之」意旨在於，「聖人」必須是可以進行吐（推出）納（吸取）的。

　　吳怡為此則藉由佛學觀點來解釋，其言曰：

　　　「注焉而不滿」是寫不增；「酌焉而不竭」是寫不減。不增不減是性
　　　之體。〔註47〕

這樣的「本體」，事實上是「中性」的；從另一個觀點切入，所謂「不增不減」的另一面，即是「有增有減」；在觀察兩面的同時，「流動」便是一個確切的事實（知代）——我們可以這麼說：「卮器」是一個供需平衡的狀態，就其整體

〔註44〕《莊子‧齊物論》。參見〔清〕郭慶藩：《莊子集釋》，頁83。
〔註45〕《莊子‧寓言》。參見〔清〕郭慶藩：《莊子集釋》，頁949。
〔註46〕成玄英疏。參見〔清〕郭慶藩：《莊子集釋》，頁1100。
〔註47〕參見吳怡：《新譯莊子內篇解義》，頁106。

而言，如果「沒有增加」，必然能言之「沒有減少」，倘若「沒有減少」則相對可言之「沒有增加」。但事實上，變化就呈現在這增加與減少的流動平衡上（這實際上是有其增加，也有其減少的）；動（變化）就顯現在靜（平衡）中；「有」其變動，就同時顯現在「沒有」其變動上。

　　回到對生命的重新認知上，生命狀態是不斷在進行「吐納」的，生命必須認知並體會到經「吸取」而「再造」的道理。所有的構成不但不受限於一方或一隅的限定，並且讓生命隨時都能處在可以不斷進行「重組」的狀態中；所謂的「重組」狀態，正是能運用「无端涯之辭」（知變），又能超越「无端涯之辭」（能變），並且確切的行走在生活的應對中（應變）──「卮器」是一個不斷在活動（變化）的「器」；正因為它不滿不竭（其實也可以說沒有變化），所以能學習到它「兩行」的「中道」精神。如果就此來進行觀察古典道家與古典儒家在其思維方式的不同之處，這顯然是有趣且具意義的；然而，取譬同源的事實卻讓我們必須承認，古典道家與古典儒家在其思維總體方向上是相同的，他們都在朝向對「中性品質」進行開發，並提出它們通融的見地。

　　《莊子》在一段對自我論述的評價中，相當仔細而謙卑的觀察到自身的實質意義，並且進一步提出對這種思維超越（超越思維）總體價值的定位（嚴格地說，經由此次的自我定位，實際上是一次自我之批判），其言曰：

> 芴漠无形，變化无常，死與生與，天地並與，神明往與！芒乎何之，忽乎何適，萬物畢羅，莫足以歸，古之道術有在於是者。莊周聞其風而悅之，以謬悠之說，荒唐之言，无端崖之辭，時恣縱而不儻，不以觭見之也。以天下為沈濁，不可與莊語，以卮言為曼衍，以重言為真，以寓言為廣。獨與天地精神往來，而不敖倪於萬物，不譴是非，以與世俗處。其書雖瓌瑋，而連犿无傷也。其辭雖參差，而諔詭可觀。彼其充實不可以已，上與造物者游，而下與外死生无終始者為友。其於本也，弘大而辟，深閎而肆，其於宗也，可謂稠適而上遂矣。雖然，其應於化而解於物也，其理不竭，其來不蛻，芒乎昧乎，未之盡者。〔註48〕

《莊子》對古之道術確實有種「緬懷」的心理（聞其風而悅之），其感嘆廣大無形、變化莫測、生死相容、天地與共、瞻之在前、忽焉在後；所有時（古往今來）空（上下四方）無不含蓋（萬物畢羅，莫足以歸）；然而，這種「緬懷」

〔註48〕《莊子・天下》。參見〔清〕郭慶藩：《莊子集釋》，頁1098。

卻給了自身一個極為重要的反省、期許及厚望。與之前的論述核心結合，一個全面性的思維，它必須是一個「吸取」而「再造」的整體；《莊子》選擇它，卻也能從中突破它。事實上，這些不可思議的言語，全都在體認實際事物的基礎上而成立。敘述雖不免誇大荒唐，而近乎狂言，然《莊子》是為了保持並尊重「事物」的變幻、廣大、莫測的性質（道）；言語的「倘佯」，可以被看成是一種超越性的選擇與回歸。雖然我們可以「倘佯」其中，但是「倘佯」的意義又是什麼呢？還有我們是依據什麼才能稱之為「倘佯」呢？

在《莊子》的思維程序中，我們知道任何言語、觀點，乃至所有價值評述等，終將需要進行一番調整（走向超越的第一程序）；這個「調整」的歷程極有可能必須接觸到破壞，以及面對如何建樹的問題（落實超越的第二程序）。所以，「謬悠之說，荒唐之言，无端崖之辭」是一個開拓思考維度的起點；而「時恣縱而不儻，不以觭見之也」，則是另一個，必須將思考回歸事物之上的叮嚀。

雖然「恣縱」，可是「不儻」；思維有其自由的空間，但是確保有一種在理智上的成熟度；智慧的判斷正顯現且應對在「流動」（恣縱）的「平衡」（不儻）當中。當然，《莊子》最為希望突破與避免的問題，就是「觭見」，所以，必須先進入這場「遊戲」；然而，「倘佯」並不是文字上的恣意，或是最終停留在文字上的辨析；「倘佯」必定是回到心靈的自覺（有其吸收而再造）；一味的無端崖，或是為荒唐而荒唐，將容易且極可能再度步入「觭見」中，這將只是另一個「偏見」的開始，另一個「怪誕」充滿的謬說。

事實上，《莊子》在這段思維的總體回顧中，正可從文章中三種語言的微妙關係裡，看出其對自我檢視的深度與廣度。在思維進行的同時，我們可以參照《莊子‧寓言》篇中對三種語言的說明；其言曰：

「寓言」，是寄寓他人他物之言。〔註49〕就《莊子》的解說：「寓言」是「藉外之說」。〔註50〕思維要走向開闊的狀態，必須先從打開思維做起；「藉外」的用意，即是在假以對某一事物的陳述中去找到相關的對應點，其實，它的目的絕對不是要關注故事的真假，或是能否在實際經驗中得到種種的證實；「藉外」之說，其實最為重要的目的，是要開啟思維的「能力」，與其思維內容的「可能性」，以及在這些「可能性」中所帶來的任何思考上的發想與應對。可惜的

〔註49〕參見陳鼓應：《莊子今注今譯》，頁885。
〔註50〕寓言十九，藉外論之。《莊子‧寓言》。參見〔清〕郭慶藩：《莊子集釋》，頁948。

是,《莊子》卻察覺,許多思維不但不能理解「藉外」的用意,反而是因為各自都站在「為是」的立場上,而產生所謂「與己同則應,不與己同則反。同於己為是之,異於己為非之。」〔註51〕的錯誤思考(正如肩吾不能認同接輿之言的心態一樣)。所以,「寓言」的使用,正是要打開並刺激我們思考的維度;《莊子》相當明白地說,「寓言」能使我們的思考有其「廣度」。如果我們能從吸取與學習更多不同參照價值的角度來看,「寓言」的「廣」正如同可以與「巵器」隨時注入、容納的本質相為比擬。

再看「重言」。「重言」,是為人所重之言。〔註52〕就《莊子》的解說是:「重言十七,所以已言也,是為耆艾。」〔註53〕這樣的語言形式,是對過去歷史經驗的陳述與學習,它深具判斷意義,以及某種程度上的判斷能力;在藉由經驗的獲取中,來演繹、歸納,並成立一套思維推想的原則,所以,它也深具思維的原則性。所謂的「已言」,就是為了避免不必要的爭論(已:止也)〔註54〕;這種訓練,正是要讓思維必須有其理智來停止那些無謂的爭端。也就是說,「重言」的用意是要培養思維在活動時有其邏輯架構,並在其邏輯架構當中進行有理智且具成熟的分析。不過,這個分析內容與意義絕非是自我的、獨斷的,其中必須有其借重與尊重的義涵存在;因為,《莊子》有這樣的叮嚀:「年先矣,而无經緯本末以期年耆者,是非先也。」〔註55〕所謂「无經緯本末」即是「學無所見」,也就是說:在處事上是沒有其頭緒的。〔註56〕我們可以說,「无經緯本末」的思維只是「無端崖之辭」的一次失敗的模仿,一個失去自我心靈成長的思維;它不但沒有脫離是非,反而讓自身又陷入一場是非之爭。

當《莊子》對「重言」的存在價值予以肯定時,《莊子》也同時在告訴我們,思維的啟動不是沒有方向的,而且它必須是在某種確立的方向上繼續體認到自身的不足與學習尊重他者的態度,而不是漫無目的的「馳騁」。那麼,在《莊子》所謂「重言」為「真」的用意裡,我們可以這麼說:思維的開拓必然

〔註51〕《莊子‧寓言》。參見〔清〕郭慶藩:《莊子集釋》,頁948。
〔註52〕參見陳鼓應:《莊子今注今譯》,頁885。
〔註53〕《莊子‧寓言》。參見〔清〕郭慶藩:《莊子集釋》,頁949。
〔註54〕參見陳鼓應:《莊子今注今譯》,頁729。其同引林希逸之說。
〔註55〕《莊子‧寓言》。參見〔清〕郭慶藩:《莊子集釋》,頁949。
〔註56〕參見陳鼓應:《莊子今注今譯》,頁729。引林希逸之說;並以為「經緯」,比喻處事的頭緒。

要回到對事物的關懷上,「真」就是事物本然的面目與道理,誠如「卮器」可以流出一樣,它之所能平衡,正是因為它可以讓事物本然的聲音發出。

那麼「卮言」呢?所謂「卮言」,就《莊子》的說明:「卮言日出,和以天倪,因以曼衍,所以窮年。」〔註57〕據成玄英所言:

> 卮,酒器也。日出,猶日新也。天倪,自然之分也。和,合也。夫卮滿則傾,卮空則仰,空滿任物,傾仰隨人。無心之言,即卮言也,是以不言,言而無係傾仰,乃合於自然之分也。又解:卮,支也。支離其言,言無的當,故謂之卮言耳。〔註58〕

在成玄英的注疏中,可以同證本文所謂「卮器」的中性特質,即可與變化、因應、平衡等觀點相符;然而,以「卮言」喻「無心之言」〔註59〕,以及所謂「支離其言,言無的當」的內部轉化歷程,實必須再進一步加以探索才是。

就《莊子·寓言》中所謂「不言則齊,齊與言不齊,言與齊不齊也,故曰言无言。言无言,終身言,未嘗言;終身不言,未嘗不言」〔註60〕的解說來看:《莊子》不但深知語言的障礙,而且也承認語言有其必然性的需要與存在的意義及價值;所以,「言无言」不是「不言」,而是切實地找回語言的可能性(誠如之前章節之論述——語言本身的「可塑性」)。回到沒有「執意」的語言

〔註57〕《莊子·寓言》。參見〔清〕郭慶藩:《莊子集釋》,頁949。

〔註58〕成玄英疏。參見〔清〕郭慶藩:《莊子集釋》,頁947。

〔註59〕參見陳鼓應:《莊子今注今譯》,頁728。其同引成玄英之說。陳鼓應並按:「卮」是酒器,卮器滿了,自然向外流溢,莊子用「卮言」來形容他的言論並不是偏漏的,乃是無心而自然的流露。陳鼓應同時又引用張默生的解說:『卮』是漏斗,『卮言』就是漏斗式的對話。漏斗之為物,是空而無底的,你若向裏注水,他便立即漏下,若連續注,…莊子卮言的取義,就是說,他說的話都是無成見之言,正有似於漏斗,他是替大自然宣洩聲音的。
筆者認為,陳氏與張氏之言皆以「無心之言」進行發揮,所謂沒有「偏漏」、「自然流露」之說當然有其論述基礎,而所謂「無成見之言」的說法我們也是可以認同的;然而張氏的說法卻不免在所謂「空而無底」、「立即漏下」與「替大自然宣洩聲音」等見解上,讓人深感只見「無心」之一面,而不見其另一面之疑慮。除此之外,所謂「漏斗式的對話」是否為《莊子》取「卮器」為譬之原意相符,實在有待深入探討;理由是因為,這樣的說明與成玄英所謂「夫卮滿則傾,卮空則仰,故以卮器以況至言」的解說理當有所出入,也與《莊子》本身所謂:「注焉而不滿,酌焉而不竭」的描述語境不盡相同。也就是說,「卮器」的整體譬喻只能偏重於「漏下」之作用來解釋嗎?這實在必須謹慎考量。是故,我們對成玄英所謂「無心之言」的解說之思維內涵將有待進一步的梳理。

〔註60〕《莊子·寓言》。參見〔清〕郭慶藩:《莊子集釋》,頁949。

狀態時（言无言），雖然思維有所表明，但就不能說一定是等同於在訴說些什麼；相同的，當沒有表明什麼時，也就不能以此而等同於說沒有在訴說些什麼。從某個層次上來看：「不執意」當然是一個重要的思考核心；不過，所謂的「不執意」，並不能等同於是「無意」。

因此，對於「言无言」的體察，可以回到之前「用心若鏡」的思考中來得到全盤性的解釋（以《莊子》來看《莊子》）；即「鏡子」是有聲音的，但它的聲音卻是回到所有「萬物」的聲音；鏡子百分之百能照出萬物的景象，從萬物之景象看，就可看見鏡子的景象。我們可以進一步說：「鏡子中的景象」當然與「萬物實際的景象」有所不同；然而，也就是因為這一點，才能證實鏡子是有自己的聲音的，鏡子確實是有在表明它自己的態度的，所以鏡子並沒有「無心」（真正對無心之體悟不能等於甚麼都沒有）；但是，這個聲音並沒有虛構或是脫離這個世間與事實，也沒有多一分自我的成見或執意，鏡子中的萬象就是萬象，鏡子也不會走向「有心」（白就是白，黑便是黑，立場的預設不會出現）。總體言之，「言無言」，正處於「中」。

據此，統合下來：鏡子沒有「無心」（聖人的確是要表明些什麼的），鏡子也沒有「有心」（但聖人卻不會受限在自我的表明上）；鏡子只有「用心」，「用心」地去告訴我們事物的真實狀態（聖人用其自身來實際應對萬事萬物，聖人表明在不受自我限制的表明上）。如果有了這層思維的轉化，那麼成玄英所謂「無心之言」，才有其論述上的超越價值，才不至於引起後世那些空泛、玄奧且偏頗的論述。極為顯然地，「言无言」回到「卮器」的譬喻形象上，既可呈現「流進」又可「流出」的「中性品質」──不將不迎；更具深度的含義是，「卮言」確實是清楚地表明了自身的態度，但是這種清楚卻與傾聽他者的態度同步，也就是「言而無係傾仰」的精神──我確實表明了，但我沒有失去表明的中肯；我說出了我的看法，但這些看法是事物的實然狀態；我吸收並參照許多不同的觀點（納），正如我從中轉化並超越了自己（吐）。

從三種語言的關係層次來說，「卮言」絕非等於是漫無目的的「狂言」。它實際上是吸取了「寓言」的「廣闊性」（以寓言為廣），並在「廣闊性」上開啟思維的活力與想像；同時的，「卮言」也以實際態度來反應出如同「重言」的邏輯架構，它絕對不是蓄意的假造或自限在自我邏輯的論辯中，它實際保有對事物「真實」的應對態度（以重言為真）。

「卮言」的流動性，正是具足了「寓言」的「廣」與「重言」的「真」；

並在「廣」的基礎上開啟了「創造」的意義,在「真」的基礎上回歸出「應對」的意義。也就是說,「卮言」的「曼衍」絕對不是隨意、隨性或隨便,「曼衍」是證實到事物不斷「流動」的本質;在這層認知與學習上,尋得事物的真實面貌(真)與接應事態的變化(廣)。

再回到《莊子》「卮言日出,和以天倪,因以曼衍,所以窮年。」的語境上:對生命的體認必須像一個「卮器」一樣,它每天都能呈現出新意[註61],它有所流進,也有所流出;「流動」不但呈現出它沒有被停止在某種狀態上,並也同時能看出它是活動在一種「穩定」的狀態上(流動就是最為穩定的狀態——流動的平衡),這是一個以「不定」來展現「定」的姿態。因此,「流動」實際上是能與時空同步,「流動」其實是「變化流行」,讓生命一直能處於有所開創的狀態,以更人間的語言來說,這就是因應。所以,「卮言」可以與時俱化,它不會讓自身停留於某一種限制中;之所以能「窮年」,就是體認到這時空的「無窮」。

聖人是必須要表明些什麼的;然而,聖人又使之回歸到「流動」的狀態裡去呈現他的表明。「表明」一直是在進行「檢閱」的,也一直是在「落實」的;「表明」正是不斷地在「重組」生命自身所經歷的種種。這絕對不是一種恣意的宣洩或無端的排遣;因為,超越正是回歸。生命之所以可以洞視萬物的真相,絕對不是那驕矜且睥睨的眼神(獨與天地精神往來,而不敖倪於萬物);而真實的是非超越,正是從世俗的應對開始的(不譴是非,以與世俗處)。雖然這些表明以及思維內容相當特殊,但卻不站在玩弄或傷害的角度;因為,它保有一種委婉以及重新認識自我與他者的態度(其書雖瑰瑋,而連犿無傷也)。對於那強烈的且不定性的弔詭措辭,雖不免讓人感到眼花撩亂,卻也使我們大開視野而刺激思維(其辭雖參差而諔詭可觀)。我們必須看出在「散漫流衍,不拘常規之意」[註62]背後的超越意義,以及《莊子》最終回歸人間所要凸顯的價值重建。

「中性品質」沒有滯留在「分析」的狀態中,「分析」是需要的,但「分析」更是需要超越的,甚至最終「分析」是可以因此活化而被終止的。在莊子與惠施的「濠梁之辯」歷程中,我們得到莫大的啟示——無謂的爭議是如何被

[註61] 郭象注:日出,謂日新也。成玄英疏:日出,猶日新也。參見〔清〕郭慶藩:《莊子集釋》,頁 947。
[註62] 這是陳鼓應對「因以漫衍」的翻譯。參見陳鼓應:《莊子今注今譯》,頁 89。

停止的？以及心靈的真正自在又是什麼？

　　莊子與惠子遊於濠梁之上。莊子曰：「儵魚出遊從容，是魚之樂也。」

　　惠子曰：「子非魚，安知魚之樂？」

　　莊子曰：「子非我，安知我不知魚之樂？」

　　惠子曰「我非子，固不知子矣；子固非魚也，子之不知魚之樂，全矣！」

　　莊子曰：「請循其本。子曰『汝安知魚樂』云者，既已知吾知之而問我。我知之濠上也。」〔註63〕

　　事實從莊子呈現出他自身的體驗開始（以莊子而言，這是相當平凡的體驗陳述，或言是一種真實的感觸）；然就一般人所以為的，莊子這一次的體驗是那樣地直接，甚至具有其某種程度上的主觀性。莊子的「話語」似乎引起了莫大的爭議。

　　正基於這種思考模式，惠施藉此提出他的質疑：你不是魚，你何以知道魚是快樂的？然而，值得注意的是，惠施的質疑並非只是以一種「反對聲浪」而存在，就惠施的質疑內容而言，他所採取的是以「分析」的方式來探究「其明」；惠施的思維狀態遠遠超乎一般常人的「不得相信」或「不能接受」的懷疑心態。所以，我們也必須重申一項事實，「分析」當然是可以的，「思考」也是必然需要的，否則「拓展」與「超越」是不可能觸及的；惠施的思考歷程遠高於一般人的思考，他的精湛邏輯論述是可以提高參照價值的，並使之思考內容豐富起來。

　　然而，寓言的目的不是要我們學習如何「辨析」，《莊子》是想藉由這樣的「分析」歷程來重新洞視問題之所在。但可惜的是，惠施的思辨卻落於「隨無涯」的迷失中，並且斷然地從中強化了他論述的絕對性，進而使得原本高於一般人的思考方式淪為一種「知識障礙」，這倒不如讓人感嘆想要回到所謂的一般，回到所謂的平實就好。

　　「話語」帶動了「話語」，「分析」正式進入了論證的狀態；惠施從辨析角度進來，莊子也「因其固然」地進入了這個辨析當中。就站在「子」非「魚」的基調上──惠施依此模式進入他以為可以探究「其明」的狀態中。但是，莊子與惠施的思維基本出發點是不同的；仔細從兩者的第一句話語進行思索，就可見端倪：「白魚從容出游，這是魚的快樂！」莊子言；「你不是魚，你何以得

─────────────────

〔註63〕《莊子・秋水》。參見〔清〕郭慶藩：《莊子集釋》，頁 606。

知魚是從容的？」惠施言。莊子之言，是對現象的一種描述，而惠施的語言，已經不是一種描述，他已經有自我立場的涉入。

事實上，莊子的話語內容是可以從許多角度來重新描述的；所以，我們也可以說：魚是傷心的，魚是繁忙的；誠如一棵樹有許多被描述的角度一樣。據此反推而思，莊子並沒有說：「我認為，魚是快樂的！」其實莊子的心是敞開的，因為他知道，我的陳述只是對魚的一種觀察而已，只是一個角度而已；正因如此，莊子的初衷並無立場的涉入。

那麼，惠施的獨斷立場是從何而起的？其實莊子已經告訴我們：在「你說：『你怎麼知道魚是快樂的』這句話裡，其實就是已經知道我所知道的，所以你才會問我：為什麼你知道魚是快樂的？」在惠施的語言中，實際已經有了預設，並且因為立場的預設而引起對自我此分析的獨斷性；是非之爭也就因此而展開。「安知魚之樂？」的「安」，就是進入這場獨斷論辯的開始。

徐復觀對惠施與莊子，在體悟生命的境界上，有其兩種不同層面的觀察；其言曰：

> 惠施由合同異以至天地一體，乃通過知識的解析所得的結論。即是以無限之觀念，將事物在有限的分別相中加以破除，如「日方中方昃」之類，這是「量」上的轉移，比較。而莊子的「天地與我並生，萬物與我為一」，乃通過超知識解析以與道冥合所得的人生境界。所以惠施的天地一體，是「量地」一體；他的「泛愛萬物」，只是為了撐持門面；與其「量地」天的一體，並無內在關連。其目的只是在與人立異。莊子的萬物與我為一，乃「質地」與我為一；他不言泛愛萬物，但自然與萬物同其呼吸，雖欲不愛而不可得。莊子與惠施的辯論，皆欲使惠施由外轉向內，由量轉向質，由語言概念轉向生活境界。〔註64〕

惠施是一位成功的分析者，也是一位稱職的哲學家；然而，他卻以自身的「其明」，限制了自身的「其明」而不能通透，反到是讓自身落入了一種「不明」的狀態；理由在於，惠施所展現的姿態正是一種「為是」的姿態，是一種相對於「行不言之教」的「有言之教」的姿態。

反觀莊子，他「因其固然」地進入「分析」狀態，但也能同時「因其固然」

<hr />

〔註64〕參見徐復觀：〈老子思想的發展與落實——莊子的心〉《中國人性論史》（臺北：臺灣商務印書館，1999），頁365。

地走出「分析」的狀態；莊子並非全盤否定「分析」本身，在思辨的歷程當中，莊子也藉由「分析」來進行論辯，但是莊子卻能進一步地以「分析」來解構「分析」自身；其實關鍵就是，他能回到對自我的檢閱上。

一個是以「知識」來看待人生，一個卻能以「智慧」來面對生命。莊子事實上比惠施還會的分析，但是莊子卻察覺到這場分析的危機；正如一個通曉曆法的「巧曆」也難以計算一樣，是非的爭執源頭就是從自己落入是非而開始的。莊子並不以自身的「明」來宣稱自己已經能「明」，反而以「不明」的方式來呈顯「其明」。莊子首先的態度極有可能是一種「分享」，這種展現思考的方式並沒有任何立場上的預設。

嚴格來說，莊子的真切目的不是為了要駁倒惠施的論證，莊子實際為的是要「我」與「非我」之間的對立性能跳出因「話語」所設定的框架。莊子真誠的內在心境正是要與惠施「分享」對生命的感觸與喜樂；「我知道魚」的意義不只是在表明莊生與儵魚是渾然為一的，另一個讓人感到深刻的真實底蘊是：莊周與惠施是無需分別你我的。所謂：「彼是莫得其偶」，那些「你不是魚」、「你不是我」、「我不是你」等推論，都只是相對關係中的對立，唯有超越此一對立，才能如「門軸」的中性品質一樣超然，也才能誠如徐復觀所言：「自然與萬物同其呼吸」──我知魚。更確切地說，莊子一開始是沒有任何目的的，甚至「儵魚從容」的「話語」也是無需多言的。「莫若以明」正在在其知道分析的方向，然而卻又能同時跳脫其分析的框架；因為，對生命的總合體驗，絕對不是一種表面「量化」的產物。

「夫言非吹也」！當我們在表明一項思維時，它確實是有其意義的；但是，一旦我們對於這種表明產生了自是的心理，或想要依此來主宰一切時，語言的原先價值就會被縮小，意義的傳達就會產生某種限定與偏離；所以《莊子》同時告誡我們，「言者有言，其所言者，特未定也。」我們是可以表達觀點的，但我們也必須同時意識到，我們的思維與對思維的表達都只是暫時性的。《莊子》對於這種「暫時性」的觀察，並不是要我們拋棄言語的功能性，相反的，《莊子》的用意是要活化這種功能性，活化我們的思維與生命的質地。事實上，當我們進入「是」與「非」的爭論時，它們確實是不相同的聲音，但是它們卻有一點相同，那就是：它們彼此因為有了這場爭戰，所以才能得以證明它們彼此的存在；換言之，只要一方退場，一方就無用武之地；因是，也就因非，是非之間其實沒有永遠一定的勝負，因為它們是「相因」的，它們就在「彼」中

待「此」，也由「此」中待「比」，它們都是「有待」的。

> 既使我與若辯矣，若勝我，我不若勝，若果是也，我果非也邪？我
> 勝若，若不吾勝，我果是邪，而果非也邪？其或是也，其或非也邪？
> 其俱是也，其俱非也邪？我與若不能相知也，則人固受其黮闇，吾
> 誰使正之？使同乎若者正之？既與若同矣，惡能正之！使同乎我者
> 正之？既同乎我矣，惡能正之！使異乎我與若者正之？既異乎我與
> 若矣，惡能正之！使同乎我與若者正之？既同乎我與若矣，惡能正
> 之！然則，我與若與人俱不能相知也，而待彼也邪？〔註65〕

《莊子》所憂心的，不是關注於世間是否有其「是非之分」，或是有種種「對錯之別」；《莊子》真正憂心的，這將會是一場永無止盡在耗損生命的戰局。

「分析」倘若沒有超越自己，那極有可能因其「分析」而扼殺了「分析」自己；一時雖然可以得其理，但生命的總體卻隱藏破裂的因子，所謂「其理」便有了某種霸道與暴力。透過這樣的反思，與對自身的再認識，我們真正要關心的是，在這場是非之爭的起點上，我們是以何種心態在應對的，我們是否可以讓自己回到可以進行調整的狀態上；正因為有這樣的思維，「是非之分」才可以重新被喚醒，「善惡之別」也才能有其穩固生命的價值；是非善惡當然是需要的，但是我們更要明白一項事實，我們對於是非善惡的真正心態；一個真正健康的心態，理當是保持在一個不斷進行力求轉化、成長的生命歷程上。

所以，「特未定也」還有一項重要的意義，那就是將我們的思維放入這一個「特未定」的轉變中；莊子確切地觀察到生命中的「變化」，這個基底是天地化生、萬物形成的本質，所謂：「物之生也，若驟若馳，无動而不變，无時而不移。」〔註66〕；我們應當「知」其所「代」才是。

> 何謂和之以天倪？曰：是不是，然不然。是若果是也，則是之異乎
> 不是也亦无辯；然若果然也，則然之異乎不然也亦无辯。化聲之相
> 待，若其不相待。和之以天倪，因之以曼衍，所以窮年也。忘年忘
> 義，振於无竟，故寓諸无竟。〔註67〕

天地萬物都有它們自身的形態，它們各自不盡相同（天倪）；然而，就在這一個「不同」的基本條件上，我們發現真正可以「齊物」的關鍵，那就是將

〔註65〕《莊子・齊物論》。參見〔清〕郭慶藩：《莊子集釋》，頁107。
〔註66〕《莊子・秋水》。參見〔清〕郭慶藩：《莊子集釋》，頁585。
〔註67〕《莊子・齊物論》。參見〔清〕郭慶藩：《莊子集釋》，頁108。

所「齊」放在它們都是「不齊」的狀態上。

「爭辯」的意義如果能就此「爭辯」中而察覺我們是因為彼此的「爭辯」而成立的，那「爭辯」的意義才有它存在的價值；因為，「爭辯」可以藉此而提升到轉化與成長的進程上，而不是一味的「爭辯」，這樣的價值才有其高度。

每一種聲音都站立在它們的位置上；然而，這一個位置卻是從其它聲音的位置上所推演出來的；這就是對所謂「化聲」意義的感悟，這就是萬物的本來面目；能洞視這一層「相待」的本質，就是一場學習「無待」的歷程。

這也就是《莊子》所謂的「和之以天倪」──我們必須學習聆聽與觀察萬物的種種聲音及形象，它們必然有所分際，眾聲如此喧嘩（之）；進一步地，讓我們在其歷程中將自己的聲音先回歸到萬物的聲音上（和之）；最終，正當我們將自己的聲音回歸到萬物身上時，我們才能重新體會出自己的聲音（以天倪）。我們要「齊」什麼？就從自己的思維開始，「齊」（轉化）自心的「不齊」（分別心）。

據此，所謂的「忘年忘義」，就是將思維投入無限的「時間」與「空間」當中，讓絕對性的語言進行一場自我的檢閱；真正對是非善惡的釐清與尊重，就是看見它們之間的相因與變化的本質與其條件；因為，這同時也是對自身這項最為不變的本質進行一場叩問。

惠施單舉「名」而為其所「用」，卻深不知其「名」也會同時侷限了某種層面的「用」，而使之事物失去其種種可能之「大用」。「名」可以「取年取義」，但最忌諱以「量」來認知所有的一切，一旦有所「取」，則「相耦」便產生；或許「名」能分別事物，但卻不能體貼事物，更有可能因此而食古不化。

所以，反觀莊子，以「忘」為其核心；讓自我先行觀察自我。所謂的「忘年忘義」，可以說就是「吾喪我」的狀態；先讓自己從「相耦」中抽離，因為「有耦」正出自於「有我」；一旦「無我」則能「無耦」。此時的「無我」能如實地看到真正的「我」；因為，抽離是為了再度的出發。古典道家思索著「無名」，並非就此而全然拋棄「名」；在所謂「忘年忘義」的思維底下，正是要重新檢閱自我，進而徹底為「名」下工夫；在能學得一切知識體系之後，最重要的是養成並轉化成為一個會思考與變通的生命個體，依此才能與天地同。因其所「忘」，而證入其中；因此，「無名」不是沒有「名」，而是不落於「名」。所以，「寓諸无竟」就是回歸到「中軸」的思考上；因為，唯有不斷地重新認清自我（有其反），才能不斷地認識事物（有其推）；讓「用」能施展它無限的潛能。

在《莊子‧應帝王》中有一則寓言，這是《莊子》內七篇中的最後一則寓言；這則寓言意涵深遠，《莊子》透過「中央之帝」的「渾沌」狀態，以作為闡明其對生命回到「中軸」之上之重要意義。

> 南海之帝為儵，北海之帝為忽，中央之帝為渾沌。儵與忽時相與遇於渾沌之地，渾沌待之甚善。儵與忽謀報渾沌之德，曰：「人皆有七竅，以視聽食息，此獨无有，嘗試鑿之。」日鑿一竅，七日而渾沌死。〔註68〕

寓意的核心鎖定在「渾沌」所呈現的狀態上，這與《老子》的「恍兮惚兮」同工，與之前所分析之內容可以相為謀合；然《莊子》所採取的故事性的思維節奏，更能顯現出古典道家之思維模式在其對「中」的闡發上之深切意涵與精神。

「中央之帝」，它實際呈現出一種「融合」的狀態，然這項「融合」的實質內容卻隱含之前論述中的「統合」、「泯除」、「順化」三個階段，它相當明瞭事物的狀態，它沒有含糊的地帶。

所謂「中央」，實意味著，處在「得其環中」的位置上；「渾沌」它自身「無明而無不明」〔註69〕，它以「沒有聲音」的方式來「發出」自己的聲音；它是可以「明亮」的，但又是可以「黑暗」的；這在這種相互消融的歷程上，「渾沌」沒有什麼「明」可言，也沒有什麼「不明」可說；它使自己的「言語」回到每件事物之上，每件事物的發聲，就是對自己最佳的發聲，這是三種階段的總合表現。這種狀態似乎是「不定的」，但這種「不定」卻又是可以從反向思維中得知，它其實是相當「穩固」的；進而又能再從反向思維歷程中進行超越；因為，這種「穩固」將處在所謂「待之甚善」的狀態上。王船山為此評曰：

> 明暗皆取給于渾沌。〔註70〕

當「儵」與「忽」來到「中央」之地時，「待之」顯現出「渾沌」是參與其中的；並且由「甚善」的語境中得知，「狀態」是「良好的」、「健康的」；如果說，這種「善」是一種以「不定」來呈現其「穩定」的；那麼，此「善」就不是一般所界定的「善」、「惡」之間相對之「善」，也不是「是」、「非」之間對立的狀態；「善」將呈現在需要相互先行「統合」，進而「泯除」，最終「順化」的歷程上。此「善」，實意味著，正處在「最佳狀態上」；一種可以「吐」，

〔註68〕《莊子‧應帝王》。參見〔清〕郭慶藩：《莊子集釋》，頁309。
〔註69〕參見〔清〕王船山：《莊子解》卷七《船山全書》第十三冊，頁183。
〔註70〕參見〔清〕王船山：《莊子解》卷七《船山全書》第十三冊，頁183。

可以「納」的「中性品質」狀態。

　　據此，回顧而反思，「渾沌」的「參與」就不是所謂的「參與」；它事實上是有「參與」的，但卻又告訴自己無須「掌控」一切。「渾沌」讓自身能顯現「儵」的一面，而又能回歸在「儵」所需要的之上；相同的，另一方又能顯現「忽」的一面，而也能回歸在「忽」所需要的之上；然而，最為重要的是，它也讓自身能處於「儵」與「忽」經其相互統合、交融之後所可能發生的變化裡。這項「參與」，顯得具有無限可能的推演與變化性質。

　　思維的核心再回到兩種截然不同的狀態上來看；南海與北海從地域上而言，呈現出兩種不同的方位，在為「儵」與為「忽」的稱謂上，則意涵兩種不同的狀態；其中意味著，它們之間的思維方式與其觀點是有所差異的。根據王船山的註解：「儵然之明」而「忽然之暗」〔註71〕；它們各自所代表的性質是不同的，「儵」與「忽」所發出的聲音是不同的兩種聲音，它們的色彩是相當顯明的，它們深具自己的性格，它們就如實地反映在它們的位置上。

　　當「儵」與「忽」它們「相遇」於這「中央」之地時，這一個「相遇」，實意味著，「明」與「不明」的觀點將開始進行碰觸；因此，對整體思維的狀態而言，「相耦」的關係已經產生。所以，所謂渾沌「待之甚善」，則有另一層思維意涵；其又意味著，「渾沌」必須對兩種思維情境進行實際狀態上的考量與應對。《莊子》正將此「相遇」的寓意，放在我們的生命將如何去應對這「彼此」關係之間所產生的種種課題上。

　　然而，同樣都是「參與」，也同樣在進行「思維」，可是「儵」與「忽」卻站立在它們自己的唯一思考上；王船山《莊子解》引《道藏》而言之：

> 儵表南心之炎火，識王；忽表北腎之命門，情君；渾沌表中央，土
> 也。渾沌一也，儵忽二也。〔註72〕

所謂「二也」，即是兩種「分別」，兩種各自處於各自思維狀態上的分別；「儵」與「忽」正處在「相耦」的位置上來看待自己。「情君」實意味著，受限於自心情緒之波動；而「識王」則意味著，逃離不了自身的所知框架。從「儵」與「忽」的「謀報」實際行徑與思考模式中得知，它們讓自身先處在某種程度的「預設」上，它們以自是的感知來「預設」這處於「中央」的「渾沌」。這項「謀報」沒有進入「得其環中」來思考，它們只是站立在各自的「一」上（偏），

〔註71〕參見〔清〕王船山：《莊子解》卷七《船山全書》第十三冊，頁183。
〔註72〕參見〔清〕王船山：《莊子解》卷七《船山全書》第十三冊，頁183。

而忽略了「整體」（全），進而使之成為「二」，而不是「一」。「謀報」渾沌之「德」的思考，不但顯現出一種「預設」的心理，更出現一種「干預」與「掌控」的力量；這使之原先的「參與」以及「思維」產生了「破裂」。

我們要問，有什麼「德」可以「報」呢？

這個疑問不是要刻意推倒「報德」的基本立意，這個疑問是要我們深思，這種行徑或思維是否已經產某種程度上的「破壞」，以及對事物原先可以自然發展的可能性進行了某種「牽制」。

思維的整體如果無法回到「中軸」上，思維就會「沉寂」、「不前」。這種「沉寂」與「不前」，不是「行不言之教」的精神，而是代表著它使其「創造性」相對減弱，乃至可能因此而讓生命的動力消失殆盡。所謂「人皆有七竅，以視聽食息，此獨無有，嘗試鑿之」的思考，確實顯得如此「平凡」；但是，此種「平凡」並沒有經歷「得其環中」的思維吐納，所以也就同時顯得如此「庸俗」。這種「庸俗」表現出沒有對「相耦」關係進行消融、超越與再推出；所以就隱含了種種的「無知」，這就是「不明的狀態」。以「己知」而度「他知」，這就是「不知」；又以「不知」為「知」，也正是「無知」。

更加值得注意的是，因為有其「相耦」，所以在原先以為美意的思維上就會產生偏頗，自是的心態也讓預設的價值萌生某種「反效果」；這種以「自明」為「明」的「明」，有時是超乎自己所能控制的；自是的狀態，極有可能讓「謀報」之行為產生某種程度上的「暴力」，甚至無感其中有所「暴力」，而行之於不知其所以然當中。

令人感到遺憾的是，以「相耦」的觀點所對應出來的「此獨無有」之看法，卻讓「渾沌」的本來面目顯得如此匱乏，相互牽引之下，便使得「儵」與「忽」產生改造「渾沌」面貌之心；「儵」與「忽」只看見事物的表象，而沒有深思事物的本質，「分析」只停留在對「此獨無有」的表面上，而從無考量「此獨無有」的真正原因；然其殊不知已經引導出了自是唯一的錯誤觀察。

「儵」與「忽」讓自身滯留在「分析」的情境中，而忽略了必須超越其「分析」的層次；「分析」是可以理解事物狀態的，但是「分析」也極可能站在「馳騁」之上而駕馭他者，進而使之自身落入「所知」的障礙中。令人更為憂心的是，「嘗試鑿之」的作為已經讓這種「暴力」行之於無形當中；所謂「日鑿一竅」，則已經在履行這種因其「己知」而產生的「無知」；一旦這種「暴力」被行之於某種常態中時，制式化的結構就會日漸發展，這種力量便會成為一種無

以抗拒，並且必須強迫接受的公式；這種事態的演變，將顯得如此無力而無奈。

對應人間而言，我們常以自是的一種標準來度量一切的事物；我們不經意地將一切簡化，簡化於一種制式化的公式當中，我們鎖定它並行走其中；雖然這個「結構」有一定的「穩固性」，但也因為這樣的「穩固」，讓許多生命原有的可能性也就此而朝向「死亡」；「渾沌死」，不是沒有原因的，正源於我們就落入在這種無知的共犯結構裡。

由此觀之，「渾沌」可以「兩行」；然而，「儵」與「忽」卻只能「各行」。「渾沌」對所謂的秩序，先行保有一定程度的尊重，它不以干預的心理來看待自己與所應對的事物，秩序的永續就在一次又一次的變化當中；「渾沌」將這種秩序放在每一次的相續變化之上，它使之原先的「相耦」，走向「相耦」彼此之間的相互削弱，再藉由這樣的削弱歷程來暫緩不必要的衝突（碰觸是一定的，但不能因此而成為對立；積極地說，因為有所碰觸才能有所進展）；進而又可以從這個無限性的空間中（中軸）蓄勢待發（觀點與觀點之間的削弱不是消極的手段，在其相對的作用力上，事物有了各自吸取與釋放的空間；有時我們確實在這裡找到得以持續下去的力量）。

誠如王船山所言：「無耦無『中』」；正因為沒有了彼此之間的「相耦」，所以我們沒有讓自身只是「游離」在事物的兩端之上；那些懷疑、猶豫不決，或所謂的鄉愿心態，都可以免除而超越。片面的相對主義論者，無法詮釋那真實且充滿活力的「中性品質」，「中性品質」當保有自省的本質、前進的狀態，以及良性的機制；又因為「無中」，所以可以真正地進入「中」；「中」是清明的、有思維的、有勇氣的，它更是有智慧的。

乍看之下，「沒有秩序」的「渾沌」顯得如此沒有自己的聲音與性格；然而，「渾沌」卻依此方向作為它永續發展的根基，生命的命脈沒有就此被中斷。這種沒有自己的聲音與性格的姿態，卻可以讓思維的品質可以活絡起來。最為重要的是，「渾沌」沒有在這種「沒有秩序」的狀態底下「死亡」；因為，它沒有讓自己鎖定在（死在）它自己身上（自身的聲音與性格），它時時照見萬物的種種，它正也同時以這種方式來照見自己。「混沌死」的隱喻是在引領我們深思，深思如何拿掉我們自己，一個自是的自己；以及再度回到我們自己，一個可以重新出發的自己。

第三章　道家思維中的「中」與「庸」
——無用之用

本章提要

　　前兩章我們分別剖析了《老子》與《莊子》對「中道」思維的推演及其詮釋的思維模式，而此章節，則依據所獲得的結果，以整體視野來觀察老、莊在「相對思維」與「中軸思維」的思維體系中所開出的思維意義與作用。

　　面對這場「軸心突破」的歷史轉變，反思檢閱過去的經驗並且重新建立適宜的秩序，同樣是這群古典道家的真實胸懷；透過一場「反向思考」的思維訓練，以及「回歸中軸」的解消對立的中性精神，古典道家並沒有選擇離開人間，他們更具內在情義地在思索著人生的種種課題——他們也相當切實地在思索，如何善用生命，以及如何看待這生命的意義。所謂：「無為」，並沒有讓生命終止，也沒有讓生命滯留在某種縹緲而經美化的假設當中，漫無目的的虛無主義，似乎不能表明其思維背後的真實用意。而所謂：「得其環中」，更無需彰顯他自身的立場，透過兩端的觀察，因是、因非必需進行相互的消解，其中所寄盼的，是穩健平和秩序的再現。「無為」與「環中」，沒有游離兩端，不是停留在無端的相對爭論或是漫無邊際的循環論述當中，其真實用功且面對的，是深入思索事物之間相互的成因條件與其關係。深入而言，「無為」是在思索「為」，是為了「為」而準備，並且時時觀察與檢閱這「為」的內容；而「環中」是在吸取更多的觀點，在相互參照之下，重新面對新局而整肅待發。整體而言，思維的前提將不執著於該事物的作用，而是深入思索事物能有甚麼作用；觀察從另一面切入，以思考事物成立的背後條件與原由，進而依此回到較

具客觀的點上。所以,「無用之用」是包攬萬物的精神訓練,是培養與思考價值觀點何以能持平中立的課題,以及在經歷此精神訓練與其課題培養之後的「再生」意志與「創發」能力。儒家談「中庸」,而道家之思維則言「寓諸庸」;道家此「用」的背後思維意義與其蘊含之精神是本章探討的另一重要課題。

第一節　含藏無限的創造力──虛而不屈

　　《老子》的省思從「相反的面向」(另一種角度)來思索生命的意義;嚴格來說,《老子》是在思考生命可否有其種種的「可能性」存在。當思維朝向「返」的維度來進行推想時,其實生命所展現的總體向度是朝向「大」的方向推展的;任何思考、觀點都可以從另一個角度的切入,而找出更為全面性的解讀。「正言若反」的思索模式,是為了尋得可以共榮的平衡方式;而所謂的「無為而無不為」,則是為了尊重並探尋生命本身可能、可以且可為的目標前進。作用並不是沒有,而是在思維交融的過程「當中」重新開啟。

　　《老子》言:

> 天地不仁,以萬物為芻狗;聖人不仁,以百姓為芻狗。天地之間,
>
> 其猶橐籥乎!虛而不屈,動而愈出。多言數窮,不如守中。〔註1〕

從「動而愈出」的思維表明中顯現一項事實,即「作用」確定是有的,並且因為是「愈出」,所以又意味著,此「活動狀態」(作用)是深具「活力的」,而且是「永續經營」的;更重要的意義是,此刻的「作用」是一個沒有被僵化的「作用」,這樣的思維讓此「作用」充滿著一種期望值──思考不斷在進行,思維內容也不斷在創新(狀態活動的);然而,此「期望值」並沒有站在絕對的立場上,預設不是此種活動的本質,「期望值」就行走在事物的變化上。萬物的生發就在此種作用中不斷進行。徐復觀對《老子‧第六章》中之道的作用,提出這樣的深切說明;其言曰:

> 老子因為道之「無」,不易為一般人所把握,所以只好以「谷」之「虛」,
> 形容道之「無」。但這種虛,是會發生創生的變化的,所以稱為「谷
> 神」;「神」是形容這種不知其然而然的變化。這種「虛」是含有無

〔註1〕《老子‧第五章》。參見〔魏〕王弼等著:《老子四種》(含:老子王弼注、老子河上公注、馬王堆帛書老子、郭店竹簡老子)(臺北:大安出版社,1999),頁4。

限生機的，所以稱之為不死；「不死」，乃「不是死的」之意。因為
谷神不死，天地萬物，皆由此而出，所以說「是謂玄牝。玄牝之門，
是謂天地根」。牝是象徵生化作用；玄牝是象徵道的生化作用。〔註2〕
那麼，我們就可以真正得知並進入反向思考（返）的用意與核心，即「虛」在
某種層次上其實是相當「實際的」、「具體的」，「虛」確實保有它在整體作用上
的意義，至少這樣的「虛」必須對於「實」產生對應性的思維，在「虛」、「實」
互動思維過程中，思維歷程豐富了它們彼此之間的內涵，以及可能產生的新興
狀態；「谷神」之所以「不死」，乃是它保持在「生」與「死」的互動狀態上。
事實上，《老子》使用橐、籥來譬喻天地（宇宙）這樣的一個「空間」，並沒有
讓「虛」的意象朝向是「沒有東西的」；恰恰《老子》要呼籲我們的是，它是
「有東西的」──當思維在 A 而 B 的補充句式中進行推想時，所謂的「虛」
而「不屈」將意味著，在某種程度上，對其「實」的必然性是相當重視且肯定
的；所以，對於「作用」本身的思索，反而不會停止，在相對性的相互消解上，
也同時能相對成立。事實如此，「作用」就顯現在其中；「不屈」顯示作用沒有
死亡，而「虛」又顯示出作用沒有被自身的限定給僵化。「虛而不屈」的思考
恰恰保持在「中」的活動支點上。

　　儘管相對思考可以增進思維品質，但《老子》卻是相當嚴謹的，並且在這
種嚴謹之下顯現出生命的謙卑品質；因為，「虛而不屈」的提出，也正同時意
味地在訴說另一端「實而不直」〔註3〕的重要。我們必須這樣深入思考：這一
個「空間」，似乎可以包含種種可能；但是，卻不會對這些的可能性進行任何
屬於自我性的評述與獨斷；「作用」之所以可以不斷被推陳出新，實意味著吸
收、消化與推出的歷程，「作用」沒有停滯在一個不動的定點上。之所以有「吸
收」，乃是因為有「虛」的品質，之所以有「推出」，乃是因為有「實」的品質；
但更為重要的，「消化」是歷程中的關鍵，因為事物必須進行新的重組，以迎
接新的詮釋。「虛」與「實」之間的關係，從相對概念，到相對超越與融通之
後，所謂「不死」的真實意義，就是能看見事物的情態中那「生」與「死」不
斷在相繼相成的狀態。

〔註 2〕　參見徐復觀：〈文化新理念之開創──老子的道德思想之成立〉《中國人性論
　　　　史》（臺北：臺灣商務書局，1999），頁 331。
〔註 3〕　筆者按：所謂「實而不直」，是從「虛而不屈」的相對另一面所推論出來的；
　　　　當我們在展演出某種作用時，我們也必須提醒自身不能受限於自己的觀點；過
　　　　度的「直」，或是過度的「屈」，都可能會直接削弱掉我們正在展演的作用。

所以，當「虛而不屈」被表明時，肯定思維必定會有一個態度：聖人不是「不為」，而是「無為」，態度的表明是需要的，但不要干預整體的運作。那麼，從我們反推的「實而不直」的這一面來看，《老子》必定也在思索，我們的態度不能被侷限於一時，尤其是對某種觀點賦予唯一性的解讀或持有，聖人的情操就在「功成」而「弗居」的狀態上。兩相合一，思維是一致的，聖人恰恰站立在一處具有高度「中性品質」的空間裡，這樣的一個空間，是一個「靈活空間」；聖人必然是有其思考的，但不會執意於一時一己之見，他的所見所聞，將回歸到各種聲響的回應上；換言之，聖人的語言是有意義的，不是無意的，只是他並不期望你於一時之間就必須完全接受他的言語，他並冀望且保有你可以時時對此進行檢閱的空間。《老子》實際上更為關心的面向是：在你我當中（物我之間）是否能無限地開啟思維的那股「活力」；正由於沒有自己的設限，最終，「靈活空間」的意義就回到心境的轉化與提升上，聖人回頭看看自己，聖人正是從沒有自己的狀態中不斷去尋找真正的自己。所謂的「支點」，一個有其活動性的「支點」，必須思考自己是在一個可以時而因應的狀態上。

宇宙（天地）這一個「靈活空間」；有「成」就有「毀」，有「毀」就有「成」；如果「生」是「成」，那麼，「死」也可以被視為是一種「成」；換個角度想，倘若「死」是「毀」，那麼，「生」也是另一種形式的「毀」。天地所走過的，都留下其「功成」的一面，但是又同樣的帶走這些「功成」，因為天地如同一個橐，一個籥；在發生「作用」之後，又能回到「沒有作用」的狀態，以便迎接下一次的「作用」。所以，「以萬物為芻狗」，並非就此失去對事物的「關懷」；天地正將這股「關懷」放回每一項事物的成就上，進而又能退居其外，事物都在發展它們自己，都行走在這一個「靈活」的空間裡；它們雖然相異、變化，但它們卻在這一基礎點上是全然一致的，平等的；於是天地「為而不恃」，讓事物回到它們該有的位置上。蘇子由對此有這樣的見解：

> 天地無私而聽萬物之自然，故萬物自生自死，死非吾虐之，生非吾仁之也。譬如結芻以為狗，設之於祭祀，盡飾以奉之，夫豈愛之，時適然也，既事而棄之，行者踐之，豈夫惡之，亦適然也。聖人之於民亦然，特無以害之，則民全其性，死生得喪吾無與焉，雖未嘗仁之，而仁亦大矣。〔註4〕

〔註4〕參見〔宋〕蘇轍：《老子解》。寶顏堂訂正《老子解》卷一（明萬曆中繡水沈氏尚白齋刊本）嚴一萍選輯（板橋：藝文印書館影印，1965），頁7。

這讓我們思考到《莊子·逍遙遊》中的一句話:「且舉世而譽之而不加勸,舉世而非之而不加沮,定乎內外之分,辯乎榮辱之境。」〔註5〕思維不受任何牽動,心似乎停止了下來;然而,道家心中的聖人絕非是「無感」、「不思」的;在這一個看似停止下來的語調中,聖人必當經歷許多轉折,思維的不牽動,反能就此活化思維本身。在這一個「靈活空間」裡,「感受」將是豐富的,「思索」更是必須的;只是聖人沒有將其「感受」與「思索」化為一種制式化的模式,而加諸在事物之上;這裡唯一的「模式」,就是讓自身不斷轉化在那「舉世而譽」與「舉是而非」的世界裡,從真實的對應中重建平衡的世界——心靈的穩固。

美國漢學家安樂哲(Roger T Ames)為此指出:

> 道家的傳統對於儒家只關切人類世界的傾向是個批判。道家並不反對在發展一個人的仁時將其自己加以「擴展」,但是力圖通過「真誠而不勉強的行動」(即「無為」)將自己擴展到一切事物。與儒家經典一樣,道家的經典也將阻止分別的自我的出現,看作是整合的自然行為和擴充由此而形成的德的前提條件。〔註6〕

的確如此,聖人所力圖的是一個「無為」的狀態,但是聖人的「真誠」卻如實的表明了他對事物的看法,很顯然地,聖人是有所為的,至少他必定是有在思考的;事實上,聖人就在思索著「無為」的真實意涵,他比誰都想的多;聖者是深思其中,而不是苦思。然而,只是他又將「所為的一切」融通在事物的發展中,甚至他將會同時意識到,事物的發展與變化會有其意想不到的進程,事物整體的流動狀態是他所必須注意的;正因為這樣,所謂的「不勉強的行動」,是可以真正實現的,那便是,連所謂的「力圖」心境都可以是自然而然地進行並且是自在輕盈的。正如錢穆所言及:「自然」二字,乃道家語,謂其自己如此,即是天然這樣。這是中國道家所誦述最所貴重的。又稱之為「真」。儒家則稱之曰「誠」。不虛偽,不造作,人生該重。儒家所言之性命,便是此義。〔註7〕道家的「真」,乃至於所謂「自然」,正意味著對生命之種種生化採取開放的心境,開於實際上的應對,放於自我內心的轉化,生命就此可以生成,自

〔註5〕《莊子·逍遙遊》。參見〔清〕郭慶藩:《莊子集釋》(臺北:貫雅文化,1991),頁16。

〔註6〕參見〔美〕安樂哲著彭國翔編譯:《自我的圓成:中西互鏡下的古典儒學與道家》(河北:河北人民出版社,2006),頁365。

〔註7〕參見錢穆:《中國思想通俗講話》(臺北:素書樓文教基金會,2001,2),頁98。

我對生命的感觸能藉此有所成長。

　　誠如《老子》所言：

　　　　見素抱樸，少私寡欲。〔註8〕

其所謂的「樸」，所謂的「素」，就呈現在「不加勸」與「不加沮」的統一上；
一旦「因舉而勸」或「因非而沮」，都是將思維導向制式化，都是讓心靜走在
情緒的波動上，甚至容易因而形成並落入獨斷的語境當中。洞視到事物的差
異，又進一步還給事物的統一，便是「樸」，正是所謂的「素」；實際上是讓思
維本身成為一種「不勉強的行動」——這是活絡的狀態，而不是自以為是的堅
持。深入而言，所謂的「見素」，即是從看盡繁華而能回到觀點的相互參照與
揉合之上；那麼「抱樸」，正是藉此所看見的來提振自我，並保有在思維推想
上的無限可能。

　　從「差異」中學習事物的種種「作用」，從「統一」中提升事物的種種「作
用」，這就是看見「素」，這便是回歸「樸」；在對「樸素」的重新認識的歷程
當中，這實質讓我們思考到，繁雜的萬象有其簡單的品質，簡單的品質有其繁
雜的萬象。

　　嚴格來說，思維的品質漸次推向「公允」的立場；所謂的「少私」，正是
去除原先自我的觀點；而「寡慾」，即是排除不必要的執意與自是，甚至是排
除那些只停留在自我的喜好或是限定當中的種種預設。思維越具其「公允」，
則心胸便有其「寬大」；據此，則生命的種種「可能性」與「發展」就能更為
豐富。

　　它具其作用，又不會受限於用（虛實為一），這引領我們必須思考這一個
「動而愈出」的空間是什麼——我們必須如實地應對人生，但卻不要讓我們的
生命在自身的執意裡顯現出我們的醜陋，這個空間持續在推陳，而又能出新。
所以，「天地不仁」的思維讓自身通往「大仁」的品質，「大仁」者正是要使的
一個「仁者」必須不斷思索並轉化他身為一個「仁者」的真實意義（大仁不仁）；
真實的「仁者」，正是不居其「仁」；所以，「大仁」是一個不斷在自我成長的
歷程，這其實是處在一個不斷探索「成仁」的進路上，即是不把我所可能認識
到的鎖定在我的認定上。站在這層基點上，這與孔子在思考人間意義的基本精
神是如此的相近。倘若，我們將所謂的「不虛偽」、「不造作」，這樣對儒家肯

────────────

〔註8〕《老子·第十九章》。參見〔魏〕王弼等著：《老子四種》（含：老子王弼注、
　　　　老子河上公注、馬王堆帛書老子、郭店竹簡老子），頁15。

定的評價語句放在道家身上，這樣的「誠摯之心」將顯得如此格外適合道家。

這一個「靈活空間」與《莊子》的一項重要譬喻相得益彰──「巵器」的隱喻──我們可以再藉由這條材料，來思考這種「靈活空間」的思維意義。所謂：

> 注焉而不滿，酌焉而不竭，而不知其所由來，此之謂葆光。〔註9〕

法國學者弗朗索瓦，于連（François Jullien）對此項思維內部之意涵有這樣的觀察：

> 永不滿溢，也永不枯竭，「滿」和「竭」這兩種相反的狀態是很好辨
> 識的，而且已經成了性質；智慧的話語在兩者之間，在非此非彼，
> 由此及彼的階段對待事物；這個半色調的階段既是此，又是非此，
> 語調中性而寡淡──是灰色的語調（詳見維特根斯坦所說：智慧是
> 灰色的）──正因為如此，智慧的話語才能穩穩地站在事物的潮流
> 當中，不倒向任何一邊，並能夠避免偏頗。的確，智慧之所以是灰
> 色的，為的是要包容一切。〔註10〕

弗朗索瓦，于連在評述中將「哲學」與「智慧」做了區別；其以為，聖人的狀態將保持在「無意」的時空中，聖人不作分析的論辯，聖人將自己放在體會的狀態中，「智慧」沒有以為自己是什麼，或應該是什麼。所謂「灰色的語調」的見解，是可以啟迪我們對《老子》在平衡觀點上的解讀的，我們是可以首肯在面對「滿」和「竭」已成為性質而必須進行破除的這點思考上的。但是，所謂「中性而寡淡」的語調，嚴格說來不是「灰色」的（灰色的思維空間有其更為深刻的意涵存在，以及有待說明的部分）；正因「智慧的話語」需要「穩穩地站在事物的潮流當中」，聖人的「灰色」理當是有其精神內涵的，有層次之分別的，並且是多元化的生命展演，而不是一片極為不清且又雜亂無章的「灰色地帶」；所謂的「穩穩地」的狀態，實際上也意味著：聖人是有態度的，作用必須被呈現出來，聖人必然有他站立的姿勢與位置。對於「半色調」的解讀，我們是同意的，但這只能同意於思維轉折的前半部，因為思維轉折的完整度，必有待後半部「作用」的呈現才能其完滿。

在思維推展的初期，黑白兩相的統合是極為被認為容易的演繹結果，「灰

───

〔註9〕《莊子·齊物論》。參見〔清〕郭慶藩：《莊子集釋》，頁83。
〔註10〕參見〔法〕弗朗索瓦·于連著蘭素偉譯：《聖人無意：或哲學的他者》（北京：商務印書館，2004），頁198。

色語調」讓我們極為容易的接受它，可是我們卻忽略其中一個重要的問題，此「灰色」是如何被調製而成的？以及，將所有可能發生的黑白關係回歸到「灰色」的用意又是為何？這將是「灰色語調」迷人的地帶，也是必須小心面對的關鍵。誠如「知其白，守其黑」〔註11〕確實表現出黑白交融的情境，但是我們必須對此「灰色語調」賦予重新的解釋與補充，因為「灰色」是一個在思維歷程上方便的術語，如果「灰色」只停留在「灰色」，那只能是另一種自是而已。如果「混沌」失去了它原有的秩序感；那麼，重拾「混沌」的用意，就顯得相當薄弱而沒有意義，甚至因此失去生命該有的基本格調。

正因為聖人有所「知」與有所「守」，所以聖人勢必需要對這些「多言」進行理解，更重要的是對這些「多言」保有吐納的空間，所以聖人的「半色調」應當是有區別意義的，聖人的心境必當是清楚且明白的（正所謂：「葆光」——一位「智者」，是知曉並參與其中的）。然而，我們卻常常適得其反，我們只站立在「多言」之中又從中樹立另一個「多言」而已；所以，「多言」對於我們而言，極有可能是含混籠統的「色調」，最終我們就會落入「數窮」的無盡爭辯當中，這樣的狀態讓「灰色」走向永無止盡的死胡同裡。「半色調」顯然融合了黑與白；但是，黑還是黑，白還是白，不過經歷思維的交融後，黑的黑是有層次的，白的白是有意義的。

我們可以借用中國水墨畫來做一個比喻：「黑」是有其空間的安排，而「白」是有其空間的預留。因為有了「層次」（空間的安排），「黑」就不拘於是一種「黑」；因為有了「意義」（空間的預留），「白」就不拘於是一種「白」。當我們畫出靜止中的山石時（黑），那活動中的水流便從中顯現出來（白），這是由於有「黑」的存在，所以凸顯了「白」的存在；相同的，流動的水波，就在那些所預留空間中（白）的幾條纖細的黑色線條上（黑），動了起來，這是由於有「白」的存在，所以凸顯了「黑」的存在。「黑」與「白」適得其所地表明了他們的思維，但他們又不拘束於他們各自的作用中；作用顯現在沒作用上，而又回到作用上，作用表現在具有「活力」的組合歷程當中；於是，山（靜）與水（動）就這樣被呈現出來。那麼，到底是在表明山，還是在書寫水？事實上，作用已經被靈活地呈現出來；此時，山水共一色，動靜皆為一，黑白視如同；這「一色」、「為一」、「如同」，從對「多言」轉化到「守中」；這樣的一處

〔註11〕《老子‧第二十八章》。參見〔魏〕王弼等著：《老子四種》（含：老子王弼注、老子河上公注、馬王堆帛書老子、郭店竹簡老子），頁24。

風景，在相融之後而又各自能推出新意的歷程中，找到他們原有繽紛且多彩的位置──所謂：「蟬噪林愈靜，鳥鳴山更幽」〔註12〕──靜中能顯動，動中能顯靜。

這樣的一個畫面，即能由「守中」，進而「轉中」，在由「轉中」，推向各自的「成就」；此「中」，格外有其意義性。

據此，思維轉化的關鍵點，就在於對這樣的「包容」歷程的確切解讀；因為，「包容」並不單指「吸收」的這一層面，「包容」還同時指向「推出」的意義。當各種聲音被聆聽時，實際上也藉此證實了各種聲音的存在。當聖人在聆聽這些聲音時，這將呈現出「包容」中「吸收」的一面；然同時間的，聖人也讓所有聲音表現出他們所具的音質，這便是呈現出「包容」中「推出」的一面。這誠如「瞻彼闋者，虛室生白，吉祥止止」〔註13〕的思考一樣，當「空間」被納空時，任何事物的注入都有其可能，正因所有事物都有可能注入，那麼，其中所產生的意義也就萬千。「白色」不是「沒有顏色」，「白色」是所有顏色的共同調質；我們可以這麼設想，當一個彩色輪盤極力旋轉到某種速度時，我們所見的全然影像是一片「純白」；聖人就站立在這個軸心點上──正在轉動中的影像，實意味著，對各種顏色好惡的持平觀點，即「中」；而靜止中的影像，則意味著，是各種顏色的呈顯，即「自然」；前者在於「吸收」，後者在於「推出」。這便等同於《老子》所謂：「虛而不屈，動則愈出」的思維；所以，「虛實」之間被統一了，也同時被呈現了；雖然思維從來沒有停止過，但思維也沒有無的放矢的宣揚自己；思維所呈現的，是它「中性的活絡」品質。那麼，「智慧是灰色的」一語就必須被以更為中肯地的語言來加以補充，即：智慧可以是「灰色」的，但是他的內部狀態卻是「彩色繽紛」的──所謂「灰色語調」的真實意義，應當是「氣象萬千」的。

那麼，深入思考得知，所謂「守中」正是一處在一個「生死如一」的「靈活空間」；「守中」沒有偏向「虛」，也沒有偏向「實」，「守中」正處在一個必須進行思維表達，但不受限於這樣的表達，且不斷持續轉化思維的歷程上。「守中」，正是在「虛實」的共同參照、相融的歷程上，展現其平衡而靈活的姿態。

回顧許多論述，只站立在「虛」的唯一面來看待《老子》，將「守中」單就一味的靜態來解釋，這將極有可能只是看到「灰色語調」，而無法洞視此「灰

〔註12〕〔南朝梁〕王籍〈入若耶溪〉詩。
〔註13〕《莊子・人間世》。參見〔清〕郭慶藩：《莊子集釋》，頁150。

色語調」是有其層次的、活力的。如陳鼓應以為「守中」是：

> 守中：作「守沖」解。持守虛靜的意思。〔註14〕

陳鼓應又同引嚴靈峯的解說：

> 「守中」應作「守沖」講，「守沖」即「守虛」，前文正說到「天地之
> 間，其猶橐籥乎？虛而不屈。」「守中」是針對上句「多言」而提出
> 的。〔註15〕

其又同引張默生的看法：

> 「不如守中」的「中」字，和儒家的說法不同：儒家的「中」字，是
> 不走極端，要合乎「中庸」的道理；老子則不然，他說的「中」字，
> 是有「中空」的意思，好比橐籥沒有人鼓動時的情狀，正是象徵著
> 一個虛靜無為的道體。〔註16〕

又同引許抗生之說：

> 「吳澄說：『中謂橐之內籥所奏之處也。』即指風箱中間。『守中』，
> 這裡意即保持住天地中虛靜的狀態。」〔註17〕

對於以上這些見地，我們基本上是同意的，不過這些觀點只見得反思歷程的前半部，而沒有看到因其反思而後續推進的部分；所以，對此應當進行更為深入的審思，並予以補說。

依據之前章節中由相對關係到相對關係超越之後的相融狀態之論述中得知，「虛」與「實」實際上是一體的兩面。嚴靈峰所謂「守中」（或言「守沖」）理當不只是「守虛」，「守中」恰恰正是「虛而不屈」的道理，而不是只有守其「虛」的部分；因為，它同時也指向這一個風箱有其「實」的意義；「作用」就在「沒有作用」當中去呈現其「作用」。引申而言：「作用」在「沒有限制的狀態中」中找到「作用」。更為嚴格地說：「作用」在「靈活空間」中找到它可以發揮的「作用」。後者所言的「作用」已經具備深度、高度與廣度，它融合虛實為一體；在思維的意義上，聖者表述了他所思考的，但卻又一直在思索著他的思考，思考著有沒有因其表述了些甚麼而產生停止或自滿。

極為顯然，「守中」的深切義理沒有偏向於任何一個觀點，倘若將此「中」

〔註14〕 參見陳鼓應：《老子注譯及評介》（北京：中華書局，2007），頁81。
〔註15〕 參見陳鼓應：《老子注譯及評介》，頁82。
〔註16〕 參見陳鼓應：《老子注譯及評介》，頁81。
〔註17〕 參見陳鼓應：《老子注譯及評介》，頁82。

鎖定在「虛」的狀態上，那似乎不能全盤滿足我們對生命的解釋，這不但不能真正理解《老子》的「虛」，更會因此而曲解了「守中」的真義。理由在於，我們若輕易地將《老子》的「有」、「無」觀點「劃分」為二，在其「言簡意賅」的思維模式中，我們可能忽視了其思維內容的高度以及深度，甚至我們將「無」的狀態視之為比較「高超」，而以為「有」的狀態為比較「低下」；我們的心思不但沒有因相對觀點的推出而顯得清明，反倒是在相對思考中我們又自我建立了相對的藩籬，在「有」與「無」當中，我們無所知覺地建立了某種優劣之分，建立了一種假性的相對關係與相對認知（事實上，《老子》並沒有強調「無」的狀態是比較好的，而來貶低「有」的狀態）。這是值得注意的課題。據此，我們必須再度審慎看待「有」、「無」之間的實際關係，以探其深刻的義理。

《老子》開宗明義言及：

> 道可道，非常道；名可名，非常名。無名天地之始，有名萬物之母。
>
> 故常無欲，以觀其妙；常有欲，以觀其徼。此兩者，同出而異名。
>
> 同謂之玄，玄之又玄，眾妙之門。〔註18〕

「道」（對事物之感受與陳述）是可以被「訴說」的，然而這種「訴說」卻不能只是以一般「常態」之方式可以「訴說」完整的；而「名」（對事物之界定）是可以被「定義」的，然而這種「定義」卻不能只是以一般「常態」之方式可以「定義」完整的。所謂「不能」以「一般常態」之方式來「訴說」與「定義」的思考，正是對固有或已經既定的判別與習以為常的價值觀點進行檢閱，而檢閱的最大意義，則是建立在於我們必須對所謂「常態」要進行一番理解，以及保有一定程度的尊敬；因為，我們不能只限於我們以為的「常態」中而誤解了「常態」。從這一次的「非常態性」的思維歷程中，《老子》成功地將「常態」做了一番全新的詮釋。

如果對這項假定可以再度進行反向思考，那我們會更清楚《老子》所要表述的思維真義。反過來想：「道可道，非常道」的反思意義，即「道不可道，常道」──「道」是不可被「訴說」的，如果要「訴說」，那這樣的「訴說」可能是不能「道盡」一切的，而這種不能「言說」清楚與「言說」完善的狀態，正是所謂的「常」，這也就是最能接近「道」的真實本質與狀態（常道）；而「名可名，非常名」的反思意義，即「名不可名，常名」──「名」是不可被「定義」

〔註18〕《老子・第一章》。參見〔魏〕王弼等著：《老子四種》（含：老子王弼注、老子河上公注、馬王堆帛書老子、郭店竹簡老子），頁 1。

的，如果要「定義」，那這樣的「定義」可能是不能「名盡」一切的，而這種不能「定義」清楚與「定義」完善的狀態，正是所謂的「常」，這也就是最能接近「名」的真實本質與狀態（常名）。

在此，我們得到一個假定狀態，那就是：如果我們越要達到所謂的清楚與完善（名），或是我們越要接近所謂的真理（道），我們就越不能進行「訴說」或者「定義」；但事實上，我們卻相當具實地在進行「訴說」與「定義」，然我們卻採用了一種「非常態」的方式來思索與陳述。

藉由這樣的思維訓練，我們更能察覺到一項事實：要認清事物的「常」，正必須建立在於我們能洞視到事物的「非常」；在對針對「常態」的整體掌握上，我們必須要知道它的「不常」，以及它是「不常」的。我們確實訴說了，也定義了，但我們卻不想捉住我們的訴說與定義；這種「非常態」的思維方式正打破我們居於一處的自是，並且提供了思維本身的思索能力以及活力。

換言之，只有一種東西（道理）是「恆常」的，那就是「沒有」所謂的「恆常」；事物的「常態」，就顯現在事物的「變化」中。所以，在思維的推展上，我們可以得知：任何一項價值判斷與思維觀點的成立，至少都有一項共同的基本質地存在，那就是它必須要接受不同視角的檢視與再度詮釋的可能；沒有一項陳述或定義可以是站立在永恆不變的或是絕對的位置上，事物正站立在變動的位置上來展現它們各自與它們相對關係上的穩定。

《老子》並沒有決然否定「語言」的功能（基本上：「道」是可以「道」的。《老子》一書自身確實已經進行了某個程度上的思想陳述。），但也沒有輕易肯定「語言」自身（另一個角度而言：「常道」是不可以被完全「道盡」的。《老子》從「非常態」性的思維方法上來進行自我檢閱）。

在沒有「否定」語言的基礎下來說，《老子》是必須進行思考的，並且對其思考與自身的看法提出說明；所以，不表明，並不是一個明智的決定，而在表明的實際狀態下，《老子》是要我們思考到「不能表明完善」的事實，這才是一種最為貼近「完善」之「表明」的方式；也因此，《老子》以所謂「非常態性」的言說模式來進行反思，是其思維在展演與表達上之必要歷程。

所以，相同的，從沒有「肯定」語言的基礎而言，《老子》也必須要認知到「語言」本身的限制性；這種洞視，不僅能對事物採取開放的心境，以及盡可能認清到事物本身的任何種種可能，這更是能查明自身的限制，是不受限定與破除自是的態度；這種態度能使生命處在一個「良好的狀態」，這樣的反推

正是可以接近「常道」的最佳方式。

最終，將兩者相互連結：我對生命的思維勢必是要進行表述的，但我所表述的方式卻必須深深注意到並建立在一種自我反思上，藉由這樣的歷程，我才能活化思維本身，以及我生命的品質。這樣的一種基本態度，除了沒有受到自我的限定之外，也從無刻意地要規避些什麼或曲解些什麼（相對思考並不是為了提出反對意見而存在）。在「無為而無不為」的態度中，我們看到對生命的一種承擔、轉化與責任；「無為」的確切精神是：我們沒有站在自己的立場來進行所謂唯一性的表達（我們察覺到，自己的所為是有限的），而「無不為」是：我們的思維必須是清楚明白的，至少我們必須認真地看待並因應這個人間（我們的體驗更是需要從這些生活的事物中來開啟）。

所以，再回到《老子》最初所表明的思維：「道可道，非常道。名可名，非常名。」——「道」是可以被進行陳述的，「名」是可以被定義的；然而，卻不能對此陳述與定義加以進行絕對性的信仰與崇拜；否則，我們反而會因此而誤解許多事物，也會因此而看不清自己。這便是讓自身處於一個「中」的狀態，即「靈活」的狀態。

進而，《老子》要我們思考另一項重要的事實：即如何看待在這需要「表明之下」而又「不受限定」的融通關係。

首先，《老子》藉由兩種狀態來說明：即「無名」與「有名」。我們可以先就最為基本的面向來思考：所謂的「無名」，正是處在「思維」還沒被啟動的狀態，天地此時都還歸本於天地，天地的本身並無產生任何的價值判定與意義；這一個天地之「始」，是起自於一種尚未需要經思維而分化的狀態。然而，從「有名」的角度切入，「思維」啟動了所有對現象的判別、解讀與之後的意義，萬物因「分別」與「立意」而有了萬物的位置，萬物的本身與彼此之間產生了一切相關性的價值思考與其價值體系；這一個萬物之「母」，是顯現一個思維活動的開始。但要注意的是，《老子》並無就此而進行任何的評價，至少《老子》此時對「無名」與「有名」並沒有優劣之分。恰恰引人入勝的，《老子》卻能將之同等看待，並且融合這兩種狀態；其中所謂：「同出而異名」的思考正是最為重要的思維轉折與融通之處。事物回到事物的本身，「無名」是尚未有思維的介入，而「有名」則是思維的參與；但是，事物本身依然是事物本身，這一個「同」是相當重要且自然的。

在一件事物上，我們可以透過「無名」的角度來思考，正所謂的「常無欲，

以觀其妙」。從未經干擾或是分化的狀態中進行對事物的觀察；這能培養我們對事物本身無限性的體察與運用（妙）。那麼，同時性的，我們也可以經由「有名」的面向來落實，正所謂的「常有欲，以觀其徼」。從已經落實的現象或是具體的狀態中來觀察事物；這能啟迪我們對事物本身作用性的掌握與參與（徼）。

統合兩者，回到一個常態中來思考，每項事物都有其現有的型態（徼），也都具有其不可限定的型態（妙）；那麼，這又可以推回到一個深刻且真實的體驗中：即「常態」就是「沒有常態」──所有事物的落實就行走在其變動上。

對於這項觀察，我們可以這樣思考：當透過「有無相生，難易相成，長短相較，高下相傾，音聲相和，前後相隨」的相對思維來認識事物時，實際上是一次反思與再推出的歷程。因為，天下事物正是藉由此種關係、此種基礎，來讓我們認識的；在這層思考運用上，我們暫時可以找到他們之間的位置──這就是從「有名」的角度，來思考事物的意義（相對思維讓我們可以思考，事物在其「有名」的狀態下的意義與其事物的落實性）；但是，正也因為對這層相對關係的洞視，我們卻不能輕易地站在某個固定的觀點上來強化我們既有的認知──這便是從「無名」的角度，來思考是物的另一種意義（相對思維也同時讓我們可以思考到，事物在其「無名」的狀態下的意義與其事物的變動性）。

兩者同時觀之──「無名」的啟示是：我們的思維必須保持在某種程度上，以對事物採取開放的胸襟；而「有名」的啟示是：我們的思維必須保持在某種程度上，以對事物保有參與的精神。

所以，「同出而異名」的確實意義是，要我們能全然地觀察到每一件事物在其各自所表現與落實的狀態中的種種作用性與其無限性；以「徼」來相應「妙」，以「妙」來相應「徼」──所以，最終對一件事物的確實態度，我們應當是：在了解它的同時，我們應當再度還給它自己本身。

由以上的思維再度延伸，從兩者對映層面來看：觀其「妙」是在叮嚀我們，當我們一心關注於「有」時，我們應當保有一顆開闊的心境來體察其中的「無」，才不至於受限於我們一時的自我關注，而走向盲目的遵從與無謂的限定；我們不要只受限於某種「可以言說」的外在之上，而忽視其中的任何一項可能性。而觀其「徼」，則是在提醒我們，當我們只是著重於「無」時，我們應當常存一顆實際的心境來落實其中的「有」，一樣才不至於受限於我們一時的自我著重，而產生所謂思索上的空泛與內容的虛無；我們當然也不要受限於某種「不

能言說」的狀態上，而忽視其中對事物的真實感受。

　　我們應當且在某個意義上，勢必需要進行某種程度以上的表述，但我們卻不能執著在我們的表述上；正因為不執著於固有與既定的表述上，我們才能持續地進行表述，此時的表述就能被建立在不斷重組的序列上，我們的生命就此才能因其「返」，而呈現其「大」。

　　據此，讓事物回到它自己身上──從「有名」來觀看事物，事物確實有它實際當下的某種作用性；但是，我們也同時必須藉由「無名」的角度來體察事物，因為事物有它自己原有的聲音，以及它下一個可能發生之狀態（我們必須保有一種基本態度，保有對另一種聲音可能會出現的基本尊敬）。事實上，在「可言說」與「不能言說」之間是必須相融且並存的；聖人「處無為之事，行不言之教」〔註19〕，並不是聖人不要行動或是停止表述，只是聖人相當明白一項事實，即如果想讓生命持續且能有所行動與表述的話，生命就必須在每次的行動與表述上採取開放的態度。

　　更深切地說，這一個觀察的關鍵點不單只是「妙」，也不單只是「徼」，也不是「同出而異名」的「妙」、「徼」合一的所有事物，其關鍵點是在其我們「自心」的轉化，是在於我們對自心的反省與再推出，這十足地反映出能有一種自我超越與自我創造的健全思維方向。

　　回到《老子》所使用的「觀」字上：對於這種自我檢閱的方式，我們可以稱作是對「自我」的觀察，也可稱做是對「對象」的觀察；當然，對於這樣的「觀察」也可以深層地說，是一種「全然」性的「我」（自身）與「非我」（自身以外的事物）的觀察（除了自我觀點之外，我也必須思考其它觀點），也是「我」與「非我」的調和（我必須與他者進行參照與相應），這是對自我「中性品質」的呈現（我體現出我最大的可能性），也同時能看見其它事物的「中性品質」（我亦能從中發現事物的最大可能）；這些種種關係的互動就是所謂的「照」──以道家的語言來說，這就是「自然」，這也是對所謂「自然狀態」的最佳陳述。這種「自然狀態」就誠如之前所言之的「良好狀態」；這種「良好」正行走在流動中，它包含省思與創造。

　　我們何以走向某種「侷限狀態」而不能通曉透明呢？其實際原因往往是起自於我們自心的限定──「成心」；因為，我們只限於事物的「表象」，從而忽

〔註19〕《老子・第二章》。參見〔魏〕王弼等著：《老子四種》（含：老子王弼注、老子河上公注、馬王堆帛書老子、郭店竹簡老子），頁2。

略事物背後的「本質」；我們受限於繁雜世間的種種（有），而忘卻其背後簡單且純淨的心（無）。面對事物似乎可以重新換個角度，當「反」這樣的思維行走在這一個高度時；面對「無」的提及，正是要我們仔細察覺，我們對自我的設限到底是有多少（我們從變化的層面切入）？那麼，在面對「有」的思考時，則是在提醒我們，提醒我們是否能觀察到每件事物背後的種種可能（我們從落實的層面切入）？事實上，當我們思考到「每件事物的可能性到底能有多少」時，我們同時也呈現了「無」的精神；同樣的，當我們思考到「自我的設限到底是有多少」時，我們同時呈現了「有」的意義。

從材料中我們可以明顯得知，《老子》對「有」、「無」的態度是全然性的關注，在此時的「有」、「無」相對觀點中，並沒有高下之分，更無所謂的因先後之順序關係而產生之間的優劣問題；此時的相對關係，是一種實然狀態，且具足全體性的關照，《老子》察覺到宇宙的「有」、「無」關係是融通為一的。

據此，我們必須再度審慎思考底下這條材料：

　　　　反者，道之動；弱者，道之用。天下萬物生於有，有生於無。〔註20〕

在思維的第一程序裡，「天下萬物生於有，有生於無」的思維中，實際呈現出一種具有時間概念的秩序。由「歷時性」的角度看來，《老子》思維中的「無」具備著生成的可能，而所謂的「有」則依據於「無」，而以「無」為其發展的總根源，至於「萬物」的生成則是立足於「有」的基礎上而大為繁衍；這種「直線式」的生成推演是《老子》思想中針對有、無關係上最為基礎性的一種剖析，這實際是站在相對關係上來進行思考的。依照這種直線思惟的模式看來，「有」的呈現是一種「無」被「落實」的狀態，從「無」到「有」的歷程中，萬物有其生成發展的進程。但是，結合此條材料的前半部「反者道之動，弱者道之用」一並來進行思考時，《老子》所謂「有生於無」的思維就不只是相對關係而已。

車載為此言及：

　　　　什麼叫做「反」？為什麼說「反者道之動」呢？反有兩個含義：一指對立的關係說；另一指從對立復歸於統一的關係說。前者說明相反的含義；後者說明轉化的含義。兩者都能產生推動道的作用。〔註21〕

───────────

〔註20〕《老子·第四十章》。參見〔魏〕王弼等著：《老子四種》（含：老子王弼注、老子河上公注、馬王堆帛書老子、郭店竹簡老子），頁35。
〔註21〕參見車載：《論老子》。此說引用於陳鼓應：《老子注譯及評介》一書中之註釋，頁223。

此時，思維的程序進入第二階段，也就是經相對思維之後的相對超越階段，思維進入兩兩成立又解消的統合階段。陳鼓應為此分別作出兩種思維層次的解說，其言曰：

> 一、老子認為任何事物都在相反對立的狀態下形成的：任何事物都有它的對立面，也因為它的對立面而顯現。他還認為「相反相成」的作用是推動事物變化發展的力量。二、老子重視事物相反對立的關係和事物向對立面轉化的作用。但老子哲學的歸結點卻是返本復初的思想。事物的本根是虛靜的狀態。老子認為紛紜的萬物，只有返回到本根，持守虛靜，才不起煩擾爭紛。〔註22〕

在陳鼓應的見解中，我們極力肯定第一項的詮釋，因為這是進入到「統一」階段的重要基本條件與領會；然而，對於第二項詮釋中「持守虛靜」的深度意涵理當需要進行探討。

　　《老子》確實相當重視「返本復初」的思維，但這個「返復」作用卻不能單從「持守虛靜」的表象意義來涵蓋一切；誠如之前的論述，這一個「返復」的思維意義應當是建立在因兩相統合之後而得出事物發展的新意上，「虛」就不只是原有的「虛」，「虛」此時包含著「實」；這樣才能符合「反者道之動」的真正精神。從思維運作的角度切入，當思考碰撞到與我們差異甚大的狀況時，其「反作用力」實意味著對自我進行檢視，當我們遇見某種看似障礙的狀況時，其「障礙」便是推向我們前進的動力；在這個過程中，「返復」的精神讓我們思考如何與「反作用力」及「障礙」共存，並從中進行調和，找到適宜的相處模式，這便是「道」可以持續活動的緣由；那麼，這樣的平衡關係就是「中」──「守中」。

　　「有生於無」的深切意義，進入兩兩相互轉化的思維推展裡；誠如我們之前所論述的，「反者」與「弱者」的實際精神正是為了要達至「中」的位置上而所做的努力。「反者」，使事物的狀態進入調和的機制當中，其中所引領而出的，正是「平衡」的運作與機制的啟動；「道」之所以能「動」，不是單靠「正」的一面或「反」的一面；「道」之所以能得以進行，是在於「正反」之間的各自反省，以及可以提供相互學習的參照價值。這便是「反」的深切意義。當「正」的一面能有所參照於「反」的一面時，「正」正在「反觀」自我，同時，「反」也在「反觀」自我。

〔註22〕參見陳鼓應：《老子注譯及評介》，頁 226。

　　極為顯然的，「道之用」的「用」，不是相對觀念中之「有用」或「無用」的「用」，而是察覺到事物的變化性、可能性與創造性之後所呈現出來的「中性品質」的「用」；正因為有了這層思維，所謂「沒有作用」的思考，便自然而然可以轉化為在另一種可能發生的「作用」上，那麼同樣地，任何一個「作用」在這樣的思維中就不會限制於其「作用」了。據此，「弱者」的精神，即是使我們的視野可以進入相互參照的思考中；也就是說，「道」之所以能「用」，不單靠「弱」的一面或「強」的一面，《老子》所謂「弱者」的精神實際展現在「強」、「弱」碰觸和相互接應上；「強」退而思「弱」，「弱」退而思「強」；兩者行走在融合的平衡上（兩者採用以退為進的方式），所以「作用」才能不斷泉湧。

　　如此的思維推演將說明一件事實，即「有生於無」的深層義理，將展現出因其「反」（返）而能「大」的精神；一方表達了「無」，一方也肯定了「有」。《老子》的「無」並不是「沒有」的現象，或是「無物」的概念，它啟迪我們的，是從「簡單」與「純粹」的狀態來觀察事物萬象的任何可能性，它的概念不是「空無一物」的，而是從處於一種不被限制的狀態來思考。相較而言，《老子》的「有」就不單只是能從「有了」甚麼來解釋，雖然「有」顯現於我們的是較為「復雜」與「分化」的狀態，但「有」所呈現的概念不只是「有物」而已，正因為它能呈現出事物的豐富性且具多樣化的狀態，所以它也同時在告訴我們，我們的心境不要只受限於這種表面的現象上。

　　事物本身因其「落實」在某種狀態上，所以只能是各自事物的本身而已；這種「落實」逐漸走向「特殊」與「分化」。當事物處於它「現有」的狀態時，它的「侷限性」也就同時增加，甚至這種「侷限性」很可能會據此而與日俱增；因為，一旦「落實」到某一種程度時，事物的本身便會受到一定程度上時空等條件的限制；一方面是「成」，但一方面也就會產生「限」。正因如此，《老子》期望我們更能從「有成」當中持續看見事物的「無限」；那麼，「有生於無」的意涵理當有一個重要的精神訓練，即誠如之前所言及的：思維不是不要表述，思維應該行走在沒有被僵化的表述裡。

　　對於這種狀態《老子》恰如其分地又提出這樣一個譬喻：

> 谷神不死，是謂玄牝。玄牝之門，是謂天地根。綿綿若存，用之不
> 勤。〔註23〕

〔註23〕《老子·第六章》。參見〔魏〕王弼等著：《老子四種》（含：老子王弼注、老子河上公注、馬王堆帛書老子、郭店竹簡老子），頁5。

「綿綿若存」，誠如有物而又是無物，但兩兩成立又兩兩解消，如同「有」又如同「沒有」；從「有」的狀態觀察，其表示對作用的實質推出（有），從「沒有」的狀態觀察，實表示抱持對不同觀點的吸取（無）；那麼，思維就能不斷在進行、調整、融合與轉化。

　　王弼對此狀態有其重要的認知：

　　　　欲言存邪，則不見其形，欲言亡邪，萬物以之生。故綿綿若存也，

　　　　無物不成，用而不勞也。故曰，用而不勤也。〔註24〕

我們確實無法形容這是什麼樣的狀態，「欲言」似乎不能掌握其中的或「存」或「亡」；不過我們的思維總是在進行的，萬物就在發展當中。「不見其形」則能削弱了我們對「具有」的一味執著，而「萬物以之生」則能調和了我們對「虛無」的迷失；「不見其形」而又能「萬物以之生」的狀態，實際顯現了一個「充」而不「滿」，「成」而不「居」的生命品質。萬物讓我們看見它們實然的一面，而這些實然的一面，又不會因其自居與執意而產生對「功成」的攀緣，如果之間有所歧異與衝突，那也會有所其「返」，而尋得最為平衡的統合；那麼「用」才會「不勞」，又因為其「不勞」，所以才有了更多的「用」。

　　就某個意義而言，「道」不斷地在進行自我的檢視，「道」從沒有以為他自己是完美的、至善的──「道」讓自身保持在「中」的狀態上。在「反」的歷程中（反思的精神），「動」則意味著生命不斷地「變動」與「轉化」，此「動」是「兩相統合」之後的「動」；而在「弱」的姿態（謙卑的精神）下，「用」則意味著生命隨時能有所「生成」與「創新」，此「用」亦是「兩相統合」之後的「用」。

　　《老子》不是不要進行表述，而是深知我們必須保持在可以活化表述內容的基本態度上；在這項不斷可以進行重組的序列上，乍看之下的「不表述」其實充滿著「表述」，而其所謂「表述」也就隱藏著「不表述」。所以，「表述」的意義並不是我必須站立在不可變的基點上，而「不表述」的層次也就不是我什麼都不說。這樣的「表述」方式，是將自己立足在流動當中（其實是一種不表述──不居其中）；而這樣的「不表述」，便是思考到自身可能隨時都需要接受思維的激盪（其實也是有所表述的──居其中）。

　　而這個「中」，就是所謂的「同謂之玄」的狀態；這一個「中」沒有失去

──────────────

〔註24〕參見〔魏〕王弼著〔日〕石田羊一郎刊誤：《老子王弼注》（臺北：河洛出版社，1974），頁8。

表述的功能，但也不會執意於自身的表述。所以，一切事物的生成與運行便就此展開（玄之又玄，眾妙之門）；在運行當中，持續反觀自我，且持續進行自我的重組。

第二節　用於無用之中的謙卑──上善若水

所謂的「功成而弗居」，正是要時時反思並檢閱這個「成果」，而不是獨具占有這個「功勞」；因為，生命還需思考並面對下一個可能必須進行調整才能有所完成的「成」。《老子》思維體系中的「水」，這個意象的使用，便扣緊在這樣「中性品質」的思維核心上；它「善利」，可是「不爭」；它如此「簡單」，卻又是如此「豐富」。正當「表述」在「沒有表述」上進行時，思維的空間是敞開的，思維本身正是不斷再接受挑戰與檢閱的；當生命在展現在這種「無為而無不為」的狀態時，生命本身並沒有任何所謂的自是與掌控的想法，生命所呈顯而出的是一種謙遜的品格。

極為顯然，這種高度的靈活狀態，在《老子》一書中被視為是思維的核心，我們可以意識到，《老子》為此使用了一個相當重要的譬喻，即以「水」來說明這種狀態──「中」的狀態，其言：

> 上善若水。水善利萬物而不爭，處眾人之所惡，故幾於道。居善地，
> 心善淵，與善仁，言善信，正善治，事善能，動善時。夫唯不爭，故
> 無尤。〔註25〕

在對於這條材料進行理解之前，首先我們可藉由《禮記·學記》中的一個譬喻來加以補充說明：

> 古之學者，比物醜類。鼓無當於五聲，五聲弗得不和；水無當於五
> 色，五色弗得不章；學無當於五官，五官弗得不治；師無當於五服，
> 五服弗得不親。〔註26〕

在這條被認為是儒家系統的材料中，恰如其分地為我們解釋了「水」的本質與特性。相較於其他的譬喻一樣；「水」正如同一個「定音鼓」的作用，它可以在音樂的演奏過程中，於音節上產生穩定與調和的作用；「水」和「鼓」的共

〔註25〕 《老子·第八章》。參見〔魏〕王弼等著：《老子四種》（含：老子王弼注、老子河上公注、馬王堆帛書老子、郭店竹簡老子），頁6。

〔註26〕 《禮記·學記第十八·第十八》。參見國立編譯館主編：《十三經注疏分段標點11·禮記注疏（中）》（臺北：新文豐出版社，2001），頁1646。

同譬喻視野將落在「穩定」的基準上──誠如各種顏色必須經由拿捏「水」之多寡，才能被恰當地「調配」出來（關係一定是在某種程度上的和諧）。「水」的譬喻也如同「學習」的作用一樣，它可以在學習的歷程中挖掘並陶冶出各種不同的人才；「水」與「學」的共同譬喻視野將取決在「啟發」的精神上──誠如五色之所以能各自彰顯其顏色，實在於能依「水」而相發，「水」是一個重要的介面（其中所產生的作用是多元的）。相同的，「水」誠如一位「人師」的角色，他有別於五倫關係，但卻是了解五倫關係的最佳引導者，他站在輔導的角色上來呈現各種關係；「水」與「師」的共同譬喻視野將落在「輔導」的基準上──正如《老子》所言，「水」利萬物，但它卻不居其功；它引導，卻不干預，它讓事物發出自己的聲音，具有活力的聲音（溫故而知新，可以為師矣。〔註27〕）。所以，「比物醜類」的生命品質，則是能讓生命時時站在「和諧」、「啟發」、「輔導」的多元參照，且又能因此而有所創發的基礎上。

總言以上的譬喻與其中之聯想，以及它們相互交叉的思維關係看來：「水」是一個良好的「介面」，它正以最為「簡單」的形式來面對一切，它採取一種「陪伴」的姿態，以及扮演著時時「引領」、「輔導」他者的角色來面對這些事物，這種陪伴顯得如此具有其意義性。事實上，「水」也是這樣面對自己的；「水」就在這一點看似「沒有作用」的角色上，如實地詮釋了自己，發揮了自己，這等作用似乎隱藏，但卻也顯著。我們似乎已經察覺到一個極為重要的特質，即「水」是極為重要的，但它卻又是那麼的低調──「水」對於自身生命的體察，就等同於是回歸在萬事萬物之上。「水」，他自身相當清楚地表明了它自己的聲音，但卻又不會占有那所謂的重要的一席之地。

所以說，水「善利」萬物，但是「不爭」。「善利」，是「用其有」；「不爭」，是「用其無」。「善利而不爭」，是從「有」回歸到「無」的狀態，再由「無」的狀態推展至「有」的作用上；事實上，整體歷程是「有」、「無」之間相融為一的狀態；「水」表達了自身的思維，但卻沒有陷落於自身的思維裡。嚴格地說，「水」正因應於它所處的環境當中。除了讓自身處於靈活的空間的之外，「水」正也展現出它自身靈活的型態與心態。

「水」，適度地展現出它可能給予的作用（善利──它具體地展現「實」的一面），但是卻沒有針對任何一種作用做出對自我在這個作用過程中的任何

───────────────

〔註27〕《論語・為政》。參見國立編譯館主編：《十三經注疏分段標點 19・論語注疏》（臺北：新文豐出版社，2001），頁 45。

獨斷性的評價（不爭──它保有「虛」的謙卑）；「水」唯一並始終保有的一種評價可能就是，讓自己呈現在不同且變化多端的作用上（善利而不爭），它如實地在進行自我的評價，以及檢閱自己；這便是「反」（返）。

這種「表態」正是一種「沒有受限於表態」的「表態」；誠如《老子》所言：「道法自然」〔註28〕──「道」真正要學習與面對的，就是「道」自己。

藉此思維的推展，我們的生命質地有了不同的層次。從「善利萬物」的面向來說，「水」確實發揮了功用，「水」沒有中場離席，「水」顯現了它對該項事物所「應當」需要發揮的功能，而這些功能卻實是相當「具實」的（有之以為利）；然而，從另一個「不爭」的面向看來，這樣的「功能」發揮對水而言，是一場相當平實且自然的自我證實與自我檢閱，在每一項或每一次的「功成」歷程裡，它都保持在不讓自己只是一個視點而已，它正以「無言」的方式來讚嘆這樣的「功成」，因為「水」總是退居幕後（無之以為用）。它深深期待自己的視野可以更加圓融；這樣的圓融就在每次的狀態中進行吸收與推出，這就是活化的基礎，依此而「應」，藉此而「適」。

「水」，它是可以這樣，也是可以那樣的，但是它卻相當明白為什麼可以這樣，又為什麼可以那樣。即便是眾人所認為的不能接受的情況（處眾人之所惡）；「水」，依然能認識到，它必須就此狀態（處於惡）裡發揮其所「應當」發揮的。「好」與「不好」的表象，不是它所關注的，它所要學習的正是其中兩者的相對認知與超脫；深入地說，「水」沒有讓自己處在「模擬兩可」的狀態中（它不是沒有「主見」，它只是察覺一項事實，即任何一項「主見」都有可能被相互消融掉），它「中性的品質」如實地對應出每一項事物的「功成」；也正是因為它回歸到「中」的狀態上，所以「水」其自身也深知一項事實，即「毀壞」也是另一種「功成」。

「灰色」的水，其實體質是「氣象萬千」的，因為「水」知道，該是「白」就是「白」，該是「黑」就是「黑」，但它更知曉整幅圖畫就在「黑白之間」完成。在「好的」情境下，「水」就在那個狀態裡，在「不好的」情境下，水也在參與那個狀態；這種相對超越之後的「高度」，讓「水」使得它自己沒有一點雜音，卻包容了所有的雜音，它的聲音就在每種聲響之中。它的「沉默」，如此讓人感到安靜；然而事實上，所謂的「沉默是金」，此時是這那麼地悅耳

〔註28〕《老子‧第二十五章》。參見〔魏〕王弼等著：《老子四種》（含：老子王弼注、老子河上公注、馬王堆帛書老子、郭店竹簡老子），頁21。

而受人敬重。正如世人以為的低下、卑賤、死亡等不盡美好的情狀，《老子》亦能如實地「因應」其中；使生命也能進入低下、卑賤、死亡的流動中，讓生命去體驗所謂的「挫敗」與「毀壞」，好讓「挫敗」與「毀壞」發揮它應當可以發揮的啟示，進而事之生命寄於其中將「煩惱」而轉化為「菩提」。

　　這樣的「善」到底是什麼狀態？它如此的「安靜」，但沒有走向「沉寂」；它如此充滿「動力」，卻沒有展現「驕傲」；「水」在展現它應當展現的能力時，沒有施展任何因趨向自我的偏私而所帶來的「暴力」，同時就在這點上，「水」便是如此的「無語」，「無語」於思索它自己如何再度突破自己。所謂的「善地、善淵、善仁、善信、善治、善能、善時」，就整體而言，是一個不斷在進行轉化的狀態，它是「動態」的；但這個「動態」，卻是立足在「多言數窮，不如守中」的平衡點上。

　　「水」，使得自己能處於任何一個位置上，它並沒有要選擇居處在什麼位置上；「水」，是讓位置來選擇它（居善地）。它的心境常保在寬闊的維度上，它必須時時檢閱自我的不足（心善淵）。它沒有離棄人間的秩序，它如實地視人間為一個可以「成仁」的舞臺，它不使自身所以為的觀點成為某種美化下的暴力（與善仁）。它平實地展現出生命最為基本的誠信，它不會因一味的自是而走向對誠信無畏的堅持，進而表露出某種傷害〔註29〕（言善信）。它必當面對人間秩序的課題，但卻讓自身處於「功成而不弗居」的狀態裡（政善治）。當我們對以上幾點進行總合性地回顧時，它確實「適度」地發揮了它的所能，所有適宜且具和諧性的功能（事善能）。事實如同時間的流動一般，進程不斷再往前，能因應於時間的變動，是對它最佳的註解（動善時）。

　　它處於動靜如一的統合狀態中，「水」它如此的單一（靜──而不爭），卻能如此的豐饒（動──善利萬物）。

　　綜合以上數種譬喻的內容，其共同的基本要素是「中」；它們有一個共同的譬喻視野，那就是：它們終將期望自己與他者都能站在「恰如其分」的位置上，並且就整體情境狀態上而言，那必定是「平衡」的。據此，對《老子》而言，「善」的真實意義正在其有其良好的「互動」關係，以便讓生命本身採取「相輔」的方式持續前進，並以此「啟發」的態度來面對所有可能發生的變化與種種可能之狀態，更為重要的，生命中的種種發展與新意就能源源不斷。所

〔註29〕誠如《論語・陽貨》中所言及的：「好信不好學，其蔽也賊」。參見國立編譯館主編：《十三經注疏分段標點19・論語注疏》，頁389。

以，這裡的「善」，將突破世俗觀點中的善惡對立，以及因其所產生的種種是非與爭議，其所要傳達的正是「中性品質」的思維運作；此「善」是平衡的思維，是「中」的質地。

誠如「道」真正要學習的就是自己一般，回到對自我的深入檢閱歷程中，這儼然已經成為是一個不斷需要碰觸，並進而有所調整的狀態；正如儒家所言及的一樣，一個君子不能只讓自身只侷限在一種作用上（君子不器），站在拓展思維維度的培養進程裡，儒、道兩家的思維底蘊如此相近。《老子》透過「水」的「無形」來展現生命的「萬象」，這正可以藉由孔子所謂「君子不器」的思維意涵，來進行更為深入的義理探索；他們思維的基底不但相同，而且生命的目標亦是一致的。

正因為是「水」以「沒有受限於表態」的「表態」來進行「表態」，所以「水」沒有讓自身只受限在某一種器皿上；深入而言，「水」因為不單就於「一種器」上，所以可以成就於「任何的一種器」上；思維的品質，從關注作用的發生，更為深入地轉向自身的省思，省思其自我將如何因應所有可能面對的環境，以及其中無所預期的作用。「上善若水」所關注的視野，從「作用」的萬變，到更為因經由思維內化後而轉向自我的省思而對「作用」的全然無所執。

所以，所謂的「作用」也極有可能是「沒有作用」的；但這種所謂「沒有作用」的思考，卻隱含著另一種可能性的「作用」存在；嚴格的說，「作用」一直都還是在的，只是因為「作用」沒有被「作用」本身鎖定而已。據此，我們可以藉由《老子》的另一項觀察來說明，其言：

> 三十輻共一轂，當其無，有車之用。埏埴以為器，當其無，有器之用。鑿戶牖以為室，當其無，有室之用。故有之以為利，無之以為用。〔註30〕

車輪的「作用」就展現在車輪上（實——善利萬物），但是，車輪的運動原則卻深藏其中（虛——而不爭）；《老子》首先提醒我們不要忽略被隱藏的部分。然而，仔細端詳，隱藏的部分就在實物的展演歷程中被呈現出來，《老子》進一步又將顯現的部分提振出來以說明被隱藏的部分；事實上，兩者是一體的。王淮據此有其深入的分析：

> 此章非宇宙論，然卻為一宇宙觀。蓋老子就其對於宇宙萬物之觀察，

〔註30〕《老子·十一章》。參見〔魏〕王弼等著：《老子四種》（含：老子王弼注、老子河上公注、馬王堆帛書老子、郭店竹簡老子），頁9。

以說明宇宙萬物表現在有無、虛實之間的作用。老子發現宇宙萬物
所表現之用有兩種：其一為實有的用。其二為虛無的用。為了區別
兩種用，老子名前者（實有之用）為「利」，名後者（虛無之用）為
「用」。〔註31〕

王淮的見地與分析頗為深刻，在所謂「宇宙萬物表現在有無、虛實之間的作用」
的思維分析上，我們是贊同的；因為正如之前的論述一樣，「眾妙之門」的各
種發起，正是依據於這種相生、相形、相對的互動上。但是，王淮所謂的「區
別」卻不是《老子》思維歷程中的最終核心，《老子》這樣的區別，正是要凸
顯兩者之間的相互效應，而不是刻意分開其兩者。當《老子》言及「三十輻，
共一轂」的同時，並沒有就個別一種狀態來說明，《老子》將不需要強化「無」，
更沒有必要依此而弱化「有」。

　　然而，因其論述之方向，王淮有了這樣的看法：

其次老子區別「利、用」之用意唯在強調虛無之用，本經四章所謂：
「道沖而用之或不盈」，沖亦虛義。五章所謂「天地之間，其猶橐籥
乎？虛而不屈，動而愈出」，天地之生萬物，亦尚賴有空間（天地之
間）之為用耳，若天地閉，則乾坤息而萬物無所生矣。〔註32〕

對此結論我們也只能認同其中一些部分而已。事實上，王淮論述的癥結點就在
其所謂的「強調虛無之用」的論點上；我們以為，這裡也應當有所補充說明才
是。

　　我們當知，《老子》所謂的「沖」並不是單一指向於「虛義」來解釋，依
循前一章節的論述方向看來，「沖」代表著「可言說」但卻「不可執於其言說」
的相容基點上；從《老子》的陳述上來看：「用之」就是一種據實的活動，就
是在進行某種程度上的表述；但同時之「不盈」，卻是能不侷限於這一時的表
述上；就整體而言（用之或不盈），生命的總體意義，正是能顯現出能因其不
斷進行自省而生起的活性表述。

〔註31〕王淮據此有更進一步的分析，其言：至於「利」與「用」之真正區別，約有下
　　　　列幾點：
　　　　（一）「利」存在於實物之上（實有）。「用」存在於虛空之中（虛無）。
　　　　（二）「利」之價值有限。「用」之價值無限。
　　　　（三）「利」之益淺而易見。「用」之益深而難識。
　　　　（四）「利」是「末」，是「用」。「用」是「本」，是「體」。
　　　　以上參見王淮：《老子探義》（臺北：臺灣商務印書館，1982，10），頁47。
〔註32〕參見王淮：《老子探義》，頁48。

所以，對於「沖」者的真切解釋，便不能單就偏向於「虛義」的角度來觀察，「沖者」正是「虛實」的和合；「虛」是「不盈」，「實」是「用之」；「用之或不盈」，就是活絡的經由調合之後的中性狀態，也就是平衡的狀態——吸收與推出的平衡。

所謂「當其無，有車之用」最基本的意義是：讓我們思考到，不要受到事物表象的牽制。而更為深刻的意義是：「有」、「無」之間的關係論述與其辯證，恰恰要我們注意的，正是「轂」沒有離開於「輻」，而「輻」也沒有離開於「轂」；從兩者的關係來看：「體」賦予了「用」有其更大的依恃根據（從體來思考，用，有了更多的可能性），而「用」卻也給了「體」一個可以具實呈現的場域（從用來思考，體，有了落實的意義）。馮友蘭就此以為：

> 《老子》所說的「道」，是「有」與「無」的統一。因此它雖然是以「無」為主，但是也不輕視「有」。它實在也很重視「有」，不過不把它放在第一位就是了。《老子》第二章說：「有無相生」。第十一章說：「三十輻共一轂，當其無，有車之用。埏埴以為器，當其無，有器之用。鑿戶牖以為室，當其無，有室之用。故有之以為利，無之以為用。」這一段話很巧妙地說明「有」和「無」的辯證關係。〔註33〕

一旦失去具實性的場域，那麼，「無」的意義與其提出，就會因此而顯得相當偏執。馮友蘭進一步言及：

> 《老子》做出結論說：「有之以為利，無之以為用」。它把「無」作為主要的對立面。《老子》認為碗、茶盃、房子等是「有」和「無」的辯證的統一，這是對的；但是認為「無」是主要對立面，這就錯了。畢竟是有了碗、茶盃、房子等，其中空的地方才能發生作用。如果本來沒有茶盃、碗、房子等，自然也沒有中空的地方，任何作用都沒有了。〔註34〕

因此，此時的「有」與「無」，它們各自都超越了各自，它們正行進在共處共

〔註33〕馮友蘭為此做了一個實物上的說明：這一段話很巧妙地說明「有」和「無」的辯證關係。一個碗或茶盃中間是空的，可正是那個空的部份起了碗或茶盃的作用。房子裡面是空的，可證是因為是空的，所以才起了房子的作用，如果是實的，人怎麼住進去呢？參見馮友蘭：〈先秦道家哲學主要名詞通釋〉收錄於《老子哲學討論集》（北京：中華書局，1959），頁117。

〔註34〕參見馮友蘭：〈先秦道家哲學主要名詞通釋〉收錄於《老子哲學討論集》，頁117。

榮的歷程上——所謂的「統一」。王船山為此引用了吳幼清的說法，吳氏言：

有氣以存身，無物以生氣。〔註35〕

我們可以這樣來理解：運作與變動持續在進行著，這層作用確實際需要顯現在具體的事物上（「有氣」——參照能持續不斷進行——善利萬物）；但是，此作用本身卻不會把自己鎖定在一時的作用上，因為，具備活動的根本將不斷提供新的思考與更寬裕的發展空間（「無物」——作用沒有一刻被限制——而不爭）。所以，兩相統一，就是一個整體；物有所成，但無所居。當參照能持續不斷進行時，實意味著，氣是流動的，狀態回到沒有固定的狀態上；而當作用沒有一刻被限制時，實意味著，物是變化的；作用的變化，就如同事物在每個沒有被固定的狀態一樣。沒有固定的狀態，就是一種狀態，也就是每項事物它現有而呈現的樣貌。

　　所謂「有氣」與「無物」的意涵，實為相通；此相通乃在於思維的轉化，此即是「中」的品質。

　　馮友蘭的論述歷程明顯地從思維的第一程序進入到第二程序，所謂「辯證的統一」就誠如我們所謂的藉由「相對性」進入到「相對性的再超越」，將兩兩成立、消融再進入到統一的狀態，在一個事物之上，同時洞見「虛」、「實」之間的關係；馮氏的見地與我們相符。然而，所謂「不把『有』放在第一位」的哲學思辨之意義正是在告訴我們，當思維在進行表述時，我們應當注意到自己言說本身的限制，我們必須保有更大的胸襟來接受任何可能性的參與；因為「無」就在其中。即是「功成而弗居」。

　　思維的完整與圓融就是要不斷進行自我的淬煉。

　　《老子》一書的思想確實有朝「無」的傾向，但是這是《老子》一書在思維辯證上的第一程序；當思維進入到兩相統一的「守中」狀態時，所謂的「虛懷若谷」的哲學思維才有其深切的意義；一個思維圓融的狀態，正是他常處並保持在一定的平衡歷程中，有了空間，新意才能推出；然而，新意又必須迎接另一個新意的出現。這種持續不斷地的生命運作，正是處在所謂：「大曰逝，逝曰遠，遠曰反」的歷程當中。那麼，最終我們可以這麼說：在《老子》書中一貫「柔弱」、「虛靜」、「無為」的特殊言語言詮之下，實際用意也沒有將「無」放在第一位了；在思維融通之後，《老子》不但沒有脫離它所要關懷的人間，

────────────

〔註35〕參見〔清〕王船山：《老子衍》收錄於《船山全書》第十三冊（長沙：嶽麓書社出版，1998），頁 22。

它更為深刻性地為人間做了許多關懷，它正行走在「中」的進程上。

「道」表明了真實的統合關係，其顯現的不是「虛」與「實」的偏重，它實際呈現的是一種「虛」與「實」必須進行調整的「靈活」狀態，它處在一個「靈活空間」，它隨時有其應當顯現的「動向」，這便是「守中」。它保有變化，卻又不會因此而混亂；它常處寧靜，卻不失其活力。

但從王淮所謂「淺而易見」與「深而難識」的分別意義仔細看來，就思維的第一程序而言是可以被理解的；從「利」的角度來看，其作用當然是相當具實的（淺），而由「用」的角度來說，其具實的背後卻隱藏了許多可能性（深）。

然而，若由思維的第二層次切入；我們會發現，往往以為眼前所見就是唯一的，正因為其「易見」，所以我們時常忽略其中而進行獨斷；很顯然地，我們沒有深入思考到事物「難識」的部分。

思維必須還要再翻轉一次，事物的「難識」不是它本身，其實是我們不能察覺其中的潛力，是我們侷限了它。我們極為容易從表層而忽視思維的深度、高度與廣度；所以，確實要進行改變的正是我們的心境，我們被自我制式化的思維模式鎖定了，我們必須進行一場思維上的轉化。「價值的無限」就從突破「價值的有限」開始，從「三十輻，共一轂」的啟示中，我們應當思考這一輛車到底可以提供我們多少在思維運行上的靈感。因此，「有車之用」極有可能就不只是「有車之用」了；「有車之用」極有可能展現在農事的牛車上，亦有可能表現在奔馳的馬車上，它也可能同理的呈現在可以改變施力方向的「定滑輪」上。

誠如一架飛行中的飛機一般，我們眼中所見的這架飛機實然地呈現在我們眼前，這是勢不可改的，它就是飛機；但是，我們卻極為輕易地忽視它背後飛行的道理與機體的複雜設計，以及它除了是一架飛機之外的種種可能。通常我們只著眼於事物的直接功用與它已被既定的價值，或者我們可以說，我們只重是我們自己所想要的。因此，我們也就極為容易地輕忽了這些所能被開啟的可能性；理由在於，同樣的飛行力學原理也可以呈現在一架使人悠閒翱翔天空的滑翔翼上，或是可以穿越大氣層而到太空的太空船；甚至即便是同一架飛機，當它處於一個裝置藝術空間時，它便有了不同的意義與價值（此時的飛機就不只是一架飛機了，它極有可能在這個空間裡進行了一場控訴人類文明的價值反思。藝術有時真的是「無用」的，但它卻發揮了你意想不到的「用」）。就此反觀，我們極度且在無有知覺的狀況下，受限於我們的眼界，受限於我們

的自成觀點，我們沒有關注到事物背後活絡的一面，我們忽視了事物可被開發的質地，以及我們忘卻了事物背後的種種潛能；當然，我們就在這樣的狀態中迷失了自己。

　　據此，更為受限的，不只是事物背後的活絡狀態；正因為我們受限在我們既定的觀點上，所以眼前事物的作用也會同時被我們給制約了。正因為這是一架飛機，它是一個整體，它具足了飛行原理與飛行的實際作用，以哲學語言來說，飛機是「體用如一」的；所以，當我們忽略的它背後的原則時，通常我們也會預設了它眼前的作用。換言之，我們不但忽略了「體」，我們同時也限定了「用」。對於此種制約與干擾的排除，絕非只是出於他者的介入而所作的設想，更重要的，是自我不被我們自己所干擾與制約；他者聲響的介入，反倒能提供成為活絡思維的養分。《老子》要我們思考思維必須活化、生命必須活絡的意義，以及要拓展我們對看待事物的眼界；《老子》不是要我們成為一個物理學家、一位設計者，或是一位藝術家；更為廣闊的，《老子》是要我們自身去深切思考一個問題：那便是，我們「自己」可以是一個甚麼樣的人，我們的「生命」可以怎麼樣去進行。我們這個生命正對應著所有的事物，在這個關係上，啟迪事物的「用」，就如同開啟了自己──我們應當思考，我們該如何「用」自己。

　　作用不被作用本身給限制，當作用不再只是為了作用而出現時，事物所展現的樣態其實是沒有甚麼作用的；但這個沒有甚麼作用的狀態，卻充滿「生機」。簡言之，一貫的「目的性」、「制式化」被減弱了，也被轉移了；「目的性」與「制式化」的削弱正代表著「不居」的精神慢慢被呈現，思維重新進行組合，狀態顯得更為健康，而不是一處死水。然而，這種看似沒有作用的作用，也就只是外在所呈現的（實中含虛）；實際上，內在的運作是相當豐富的（虛中有實）。換言之，作用不是沒有，而是作用沒有受到干擾與制約，作用等著被開啟。更深入的理解是，作用其實是建立在「性能」的通達與活絡之上的，所以「作用性」時時被常存並保持著而不受約束；正因為沒有被干擾與制約，所以「作用性」可以不斷被挖掘，不斷被創新。進一步而言，當保有時時重組與創發的品質時，才能有助於開啟任何可能產生的「作用」；所以「作用」便能跳脫一切的僵化與隔閡，而顯現出高度的靈活性。

　　《老子》言：

　　　執大象，天下往；往而不害，安平太。樂與餌，過客止。道之出口，

淡乎其無味；視之不足見，聽之不足聞，用之不足既。〔註36〕

「道」的味道似乎是「沒有味道的」；但是，正因為它呈現出「沒有味道」，所以它可以融於「任何一種味道」之上，它讓「任何一種味道」有所成就；品質是相當「中性」的。從思想的內涵而言，《老子》希冀將其思維的維度，保持在時時可以吸收並能推出的狀態上。

反觀「樂」與「餌」，我們可以看到他們身上布滿鮮明的色彩，它們吸引著過客前來，一時的歡愉與美味足以讓人逗留；何以使然？因其「太過」。「過」雖然提供了強烈的吸引力，但也意味著即將退去其繁華的榮景，因為「過」猶「不及」也。我們喜於美味，但也會從中感到疲乏，最終產生一種失落；華麗的外在，足以讓我們迷失我們應當具有的「品味」。

然而，「道」不是這樣的；它表現了自己，可是它並沒有強化自己（視之不足見），它發出聲音，可是它沒有就此宣揚自己（聽之不足聞）；正因為有如此自然的「中性品質」，它沒有迷失在五顏六色當中，它反而能就此深知其中的層次與色階，它如實地讓各種的顏色（或味道或聲音）都能有所「到位」；「道」是有其「品味」的（用之不可既）。誠如我們飲水一般，日用而不知，雖日日所需，卻又忘其所需；淡乎寡味的水，那麼具實重要，卻又那麼謙卑。

所以，「沒有被限定」的「形體」之假定，正意味著沒有所謂的絕對性與固定的方式；這個假定的最終意義就是，讓生命在每一次的展演中獲知沒有甚麼才是「最理想」的，或可以就此而「停止」的；因為，體會出生命的「完整」，比只對「完美」的崇拜，要來的更為重要（這個「完整」就是包含著「成」，也包含著「毀」）。「大象」何以是「無形的」？因為，它（道）知道自己的型態就在萬物的型態之中，其自己的形象就是萬物的形象。

換言之，「無形」的思維不是「沒有形體」；從「沒有」觀之，是讓思維可以開啟思索的大門，所以「沒有」的真切意義是「不受牽制」。然而，「無形」也不是一味因反推之後而全然導向出來的「有」；從「有」觀之，則是讓思維有其孕育後的開創，所以「有」的真切意義是「創意無限」。事實顯然，「大象」身處於「有」與「沒有」之中，品質是「中性的」，氣象卻是「萬千的」；依此，「不受牽制」便是「創意無限」。所以，「完美」到底是一個甚麼樣的狀態呢？

〔註36〕《老子·第三十五章》。參見〔魏〕王弼等著：《老子四種》（含：老子王弼注、
　　　　老子河上公注、馬王堆帛書老子、郭店竹簡老子），頁30。

它便是能在「毀」中重新拾起，在「成」中而不居其功；「完美」就在其「不完美」當中，「完美」不是完成式，而是持續性的進行式（成毀如一）。

第三節　開創生命的新格局──無用之樹

「相對思維」或是「中軸思維」的訓練意義，絕對不是滯留在一種循環的無謂論證上，其真實的思維效應理當是在蓄養生命的寬度與高度；我們應當透過這樣的精神訓練，重新思索生命的價值與其意義。《莊子》在這層思維推展的背後，實際正是在告訴我們當如何重新定義我們自身，以及檢閱我們這樣的生命；一棵佇立在「无何有之鄉、廣莫之野」的「樹」，實際隱藏著無限可被開創的價值，一個有別於一般烏合之眾所思考的價值。《莊子》中道思維的超越意義，正是要我們發現生命新的格局。

思想的深度與高度不是一味的「推進」，真實的進步是在於對生命真實的「反思」。我們如何突破生命中的限制，進而啟動我們所具備的潛能，以及引導出所能因應的智慧，在道家思想的發展上，《莊子》全然開啟了我們的視野。

> 宋人資章甫而適諸越，越人斷髮文身，無所用之。堯治天下之民，平
>
> 海內之政，往見四子藐姑射之山，汾水之陽，窅然喪其天下焉。〔註37〕

事物必須進行通透的「觀察」，在「觀察」的歷程中不但能使我們了解事物，也能進而了解自己；事實上，「觀察」的最終落點將因應在自我生命之上。誠如我們承認有所「不知」的一面一樣，當我們自身體會到有所「不知」的同時，「真知」的一面也悄然展開。我們的視野是如何被開啟的？真正的原由是在於，我們能面對我們的「無知」，我們能接受我們的「無知」，以及我們能超越我們的「無知」──這是從我們能傾聽到「另一種聲音」的態度上開始的。

任何一種聲音都有它相應或相對的另一面向，《老子》已在其思維歷程中深入剖析過，然《莊子》則依循此理再度開展這種思維的深度。《莊子》首先從兩種截然不同的觀點切入，這兩種觀點似乎帶有相互對立的意味，它們之間也同時存在著截然不同的價值觀與所謂絕對性的立場；在宋人與越人的眼中，「章甫」有了不同的定義與其存在的義意。

首先，我們必須觀察「章甫」的存在意義。以宋人而言，「章甫」是穿著的文明表現，是得以信賴的生活依據；在宋人的思維中，「章甫」被賦予了與

〔註37〕《莊子・逍遙遊》。參見〔清〕郭慶藩：《莊子集釋》，頁31。

特定的價值以及深具某種程度上的象徵意義。宋人的思維展現在他們對自身文明的展演之上，他們的思維使之「章甫」從「沒有」的狀態中產生出來並予以運用（「章甫」原來極有可能只是桑樹、蠶絲等原料與素材）；就某方面而言，宋人具有某種程度上的創造性。在生活當中，「章甫」的意義正體現著宋人的思維，甚至能代表宋人的整體。

　　然而，就越人的角度來看，「章甫」本身竟在一種「斷髮文身」的文化思維的氛圍裡成為一堆沒有用處的「廢物」，「章甫」的文明價值在此暫時消失殆盡，甚至對越人而言終將起不了任何作用，更遑論有其任何意義（然值得注意的是，在越人眼前的「章甫」雖然成為無用之物，但是這很可能只是暫時性的；因為，我們難以保證越人之後會用甚麼樣的角度來看待「章甫」，甚至有其他的用處、價值與意義的產生）。越人在其自身的文化氛圍裡並沒有產生共鳴，「章甫」的文明價值進入有待商榷的狀態當中。

　　一方面是生活中的「有用」（因思維中的認知，帶動起一切價值的認同），一方面卻是毫無義意的「無用」（因思維中的認知，帶動起一切價值的不能認同）。宋人的「有用」與越人的「無用」，是相當兩極化的結果。兩種「視野」讓人感到如此的不同。然而，在這兩種極端的視野中卻相當「明白」地指出一項事實，那便是：宋人有宋人的視野，而越人有越人的視野。「章甫」在宋人眼前有其自我的思維內容與陳述方式；相同的，在越人身上也是如此。換言之，「章甫」這一項客觀事物在其兩者身上，將有所「用」亦有所「無用」；這些都是從不同視野所引領而出的不同思維，然這些都是相當自然而然的事實。

　　宋人以「章甫」為事，是自然的事實；而越人以「章甫」為無事，亦是自然的事實。這裡顯現出一項更為重要的問題，即這樣的兩種極端思維內容與陳述角度並非是彼此對立與衝突的關鍵；其對立與衝突的關鍵，正是出自於其思維內容與陳述角度之背後所產生的價值之判定與觀點之建立。《莊子》所關注的「對立面」不是前者，而是出於「判定」與「建立」之後的後者。如果我們仔細思考這兩種不同視野之所以會產生「對立」的確切原因時，其問題的真正核心理當是在於：宋人「資」章甫的行為，以及宋人「適」諸越的動機。

　　當宋人以「資」的角度進行思考時，「章甫」的原先思維內容已經產生變化（宋人不在只是就宋人而言，此時的宋人已經針對著越人進行思量），價值取向不再只是單一性的在宋人身上，「資」的行為正意味著價值取向將受到兩種不同陳述角度的考驗（一者是宋人，一者是越人）；宋人以「用」來支持販

賣章甫行為的合理性，越人卻以「無用」來質疑章甫的存在意義。一旦價值取向取決於自我時，那問題就會產生；「觀點」雖然確立，但實際也意味著「觀點」的對立。因取向於自我，所以「觀點」與「觀點」之間即將有所交涉、衝突，乃至於破裂。原先各自的陳述角度已經不再純粹只是一種對事物的描述而已，此時的思維內容也隨之產生某種程度上的「主觀意識」。這樣的「主觀意識」（宋人資章甫而適諸越）反讓宋人原有的「創造力」走進了僵化的局面，「章甫」不但因而失去它的基本功能，甚至失去了它自身的種種可能性。

從另一個角度切入，我們必須更為細膩地去思考這項事實；即思維內容與陳述方式正相應於因外在時空條件的不同而有所差異。宋人在宋，越人在越，所以時空條件組成不同，環境使之各自的認知都有其合理性，最終各自對文明的展演也就有所差距，甚至大相逕庭。然而，當宋人因其思量而產生「適」越的行動時，「觀點」不再只是「觀點」，「觀點」更因此被深化為一種具體的「行為」而產生某種程度上的介入，並且依據此行為而引發出某種意義上的認定，以及藉由此認定而預期會產生某種實際上的效應；但事實與宋人所預期的正好相反，這點「效應」卻在越人「無所用之」的思維上得到落空。一個「觀點」的預設，使之無法與另一個「觀點」產生「共鳴」。宋人的認知被自身的認知給偏限了。

因為「觀點」的分化與差異，使「章甫」產生了兩種極端對立的分化作用；事實上，對「章甫」本身而言並沒有任何外在形體上的改變，主要改變的是我們思維上的認知，以及因其認知而產生不同程度上的觀感與意識──即所謂「立場」的產生。「章甫」的形體確實沒有改變，然而在不同的時空下，「章甫」的整體條件（包含內在意義）已經有所不同了（它的「轉變」實際上也依附於時空條件上的差異而有所不同）；當它在「越」時，已經不只是「宋人」眼中的「章甫」了；相同的，當它在「宋」時，也就不是「越人」眼中的「章甫」了（對章甫的不同解讀──內在意義的不同）。然而，宋人卻因為執著於它的「不變」，以為它的存在、價值與意義是絕對的、永恆的、有用的（有其一切之普遍性的），因而就其「偏執」的觀點與「暫時性」的意義來向越人進行販售；當然，「對立」便因此而產生，「觀點」也就繼續地被「觀點」自身持續分化下去。

《莊子》明白的告訴我們，任何一件事物都有其被「重新解讀」的可能性；那麼，也就有其不同的切入角度與關懷面向，哪怕是兩種極為不同的「相對」

思維內容，也都各自是一種事實的陳述與存在。然而，令人擔憂的不是這兩種極端性的「相對」陳述，真正使人「日以心鬥」的根源是起自於以「己心」度量「他人之心」的無明狀態；它讓原有的陳述進入到種種可能發生的立場預設上，以及各自都會產生強迫對方必須接受，與必須有所認同的錯誤心理。

宋人原以為「章甫」有其「用」的認知，本來就是自然的事實；然而，宋人卻因產生「資」章甫，並且有了「適」諸越的心，因而搗亂了原有的秩序（宋人自我的秩序，以及越人的秩序）。自然的事實變得不再自然。宋人「資」章甫而「適」諸越的心，正是「觀點」被建立、被分化，以及形成彼此對立的主要原因——「資」，啟動了觀點的預設；而「適」，是將此預設朝向自限的實際行動。如果藉由《莊子》自身的術語而言，這樣的狀態，正是所謂的：「勞神明以為一，而不知其同也！」〔註38〕。

從這一個深切的觀察點看來，《莊子》深入了生命的本質；《莊子》思維核心所要探討的，已經不只是事物外在的相對表述而已（有用或無用）；《莊子》所察覺的是「人心」的介入，以及介入之後所帶來的精神耗損與無謂的傷害，即所謂「以有涯隨无涯，殆已；已而為知者，殆而已矣！」〔註39〕的道理。現在，我們就不能只是從傾聽「另一種聲音」而開始而已，我們現今必須仔細檢視「我們內心的聲音」——我們到底要如何面對我們自己？

這裡我們可以得知兩點事實：

其一：真正產生「對立」的不是那些陳述方式上的差異，或是不同角度上的觀察，真實產生「對立」問題的，是源自於價值取向的產生以及觀點的建立與分化——這樣的「對立」是自心所建立的「對立」。

其二：因為「觀點」的產生（就自心的認定為唯一），所以進而使得原先的任何一種陳述方式都將顯得如此的窄化與狹隘；因此，容易使之關係緊張，進而轉變為一種「對立」關係。從某個層次而言，自我預設的產生讓所有的事物顯得「窄化」、「刻板」，而缺乏「活力」。生命的「可能性」也就因為在這種對立狀態中而大為降低。

我們可以清楚地觀察到「觀點」是如何被形成的，以及「立場」是如何影響我們的；在底下莊子與惠施的對話中，《莊子》首先要借用「有用」與「沒有用」的兩種視野來討論「用」的意義。

〔註38〕《莊子‧齊物論》。參見〔清〕郭慶藩：《莊子集釋》，頁70。
〔註39〕《莊子‧養生主》。參見〔清〕郭慶藩：《莊子集釋》，頁115。

> 惠子謂莊子曰：「魏王貽我以大瓠之種，我樹之成而實五石。以盛水
> 漿，其堅不能自舉也。剖之以為瓢，則瓠落無所容。非不呺然大也，
> 吾為其無用而掊之。」〔註40〕

以「瓠」來盛水，或以之為水瓢來取水，都是一項有其合理性且具備其客觀性
的事實；因為，人們在其思維體系中建立了一套規則，即使用「瓠」規則。從
某一個角度來看，人們使用「瓠」來盛水或取水的思考與行為，其實是賦予「瓠」
有了新的生命與其價值——「瓠」有了不同的存在意義，它的意義不再只是長
在藤上的「瓠」。這是一件相當自然的事情，這正是人們對「瓠」的一種表述
方式。

　　惠施的思維角度可以從兩個問題上出發：

　　其一：「大瓠」既然是「瓠」，那必定「能使用」與「被使用」，即用來盛
水或取水。

　　其二：「大瓠」既然是「大」，那必定能裝的更多，必定能因此而產生更大
更多的價值與效應。

以上的思維都有其合理性；然而，極為危險的是，當思維不再只是一種自然的
陳述或因而轉變成為一種目的時（一旦「觀點」成立而推向與其他事物進行判
別或獨斷時），我們便容易從既有與既定的價值中去判定所有的一切，甚至輕
易地且冒險地去對待存在於普遍價值以外的種種特例。

　　惠施從一般人們使用「瓠」的角度切入，是可以被接受的，但他卻以此基
本常理去斷定「大瓠」的功用，而間接地掩蓋了了「大瓠」的除了基本之外的功
能。我們常以為是這樣子的，而不是那樣子的道理，將受到極大的考驗與衝擊。
惠施以為「瓠」可用來盛水或取水的表述，是合情亦是合理的；然而，他卻輕
忽了一項事實，即此「瓠」並非一般之「瓠」，此「瓠」是魏王所贈予的「大
瓠之種」；因此，惠施正式進入了以「此」（自己既定的觀點）去度量「彼」（他
者具備的條件）的狀態——也就是說，惠施沒有真實觀察以及思考到「大瓠之
種」的原有本性與它所具有的特質；惠施以自己既定的觀點去獨斷他者所具備
的條件，並因此而產生自己所認定的標準。

　　這樣的思維模式便呈現在他「以盛水漿」與「剖之以為瓢」的實際行為上。
然而，惠施也因為這樣的「出發點」，終究使自己陷入在自我的觀點當中而不

〔註40〕《莊子‧逍遙遊》。參見〔清〕郭慶藩：《莊子集釋》，頁36。

能繼續前進。最終,惠施得到一個「相反」的答案,即「其堅不能自舉」、「瓠落無所容」的結果,以及他最終對「大瓠」虛有其表的唏噓與評斷──「吲然大也」的感嘆。原先的「出發」(自我的預設),儼然成為一種「倒退」了(因為自我的預設而限制了自我);在惠施的預設當中,「大瓠」沒有因為其「大」而產生更大的效應,反而因其「大」而顯其「無所用」;進而惠施原先自我所假定的效應也就因此落空,終究也使之原先「能使用」與「被使用」的思考同時地被事物的實際整體狀態給瓦解。

我們必須藉由惠施的思維歷程來反思:

(以惠施對「大瓠」的態度而言)

其一:惠施沒有仔細觀察「大瓠」,他沒有觀察到「大瓠」的真實本質與它所獨具的特性。

其二:因此,惠施站在預設的立場來使用「大瓠」,所謂的「用於大」,其實是「小用」了、「局限」了「大瓠」;惠施的「用」是「不明」該項事物之真實條件與狀態的。惠施不但不能深入思考「大瓠」的特質,他更因此而顯現出他不明白一般常人用「瓠」的道理;他那「非不吲然大也,吾為其無用而掊之。」的結論,一方否定了「大瓠」,一方也否定了「用」的基本意義。其實,惠施的困擾是源自於,他「用」大瓠於「自我之限定上」。

(反推回到惠施本身來說)

其一:惠施因為沒有觀察到「大瓠」的真實本質與特性,所以也就等同於惠施沒有真實地觀察到自我。惠施沒有從另一個角度來觀察「大瓠」;確切地說,他沒有就實際狀態來看待事物,以及重新看待事物與自己的關係。

其二:惠施所謂「吲然大也」的感嘆,實際上也呈現出他自心在思維上的狹隘與侷限。惠施窄化了「大瓠」,也同時地窄化了自己。本來可能「有用」的事物,此時變成只有一種既定的「功用」,甚至更加窄化的認定它為「沒有用」。層層地窄化「大瓠」,也就層層地放大了「自我」。

深入而思,惠施的「觀點」讓原先「大瓠」的「大」極度縮減了它原有具備「大」的「可能性」(惠施沒有確實察識到「大瓠」真實的特質),使之「大」反而成為一種「小」,成為一種「小用」,甚至淪為並停滯在一種「沒有用」的論斷上。因為,「大瓠」只被認定用來盛水或取水,所以功能也只能暫時性地被侷限於一種用處,「大瓠」本身的聲音不但沒有受到尊重,甚至因為外來介入的獨斷意見反而扼殺了它所有可能被啟發的功能(可能性)。

　　《莊子》藉此楬櫫一項根本問題：惠施的「預設」產生了彼此之間（惠施與大瓠之間的關係）的分化作用，惠施不僅分化的「大瓠」，同時也分化了「自己」。惠施讓自己與大瓠之間產生了隔閡，當自我侷限了他者，同時也等於是限制了自己；相對而言，惠施也同時在縮減了自己的「可能性」（思維的廣度與深度）；因為，他確實沒有辦法，也沒有那思維上的靈活度來「使用」大瓠；他讓自己的思維「死」在「用大」的預設立場上。

　　我們可以這樣比喻：惠施確實沒有「因材施教」。因此，錯失了一個良好人才（大瓠）；以自認為的「大」來判定「大瓠」之「大」，以自認為所謂的「瓠」來判定或定義「大瓠」的價值；其實「窄化」了「大瓠」。惠施顯然站在自己的「立場」上來預設所有事物的價值。這種態度將會輕易地導向為一種「表面化」的價值表述，而沒有進入並深切觀察事物的「內在」核心。

　　縱然惠施原以一般普遍原則來思考「大瓠」的作用性，但是惠施卻「成心」在先，反讓普遍原則（事物有其作用的基本原則）因自心的侷限而走入僵化的狀態，進而使之「大瓠」不能施展它自身的功能。惠施不但不能體察「特例」的存在，甚至也因為不能在普遍原則中將普遍原則進行轉化與變通，所以最終也使之原有的普遍原則所思考的基本向度受到了莫大的阻礙與質疑。

　　確切地說：惠施不僅沒有察覺到「特例」本身所具可以被發揮的條件，並且也將原有「瓠可盛水」的普遍原則一同受到折損──他以「盛水」來斷言凡瓠者皆能盛水，即間接地縮小並扼殺「盛水」原來本所能具有的意義，以及除了其原先之功能性外的種種可能且可以被擴充的附加價值。

　　莊子為此，有了底下的回應與省思：

> 莊子曰：「夫子固拙於用大矣。宋人有善為不龜手之藥者，世世以洴澼絖為事。客聞之，請買其方百金。聚族而謀曰：『我世世為洴澼絖，不過數金；今一朝而鬻技百金，請與之。』客得之，以說吳王。越有難，吳王使之將，冬與越人水戰，大敗越人，裂地而封之。能不龜手，一也；或以封，或不免於洴澼絖，則所用之異也。今子有五石之瓠，何不慮以為大樽而浮乎江湖，而憂其瓠落無所容？則夫子猶有蓬之心也夫！」〔註41〕

莊子列舉出「不龜手之藥」的種種不同使用狀態之意義，首要在於能使惠施的視野擴大，將心境擴充之；莊子要惠施傾聽的是，察覺事物它自身所具的種種

─────────────────

〔註41〕《莊子‧逍遙遊》。參見〔清〕郭慶藩：《莊子集釋》，頁 37。

「可能性」是一個重要關鍵──其中反應一項事實，即先行打開自己「有蓬之心」。

此藥「能不龜手」，是它自身的一種自然特性；基本而言，此藥可以防止皮膚不會龜裂，是它重要的本性與特質。這種特質的察覺正如同《老子》所言及之「三十輻，共一轂，當其無，有車之用」的「轂」、的「無」；它是在種種作用底下的共通本質，然這項基本質地對莊子而言，將充滿著無限的生機與可能。可以推論的，從「或不免於洴澼絖」、「或以封」、「大敗越人」看來，則是此藥在共通性質之下所發揮的不同作用（當其無，有車之用）。對這些可能性的察覺，將使視野為之大開。在「此藥」的不同價值轉換中，莊子並沒有單單鎖定於「有用」來思考，反倒是能深入思索將「如何運用」的問題。

誠如《莊子》所言「得其環中」的譬喻一樣，「門軸」是沒有預設立場的；它將發揮它可以發揮的功用，它如實的站立在它自己的「中性品質」上，並隨時以應門的開或關，甚至任何可能。但必須注意的是，「門軸」不會朝向漫無邊際的可能前進；因為，它如實的就是一個「軸」。引用這個譬喻來說明的用意在於，當我們對「此藥」性質有所認知與掌握時，「此藥」本質的體現正可言之為：如如動，又如如不動；它就不被侷限於是某一種「有用」，它被啟動的是一種「運用」；我們思維所能提升的層級是，思考到「此藥」的良能、「此藥」的物命。

中道思維──「得其環中」──在《莊子》的語境中，啟發了我們對事物價值的重新評估與再認識的思考；當然，也可以依此啟發來面對我們自己的生命。

然而，令人值得注意的是，莊子並沒有以否定的姿態來面對惠施的思維內容與其對事物的分析歷程；莊子真正感慨與擔憂的，是惠施對此大瓠「一時性」的價值判定，以及隨之在後的「永久性」的質疑與否定。在「不龜手之藥」的不同價值轉換中，莊子明白地指出惠施對「大瓠」產生質疑的癥結之處：即「夫子固拙於用大矣」以及「夫子猶有蓬之心」。

莊子對「大瓠」的態度所採取的方式是「重新認識」，莊子沒有進入所謂評價的立場上。這一個「環中」的立足點極為重要，它不但能重新還給「大瓠」自身所具有且能有所發揮的空間，這同時也等於是莊子給了自己更多元的思維空間與向度；因為，莊子沒有限制自己（莊子正是依此來提醒自我必須時時去除蓬心）。

　　更值得注意的是，莊子並沒有因為「大瓠」的特有性質而全面導向為一種特例的視角來面對眼前的狀態；莊子沒有因此而強調「大瓠」的好，要不然莊子極有可能也會就此而走向如同惠施「拙於用大」的後塵。也就是說，莊子沒有因為「大瓠」的特殊性而標新立異的決然聲稱自己是唯一的選擇；莊子所謂：「何不慮以為大樽而浮乎江湖」的思考，正是採取「對話」的機制，而不是立場的「斷言」；因為，莊子希望惠施能從中再度「思慮」一下（何不慮），才不致被自我唯一性的一種聲音給蒙蔽了。莊子的建議之言實際提供了另外一種視野，他真切的目的是希望惠施能藉此而進行更多的「參照」。

　　確切地說，莊子不但能使之「大瓠」充分發揮其自身所具的「功能」，更因為有了這一層思維上的轉化與成長；一般性的普遍原則不但沒有被削弱或走向被否定的命運，反倒能因其靈活思考而活化了普遍原則的基本認知與意義，進而更加充實了普遍原則的內容。大瓠是能「用」的，「用」於它所能用的思考上。

　　深入而言，莊子所展現的思考維度，已經不再只停留於事物的「功能」，而是進一步發揮其中的「良能」；在思想的成長上，莊子透過對事物的重新認識，也同時在進行自我的認識，當他能發揮事物其中之「良能」時，也同時在延續著事物的種種「物命」；而這也同時是在推展他自身在思維上的「慧命」。莊子正是讓「智慧」運行在生活當中，而不是一味進入被受限而僵化的分析當中；從這一思維的轉化上來看，所謂的「良」，在莊子心中，正是一種「適宜」的狀態，是一種「中」的思考。

　　也就是說，「大瓠」是能「被用」的，只是此時「大瓠」的「用」是一艘浮載於江海的小船，而不是手中裝酒的葫蘆。莊子不但掌握了「大瓠」的特殊性，也能回歸並成就一般世間認知當中的普遍性（有其所用）；莊子尊重了特殊性，也同時活化了一般既定的普遍性。這是一位「智者」，他不但聆聽並吸取他以外的聲音，他更因此而莊嚴了他與他之外的一切，他使之有別於他的聲響走入自己，並融合其中而發出平和的樂章，莊子體現了生命中的「中性品質」。

　　我們理當再度回顧並且深思一項課題（再進行一次思維上的反轉）：凡有其一面可見的，也就有另一面不可見的；凡有其現在所能呈現的「用」，也就有其現在所「用」之上的限制。

　　從基本面來看：宋人因為有「不龜手之藥」所以能世世「不免於洴澼絖」，

乃至於能以此而鬻技於客而「得百金」；聰明機伶，客也者卻能以此藥方遊說吳王，進而獲得「封地」；最終，獨具慧眼，吳王則能善用此「不龜手之藥」之藥性而「大敗越人」。從「不免於洴澼絖」到「得百金」，再由「得百金」到獲得「封地」，最後因「大敗越人」而完全彰顯了「不龜手之藥」的最大功能；這是眼界的開展沒錯。然而，無論是宋人、食客，還是吳王，「有用」顯然還是最為重要的考量，他們的思考，就某方面而言，立場還是有所設定的〔註42〕；嚴格來說，他們都有其「成心」。

因此，從有其「成」，必有其「毀」的相對面向來看：「宋人」此時也只能「得百金」而已，但他們極有可能失去原有樸實且寧靜的「洴澼絖」的生活；相同的，食客也只是能有所「封地」而已，但他卻也極有可能會因此而必須臣服於吳王之下；道理是不變的，吳王雖然「大敗越人」，但吳國也必須承擔戰爭的相對傷害，先不論吳、越之間的仇恨是否更深，至少戰爭都是輸家。

換言之，將總體一並看待（成毀如一）；這些「作用」雖然能實際看見因視野的拓展而使之「不龜手之藥」有所「大用」，但卻也因此而隱藏了某種程度的「師心」與「自用」；此時的「大用」，顯然還不是真正「大用」。《莊子》在此必須開啟我們的是對於「用」的靈活思考；但是，《莊子》最終所要表明的思想真義還沒被完全呈現出來。

我們必須再度虛心地端詳其中；《莊子》曾言及：

> 山木自寇也，膏火自煎也。桂可食，故伐之；漆可用，故割之。人皆知有用之用，而莫知无用之用也。〔註43〕

在這段談話當中，我們可以清楚地反省到莊子對我們的叮嚀，對生命的叮嚀；即自身的長處極有可能是短處，甚至是一項致命的原因；然而，《莊子》整體思維並非如此淺薄，或是單單只停留在這種相對的推想上；倘若我們只是意會

〔註42〕 筆者按：無論是宋人、食客，還是吳王，都有其所居，有其「機心」。《莊子·天地》中有一段故事可以與之同參。其言：子貢南遊於楚，反於晉，過漢陰，見一丈人方將為圃畦，鑿隧而入井，抱甕而出灌，搰搰然用力甚多而見功寡。子貢曰：「有械於此，一日浸百畦，用力甚寡而見功多，夫子不欲乎？」為圃者卬而視之曰：「奈何？」曰：「鑿木為機，後重前輕，挈水若抽，數如泆湯，其名為槔。」為圃者忿然作色而笑曰：「吾聞之吾師，有機械者必有機事，有機事者必有機心。機心存於胸中則純白不備，純白不備則神生不定，神生不定者，道之所不載也。吾非不知，羞而不為也。」子貢瞞然慚，俯而不對。參見〔清〕郭慶藩：《莊子集釋》，頁433。

〔註43〕 《莊子·人間世》。參見〔清〕郭慶藩：《莊子集釋》，頁186。

到這層，進而只是轉為另一種對自我的無謂保護，那生命的境地實在太粗淺了。

因此，真正能將問題徹底解決的關鍵，是在其「知」─「心」上下工夫；所謂：「人皆知有用之用，而莫知無用之用也」的思維核心不是單就「有用」或是「無用」的相對性來進行思考而已，其中更為重要的思維意義是，自我必須重新進入檢閱自我的思維，洞悉自我思維的內容與其真實的用意。從「皆知有用」與「莫知無用」的相對思索訓練中所獲得的，是對「知」的重新認識，是將有限之「知」重新開啟。提出「莫知無用之用」的思索，並非要我們就此全盤朝向反方向去認知生命，相當公允並且客觀、適中地，莊子的平衡思考正是要我們能有所「知」（思考）其「有用」的意義與「無用」的意義；從對「知」的本身的內在反省中去看見「自己」的限制，使之生命能全然開展，進而可以進入能有所「用無」，也能有所「用有」的狀態，這才是「同於大通」〔註44〕的實質精神。

怎樣才能算是真正洞視事物的本質呢？事實上，當我們察覺到事物的某一種特質時，我們也應當同時明白其自身的限制也就出在他自身的這點特質上（所謂的優點也可能是缺點，一個極為容易的思維，卻被我們自心蒙蔽了）。在下一段的對談中，莊子真實要我們面對與解除的，不是「有用」或是「沒有用」的成見問題，也不只是要思考如何「運用」的問題（發揮事物的價值性）；莊子接下來是要我們揭開依舊受到蒙蔽的心──「成心」，讓心中那思索將如何「運用」的問題，一併進行解消。

前一種狀態依然在思索著如何去思考與使用「無用」（「不龜手之藥」能漸發其用）；然而現今，則必須進入到以「無用」的思維去看待「無用」自身（我們可否再度進行思索無用的真意，並讓自己同處於無用之物的立場上）；那麼，才不至於依然只是重蹈覆轍地又停留在「要有用」的狀態中（莊子必當有所思考，當吳王大敗越人時，其雖有所成，則必然有所不成）。

> 惠子謂莊子曰：「吾有大樹，人謂之樗，其大本擁腫而不中繩墨，其小枝卷曲而不中規矩。立之塗，匠者不顧。今子之言，大而無用，眾所同去也。」〔註45〕

惠施以樗的大根臃腫不中繩墨、其枝小捲曲而不中規矩，再加上工匠不屑一顧

〔註44〕《莊子・大宗師》。參見〔清〕郭慶藩：《莊子集釋》，頁284。
〔註45〕《莊子・逍遙遊》。參見〔清〕郭慶藩：《莊子集釋》，頁39。

等理由，來否定樗的存在價值；他對莊子的言論感到不解，並以為其言純屬空言而誇大（大而無用）。「大而無用」一句，不但直指樗樹的無用，並同時意味著對莊子所言所論之質疑。然而，與之前「固拙於用大」的著眼點相較，惠施此時的思維方向將以事物「必當有用」為起點；他自心認為事物必須有其某種功能才有所謂的價值。在前一種對話狀態裡，所體現的問題是，惠施不懂如何「運用」事物，所以他偏執於「大瓠」之「大」的問題；而現在的問題癥結，則是再度外加上那執意於事物「必有其用」的問題。

從應對事物的實然狀態來說，惠施在面臨樗樹時，他萬分無奈的感受其實是源自於他自己無法面對事物的當下狀態；要了解一項事物的特質，就是必須要聆聽它自身的自述，我們與之同步才可能開始。

一旦「成心」於有所「用」，則便事處於有「偶」的狀態；有「偶」則必有「對立」，有「對」則必有其「患」；一旦有所「患」，就必然有所「偏見」。惠施是可以了解莊子「運用」不龜手之藥的思考的，可是他卻又緊緊捉住「運用」的單一面向──「用」，並依此而認定事物一定要「有所用」才能顯其意義與價值。依此，他雖然有見其「大」，但是沒有忘其「大」；雖視其「小」，可是沒有破其「小」。他所關注的面向，最後還是全然地指向於「用」的思考上，而沒有去傾聽事物自身的聲音（惠施依然物於物，而沒有物物）；終究，雖見其「大」卻視之為「小」，亦不能明「大」與「小」之相對與統合，殊不知：「大」中有「小」，「小」中有「大」──惠施依然遊走在他的對立思考中（惠施沒有莫若以「明」）。相較而言，莊子則以「用心若鏡」的態度，來看待這棵無用之樹。

莊子明白地從每項事物的本身特質出發，他首先以相對思維的兩個端點進行思考：有其缺點，當然也會有其優點，誠如其言：有其「成」，則必有其「毀」。然而，正因為一體總有其兩個面向，所以可以相互成立，也可以相互解消；換言之，缺點與優點可以在相對觀點的反轉歷程上進行超越性的推論。正因為我們了解到事物的相對關係，所以我們所站立的位置便可以活動起來，我們自身的完備必須有他者的參與才能完整；相對性的思考只是暫時的，當相對思維還可朝向超越持續進行時，所謂的優點與缺點才能被視同如一（有各自的成立，還需觀察到各自的破裂，才能顯現其一）。

莊子曰：「子獨不見狸狌乎？卑身而伏，以候敖者，東西跳梁，不辟高下，中於機辟，死於罔罟。今夫斄牛，其大若垂天之雲，此能為

　　　　大矣，而不能執鼠。今子有大樹，患其无用，何不樹之於无何有之

　　　　鄉、廣莫之野，彷徨乎无為其側，逍遙乎寢臥其下；不夭斤斧，物

　　　　无害者，无所可用，安所困苦哉！」〔註46〕

　　《莊子》為何要說明「彼是莫得其偶」的道理？其目的就是要解消兩兩的對立，並且還要依此超越相對思維的推斷，讓自心達到對事物最為實然的理解；理解實然就是能因應當下所面臨的狀態。這樣的思維歷程是有其建設性的，當我們思考到狸狌雖能輕巧跳躍捕捉動物（有一方），但也會因此而落於陷阱死於罔罟時（有另一方），「狸狌」的價值定位沒有進入預設狀態，沒有任何立場上的價值限定；「狸狌」的價值定位，在兩兩相互消融的思維歷程中，就展現在它當下所處的情境中。對犛牛的兩面觀察也是如此。

　　莊子看到的是「狸狌」與「犛牛」的任何可能性，任何可能性的價值觀點暫時被定位在「中性」的狀態上（得其環中──不進行獨斷性的評價）；這絕不是游移兩端，而是能察其相對又破除相對的如實觀察。所以，《莊子》「吾喪我」的真實意義正是不要有彼方對立的出現，一旦有「我」（有是），就必然有其「非我」（有彼）；「我」與「非我」可以同時證成，當然也同時可以解消；正因為我們知道相對的原理，所以我們必須先解消我們自己（喪其耦），唯有如此我們才可以進入實際的整體，也就是「我」與「非我」的具足與不具足的全然樣貌。

　　因此，其中有目的性之「用」就能暫時被擱置，其中無目的性之「用」也就同時被凸顯出來；被擱置的部分暫且可稱之為「無用」的狀態，被凸顯的部分則能稱之為是對「大用」思考的啟迪。

　　「無用」不是「沒有用」，「無用」的提出是對事物價值的還原；還原它在價值上的種種可能性與創造性，甚至讓價值或評斷自然地遠離事物，這就是所謂的「遊心」。

　　「大用」不只是「有用」，「大用」其實是回頭看待自心；重新檢視自我，重新看待我們與事物的關係，甚至是物我已經融為一體的狀態了，這便是所謂的「乘物」。

　　因為作「無用」觀，所以能顯其「大用」，有其「無用」的反思，才能有「大用」的應對；「無用」而「大用」的推想其實是一個整體，即是「三十輻，共一轂，當其無，有車之用」的道理。據此，才能真正進入事物的實然狀態，

────────────

〔註46〕　《莊子‧逍遙遊》。參見〔清〕郭慶藩：《莊子集釋》，頁40。

也才能說：我了解事物的「特質」（我了解了自己，我可以活出自己）。大瓠的「特質」於此，顯然不是「特殊」或「差異」，「特質」是那麼的「平常」，那麼的「如實」。在這場精神訓練當中，我們即是要去學習面對、接應這些「變化不定」的「平常」與「如實」。聖人又回到平常的實務當中，因為每項事物都是它自己於當下的狀態，我們正要也需要的，是「因應」之——這正是《莊子》所言：「為是不用而寓諸庸」——聖人將自己放（寓）在宇宙的流動中（諸庸）。

極為顯然的，莊子口中「患其无用」的惠施，是讓自心被限制在「物必然有其用」的預設上，因而無法使自心處於「得其環中」的因應狀態，所以也就無法洞視並回歸到「物必然有其用」的真實意義上。

莊子明白地告訴我們，這棵無用之樹是可用來依靠與休息的；但是，在這一層的認知上，我們還需要將這一層認知全然放下；也就是說，我們應當連這層所謂「依靠」與「休息」的自我感受之分別心都要進行消解。

嚴格來說，我們一點都感覺不到是在「用」它（樹）——這意味著，我們一點都不停留在自我的自是與成心當中，我們的生命，正「寄寓」在這些變化莫測的「用」當中。這棵大樹也同時在「用」我。此時的狀態，正是讓自我的生命總體回歸到「中軸」之上，我與樹是同為一體的，我正可以從樹的本身來思考它自己（回到中軸），可以運用它在種種的狀態中（由中軸再推出）；這正是所謂：「遊乎天地之一氣」〔註47〕。

那麼，相對而思，我們其實不只是在「運用」樹，我們是在「運用」我們的生命，我們的思維得到更為廣闊的思考空間，我們的「心」正是自由且自在的，此意義正是所謂的「逍遙」。

第四節　持續涵養生命因應的能量——託不得已以養中

「用」於「無用」當中，實際上是能知其所「有用」，以及知其所「無用」的道理；即是：能「用」其「有」，亦能「用」其「無」。嚴格來說，這種思維的突破即是能將其「用」注入在「莫測」的狀態當中（彼、此雙向消融的狀態），這便是能深入且掌握「中」的實質精神。然而，面對繁雜的人間課題，《莊子》進一步將其理論付諸於實際的生活行為應對裡；正當我們在接應一個無可抗

〔註47〕《莊子・大宗師》。參見〔清〕郭慶藩：《莊子集釋》，頁268。

拒的生命轉變時，其歷程中的「平衡」與其「秩序」又該如何進行調配呢？《莊子》所謂「託不得已以養中」的思考，將可以再度看出道家對「中道」思維所呈顯的另一深層的釋義。

　　針對事物實然狀態的因應，人間正是一個相當具實並且必須面對的舞臺；在《莊子·山木》篇中有一段更具複雜性、系統性、深入性的體驗歷程可讓我們思索一番；在莊子與其學生的對話中，他們正在思索著「用」（寓諸庸）的另一深層之意義。《莊子》言：

> 莊子行於山中，見大木，枝葉盛茂，伐木者止其旁而不取也。問其故，曰：「无所可用。」莊子曰：「此木以不材得終其天年。」
>
> 夫子出於山，舍於故人之家。故人喜，命豎子殺雁而烹之。豎子請曰：「其一能鳴，其一不能鳴，請奚殺？」主人曰：「殺不能鳴者。」
>
> 明日，弟子問於莊子曰：「昨日山中之木，以不材得終其天年；今主人之雁，以不材死。先生將何處？」
>
> 莊子笑曰：「周將處乎材與不材之間。材與不材之間，似之而非也，故未免乎累。若夫乘道德而浮遊則不然，无譽无訾，一龍一蛇，與時俱化，而无肯專為。一上一下，以和為量，浮遊乎萬物之祖。物物而不物於物，則胡可得而累邪！此神農黃帝之法則也。若夫萬物之情，人倫之傳，則不然。合則離，成則毀，廉則挫，尊則議，有為則虧，賢則謀，不肖則欺。胡可得而必乎哉！悲夫，弟子志之，其唯道德之鄉乎！」〔註48〕

從伐木者所表述的價值觀點看來，其實是可以被接受的，就他的立場而言，「无所可用」的思考當有其理；而就「殺不能鳴者」以宴請莊子的主人來說，也是有他的道理的，從某個角度看來，主人「適當」地在當下的時空條件中應用了「能鳴」與「不能鳴」兩者（過去的經驗法則似乎有一定的主導性）。但由此反觀，這十足證明一件事實：任何一項觀點都有可能出現，並且都有它存在的意義。正當處在這項共同具有的條件中，莊子反思回去，如果思考採取單一面向或偏就一種固定的歷史經驗或型態，在面對各種聲音或於未來可能發生的不同聲音時，是相當危險的。

　　每種聲音都有其存在的實然狀態，正因為如此，所以才有傾聽之必要，所以才有尊重之思考，所以才有還予每項事物自身尊嚴的可能。這項立論可以反

〔註48〕《莊子·山木》。參見〔清〕郭慶藩：《莊子集釋》，頁667。

推回來，每種聲音的存在都將在於他們獨特與相異的這項基本條件上，正依於此點，他們所各自立足的點恰恰又是公平的，沒有任何一項事物會脫離這種關係。漢學家狐安南（Alan D. Fox）指出：

> 正如一扇門，雖然可開可關，但對門樞而言，開和關的運動則是等
> 同的，數學家將會把這種運動稱為一種「絕對值」。〔註49〕

這樣質地的呈現，誠如之前所論述的出於對「中性品質」的展現一樣，它（門軸）是在各種不同作用上發出自身可以因應的作用。對「開」或對「關」而言，目的性都是相當強烈的，絕對性也都是存在的（當然，這是有限之用——小用，《老子》稱之為「利」）；但「門軸」卻行於無言而無不言當中，它有所為而又有所不為，「門軸」清楚並明白其中的相對位置，而又能超越這等相對關係，因為「門軸」確實都能給「開」或「關」有其「用」（門軸以無私而發揮他的用，門軸不是沒有聲音，門軸將聲音放在「開」或「關」的觀照上——無用而大用）。

由此觀之，樹的自身是實然的狀態（樹就是樹），樹的本身並沒有因為這些當下的表述而改變；在莊子的思維上，「終其天年」當然又是另一種合理的表述與思維方向。無論是「材」還是「不材」，這兩種表述都在顯現一個事實，樹是如何的能「得其環中」——莊子察覺到事物這種本質，其實是對自我觀點的提升，甚至是將所有相關觀點相互消融；這就是消融了自己與物的關係，也就是消融了自己（吾喪我）。物當然必有其分，但物我之間的超越品質卻是可以相同的。有了這一層「中性品質」的迴轉思維，莊子口中的「無用」之樹才能有機會成為「有用」之樹——因此，而能享其天年。

莊子的表述其實是在告訴我們：對「樹」的確切認知與態度是可以從另一面視野進行的，甚至是多元多面的，並且隨時準備接應任何一項新出觀點的參與；莊子的表述不是在教育我們進行議論上的獨斷或是焦點上的模糊，反倒是在如何尊重更多參照值的歷程中，事物的真相與全貌更能越顯清明。莊子讓我們的視角有了更多的選擇性——其實，這是讓我們自心有更多的思考維度，以及對自我的再認識與再轉換。

然而，伐木者所論定的「无所可用」，並非只是一種陳述而已；因為在沒有回到「中軸」的觀照點上，「无所可用」一語當中卻充滿疑惑，而這項疑惑

〔註49〕參見狐安南：〈《莊子》中的經驗形態：感應與反映〉收錄於楊儒賓黃俊傑編：《中國古代思維方式探索》（臺北：正中書局，1996），頁188。

也同時表現了某種立場，觀點被鎖定，實然地也就出現了某種層度上的自我限定。莊子為何可以察覺到大木的另一種存在價值與意義，正是因為莊子從「不材」當中思考到「材」（莊子站在「環中」上）；而伐木者卻只是在「不材」的限定裡思考「不材」（伐木者站在「或關」、「或開」之上）。伐木者沒有聽見樹的另一種聲音，實際可以證明「无所可用」一語已經產生了「我」（必然有了對偶）。當一個端點成立了，就會形成另一個對立的端點；「是」的出現，也同時意味著「彼」的出現；有一個「我」，就會有其對立性的「偶」的關係。

因此，一旦「不材」的定位被樹立之後，便同時顯現出伐木者對樹木必當有「材」的思考強化；所以對立因此產生，並且把「无所可用」的陳述漸趨鎖定成為一種單一不可變的價值標準語表述。這種價值取向不僅是「材」與「不材」的對立，而且還是伐木者與樹的對立。

同其理，雁鴨「得其死」不是因為牠自身的「不材」而死，而是出自於主人認為牠是「不材」，所以殺之。反推而思，大木能「得其天年」不是因為它自身的「不材」而生，而是出自於木匠認為它是「不材」，所以存活了下來。據此，背後「彼是其偶」的論斷方式才是問題的關鍵；一旦表述成為一種預設與限定時（有彼便有是，有是就有彼），那麼價值取向就會被引導至某種程度上的絕對；因為，預設與限定沒有讓思維回歸到「門軸」的狀態上，對立性自然產生。

回到弟子的思考上：在「以不材得終其天年」與「以不材死」的兩種結果中，其實是有其思想轉折上之差異的。回想「以不材得終其天年」，是莊子回到「中軸線」上的反推思考；而「以不材死」卻是主人依據他的經驗所作的斷定。一者是將經驗法則視為不變的圭臬（主人），一者卻是試圖與經驗法則對話（莊子）。《莊子》希望在面對生命的種種課題時不要趨近於僵化，更重要的是，能藉此使過去的經驗內容更為充實與圓融。換言之，兩種「不材」的思維內涵截然不同；當然，所呈現的思維轉折歷程也就不同。然而，弟子的疑慮並沒有刻意刁難，因為我們極有可能身處於因「材」而將被砍下的大樹，或是因「不材」而將被烹煮的雁鴨。《莊子》將藉此來說明：我們常以自身所見為所見，並以所見為唯一；因此，同視兩種「不材」為一事，進而又在「生」與「死」的相對關係上作出結果論斷與分別心。

其實，《莊子》在凸顯一項更深的義理：藉由相對思維來啟發思考，並從中超越兩種相對推論之關係；因為，莊子相當明白一件事實──生命必須面對

任何可能發生的事實，並且須要予以因應，甚至是一種生命中的承擔。在弟子的發問中，無所逃於天地之間的限定，即將在藉由回歸「中性品質」的心靈轉化歷程裡進行一番實證，另一層清明且具實質精神與意義的生命蛻變就要展開，莊子絕不容許自己只是一位高談闊論的哲學家；「門軸」或「鏡子」所要應對的實然變化絕不容只是處於虛無縹緲的假設。

在此，我們可藉由〈人間世〉中蘧伯玉回應顏闔的話裡來相應思考「材」與「不材」的問題──一個身處人間必然需要面對的課題；《莊子》言：

> 顏闔將傅衛靈公大子，而問於蘧伯玉曰：「有人於此，其德天殺。與之為无方，則危吾國；與之為有方，則危吾身。其知適足以知人之過，而不知其所以過。若然者，吾奈之何？」
>
> 蘧伯玉曰：「善哉問乎！戒之，慎之，正女身也哉！形莫若就，心莫若和。雖然，之二者有患。就不欲人，和不欲出。形就而入，且為顛為滅，為崩為蹶。心和而出，且為聲為名，為妖為孽。彼且為嬰兒，亦與之為嬰兒；彼且為无町畦，亦與之為无町畦，彼且為无崖，亦與之為无崖。達之，入於无疵。〔註50〕

從「戒之，慎之，正女身也哉！」得知，《莊子》的對生命的基本態度肯定是面對的；面對環境，更在面對自我，並且有其依循的處理「方向」。蘧伯玉提醒我們的是「戒慎」的態度，這至少表明一項事實：即自我「反思」的思維模式是深具其中的。「形莫若就」，即是外在行徑必須有所調整；「心莫若和」，即是內在思考必須有其轉化。〔註51〕「正汝身」，即是在內與外的生命總和上尋得「平衡」；「正」也者，不只是對不對的問題，或只是是不是應當以哪種方式來進行的問題，「正」即是希望以全面性的角度來思考問題，以及如何應對的問題，關注的核心朝向於事物本身的狀態變化。從此得知，「正」是一個正在不斷進行調整的狀態，而不是一種已經被定義或是固定的「某種特定」的狀態。

然而，當我們傾聽事物的心態敞開時，最大的回饋便是對自己的了解，所謂「正汝身」的道理，恰恰就在你是否可以面對多樣且具變化的事物上（當然包括自己）；你是在參與的，但是你時時又是在檢閱自己的。所以《莊子》有

〔註50〕《莊子·人間世》。參見〔清〕郭慶藩：《莊子集釋》，頁164。

〔註51〕根據陳鼓應所言：「形莫若就：外貌不如表現親近之態。心莫若和：內心不如存著誘導之意。」其同引林希逸所言：「和，調和也，誘導之也。」而發。參見陳鼓應：《莊子今注今譯》，頁129。

其更為深刻的叮嚀：雖「就」但「不入」，雖「和」卻「不出」；你的「欲念」最好能「不入不出」。「就不欲入」，即是能參與並進入其狀態當中，可是卻又不會一味陷入其中而失去自心的清明；相同的，「和不欲出」，即是能保持對事態的某種調和精神，但卻又不會因對事態的關心而產生主導心態。

就整體而言，心境與環境之間必須保持在某種程度上的「平衡」——這正是在事態發展歷程上生命所需應對的一種「莫若以明」的態度。

誠如王船山言：「勿陷其中，勿超其外」，即是。〔註52〕亦誠如《莊子》自身所言：一旦「形就而入」，我們的身心則可能導致顛倒、毀滅、崩壞、一蹶不振，我們極有可能顯露出我們的「不材」而事理不明，我們可能因此而走入所謂的遷就；而一旦「心和而出」，我們的身心則可能浮現出對名利、聲望的欲求，以及膨脹自我於無形，我們極有可能因此而顯露出我們的「材」而喜出望外，我們更可能因此而成了名利的戰俘。然而，不管「材」或「不材」都將損壞我們的生命，我們限制了自己應當有的「中性品質」（不管我們是看待自己，還是應對於他者）；當我們只鎖定「材」（有用的）來思考時，我們很可能使之而成為「不材」（限制其用）；當我們視之只是「不材」時（沒有用），我們可能因而埋沒其中可能的「材」（埋沒其用）。

無論事理不明（遷就）或是喜出望外（為名）的偏差，終將遭遇危機；因為我們「欲入」而又「欲出」，我們讓自己遊走在兩端不明的狀態中；事實上就是，當堅持於某一面時，卻又忽視了另一面。

所以，我們當知，「彼且為嬰兒，亦與之為嬰兒」絕對不是遷就之義，也不是甚麼都不做；我們實應理解為：當他（衛靈公太子）呈現出如「嬰兒之心境」時，你就必須回到「中軸」上去進行觀察，並能依此而回應他此時的「嬰兒之心境」；前者所表現的是「現象」之種種（如門的開或關），後者所意涵的是「本體」的回歸與再推出。

「與之」即是融入之中的調整歷程，也就是在面對每一次的變化；「中軸」的心境實際上是相當明白的（如如動，如如不動）。

因此，「彼且為无町畦，亦與之為无町畦」的意義也就如同是「應作如是觀」的道理；當他呈現某種「不受限定」的狀態時，我們應當思考任何一種「不受限定」的狀態都有可能出現；就如同「中軸」回應「門」的任何一種變動一

〔註52〕參見〔清〕王船山：《莊子解》卷四《船山全書》第十三冊（長沙：嶽麓書社出版，1991），頁138。

樣,「中軸」依據狀態而推出種種作用。

　　相同的道理,「彼且為无崖,亦與之為无崖」也是如此觀之;當他表現出「沒有邊際」的思考時,我們當思考「沒有邊際」的可能性與意義,生命的總體狀態隨時都能對應著任何變化的到來。

　　然而,反思其中;「不受限定」與「沒有邊際」極有可能會呈現出「脫序」的現象,甚至是「無序」的樣態;但是,因為「中軸」是經由兩端思考的,並且是超越兩端的,所以能觀察到「不受限定」與「沒有邊際」的原由,並依此而樹立在「中軸」上;這恰恰可以體察出「不受限定」與「沒有邊際」,對自我在思維反思上的意義性。

　　確切地說,回到「中軸」的態度可以發現「不受限定」的質地中有其「寬闊」的一面,而「沒有邊際」的質地正有其「活潑」的一面(所謂的好或是壞,「中軸」都具體地掌握,卻又不會主導其中)。無論事物或其身處的環境都有其「不受限定」與「沒有邊際」的突發狀態,這些極有可能引導我們進入混亂的狀態;但經由「中軸」的思維之後,聖人又將此「脫序」導向「就緒」,因為這是有所思維,有所轉化的歷程。在「中軸」的立場上,正好可以「因其」事態變化之「固然」,又可以調節其中並順其發展(它採取輔導與啟發的方式來面對這些變動);所以「沒有立場」,反而能全面掌握「所有的立場」。

　　所謂的「通達」是那麼的不容易,又是那麼的容易。「不容易」是因為「中軸」可以思考「嬰兒」雖有其天真爛漫的一面,卻也思考有其無知懵懂的一面;「中軸」不以為「天真」就是「好」,也不認為「無知」就是「不好」;在兩端之中與超越兩端的實證歷程裡,「中軸」實際能察覺到的,不只是事物的種種可能性,「中軸」察覺到的,是自己可以有多少「可能」,與有多少能力去因應這些「事實」。

　　「天真」或「無知」都是出自於我們自身的解讀,聖人要自己學習的,正是要把所有的狀態先還給事物本身。所以,透過以上思維的反轉,回到自心,聖人的行徑顯得如此「輕易」,其「容易」的原因是,「中軸」將自身「寓」於「諸庸」當中;任何一種可能就是那麼的「平常」,讓「常態」回到「沒有常態」,所謂的「常」就在「變化」當中。這便是能「通」,便是能「達」。

　　據此,王船山更以《莊子·養生主》:「為善无近名,為惡无近刑,緣督以為經」之深切義理來說明「材」與「不材」的思考,其論述之內容與思維意涵發人省思;其言:

　　　　為善而近名，才也；為惡而近刑，不才也。既以皆不保其天年矣，

　　　　然近名者榮於湯武之世，近刑者顯於桀紂之廷，則亦因乎時命而有

　　　　委之於天。〔註53〕

回到最初「彼是其偶」的思考：一般世人常以「善」為「善」，其實不知其中內容的另一端將隱藏著「惡」；相同的，世人常以「惡」為「惡」，其實不知其中內容的另一端將隱藏著「善」。〔註54〕《莊子·養生主》中的「善」與「惡」事實上是從相對觀點中所得出的認知，在這個認知系統當中，相對思維可以讓我們自心察覺到自心的侷限，以及引導我們如何破除這樣的侷限。但是，我們往往沒有。端詳回想〈養生主〉中「吾生也有涯，而知也无涯。以有涯隨无涯，殆已。已而為知者，殆而已矣！」的這一段話，至少表明一項重要的思考：與浩瀚無垠的宇宙相較（知），我們所能認知的本來就是有限的（生）；然而，危險的是，我們常以自我的認定去獨斷我們所不能認知的（以有涯隨無涯）；但是，更危險的是，我們將以這種自我的認定去解讀所有的一切（已而為知者），那麼，往往在這種偏頗的預設立場中使之生命有所耗損（殆而已矣）。

　　因此，「為善」與「為惡」的思維意涵不再只是所謂的行為善惡問題，思考有了更深的意義：當我們身處於我們所自認為的價值觀點或是其判斷時，我們必須提醒自己這是侷限的開始；所謂「好」與「不好」等看法極有可能必須接受重新調整。據此反思，我們經常在我們的「有限認知」（侷限）中去限定了事物本身，使之思維僵化，並且「與物相磨」，我們與事物之間產生了許多衝突；以為「材」便是「好的」（有用的），以為「不材」就是「不好的」（沒有用的）；我們殊不深思：「材」之「材」會因此而變成什麼樣子呢（「材」會因此而被限定）？而「不材」之「材」又可能可以是怎麼樣呢（「不材」也有其它種種可能）？這些必須進行檢閱的細節往往被我們所忽略。

　　一旦落入在「侷限」當中的所謂「好的」認知情境下，我們所以為的「材」，其實就會不清明，因為我們極有可能只是為了一味的「喜好」，而將之其「用」，鎖定在某一個範圍裡；更危險的是，我們進而因此產生了對名利的攀緣（我們只關心到，我們所預期的某一種效果）。相對的，一旦落入在「侷限」當中的

〔註53〕參見〔清〕王船山：《莊子解》卷二十《船山全書》第十三冊，頁308。

〔註54〕《老子·第二章》。天下皆知美之為美，斯惡已；皆知善之為善，斯不善已。參見〔魏〕王弼等著：《老子四種》（含：老子王弼注、老子河上公注、馬王堆帛書老子、郭店竹簡老子），頁2。

所謂「不好的」情境下，我們所以為的「不材」，其實也是不清明的，我們極有可能也只是因為一味的「厭惡」，而將之其「用」，同樣地鎖定在某種認知的範圍裡；更危險的是，我們進而產生傷害的舉動（我們只關心到會不會有效果，或認為它沒效果）。

如果「近名」，則必有所居，居其所可以用；藉此反思，一棵處於无何有之鄉的大樹，其實是不會居功於它能被徘徊其側，或是能寢臥其下之用的；如果居功，那他也只能是個「材」，一個受限於他人與自己的「小材」，反而此「材」會是「不材」；所以，必須要時時提醒自己「為善无近名」。大樹卻實呈現出某種「作用」，可是又不受它自身「作用」的影響。相同的，如果「近刑」，則必有所殺，殺其所可以用；因此，一隻無用之雁之無用，不是牠自身所界定的沒有用。一旦只認定牠只是個「不材」，那就無視於牠另外的「材」，反而會因此扼殺牠所有可能的發展；所以必須要刻刻叮嚀自己「為惡无近刑」。無用之雁，確實呈現出某種「無用」，但不要只受限於牠一時的「無用」。這便是王船山所言：「為善而近名，才也；為惡而近刑，不才也。」的道理與其感慨。

這證明一項事實：不管「材」還是「不材」的視點，都只是兩端的偏執；它們沒有「叩其」各自「兩端」的內容而「竭焉」，它們同樣受限於自己的觀點上；所以「材」與「不材」的片面認知，都是朝向失衡的狀態而已；兩種偏執的結果，會是一樣的。誠如船山所言：「不居善之名，即可以遠惡之刑」〔註55〕，一旦我們沒有偏向於我們所自認為所謂「好的」一端時，我們同樣會去體貼並認清那「不好」的真實內容是什麼，以及理解到它為何會是如此；我們既不會因此而「居名」（只關注相較之下的「好」），也就不會因此而「就惡」（只關注相較之下的「不好」）；不會陷於任何一方，我們才可以常保於「中性品質」的思考上。

這一連續的邏輯論證可以推至對兩者的「否定」，不過這種「否定」卻能激發思維的廣度與深度，從而找出兩兩之「成立」。藉由兩端，進而忘卻兩端，最終又可以回到各自的兩端上，「靈活」的「中軸」時時如此；這可稱之為是「不善不惡」，也就是蘧伯玉所要告誡的「不入不出」的狀態。

兩端的破除，正也是兩端的全面關注。從更為廣闊的詮釋角度來看：當我們處於所謂「好的」狀態時，我們的心境便容易就其外在而來的「好」而受到影響；相同的，當我們處於所謂「不好的」狀態時，我們的心境也容易就其外

〔註55〕參見〔清〕王船山：《莊子解》卷三《船山全書》第十三冊，頁121。

在而來的「不好」而受到干擾。《莊子》在告訴我們，「好」來了不需要起心，「不好」來了也無需動念；這猶如《老子》所謂：「寵辱若驚」的道理。世人常以善而大喜，以不善而大悲；聖人卻能超乎其中，而又入乎其中——他了解其中「相因」的質地，他明白事物「成毀」的關係與其中之條件變化（回到中軸），所以能與以應之（遊中軸再推出）。

所謂「超乎」絕對不是離席，而是相當穩固地坐落在「中軸」上；某個意義上來說，聖人更能深刻體會到甚麼是「大喜」與「大悲」，他的心境確實可以是「靜止如水」般地呈現出來，不過歷程的轉換卻是滄桑看盡，聖人意識到唯有經過此歷程才能真正進入「喜」，或進入「悲」，這種超越性的統合，使得生命的意義更為深刻。莊子之妻死，鼓盆而歌〔註56〕，不是不悲，也不是刻意要表現或凸顯出「喜」；所謂：「是其始死也，我獨何能无概然！」便是自然地流露出感傷，然而經由「察其所以然」—「是相與為春秋冬夏四時行也」之體會後，則是深知悲喜如一（「如一」就是讓思維回到「中軸」的狀態上）；莊子之「鼓盆而歌」，正是能「以悲體喜」，而又能「以喜化悲」的轉換歷程（莊子是如此的傷心，可是，這個傷心的內容卻又是那麼的法喜的）。

莊子並沒有讓自己失去他的妻子，他在真正理解什麼才是「失去」的同時，才深知，「獲得」原來與「失去」是相等的，它們如此平衡而沒有各占一方（雜乎芒芴之間，變而有氣，氣變而有形，形變而有生。今又變而之死。是相與為春秋冬夏四時行也。）。在這一個「中軸」空間裡，它正因其有「虛」，所以能「盈」；另外，也因為它有其「盈」，所以能顯現其「虛」。仔細予以觀之：因為它能保有容納其它可能性的空間，所以它可以讓自身的視野更加豐饒；又正因為它能使自身處於參與多方意見與變動上，所以它又是一個可以展現不斷吸取與學習的容器——這正是「天地」；這正是體證「變」，感受其生死如一的關鍵。那麼，莊子所以「為妻而歌」的「喜悅」，將顯得如此自然，而深具思維的厚度。

〔註56〕《莊子·至樂》中言及：莊子妻死，惠子弔之，莊子則方箕踞鼓盆而歌。惠子曰：「與人居，長子老身，死不哭亦足矣，又鼓盆而歌，不亦甚乎！」莊子曰：「不然。是其始死也，我獨何能无概然！察其始而本无生，非徒无生也，而本无形；非徒无形也，而本无氣。雜乎芒芴之間，變而有氣，氣變而有形，形變而有生。今又變而之死。是相與為春秋冬夏四時行也。人且偃然寢於巨室，而我嗷嗷然隨而哭之，自以為不通乎命，故止也。」參見〔清〕郭慶藩：《莊子集釋》，頁614。

回到莊子對弟子的回答歷程上——從「周將處乎材與不材之間」到應當思考所謂「材與不材之間，似之而非也，故未免乎累」的思維轉化上：轉變的歷程首先從兩端的正視，到最後兩端的消融；觀點從獨斷的一面走向調整的機制上——立場暫時藉由兩端的差異性與之間的相對關係獲得各自的確立，進而再由各自中的確立進行對各自的破除；觀點隨時可以保持在調整的狀態中；立場還給沒有立場，藉由這層轉化，使得此立場「能免乎累」。

這場整體思維歷程顯示：前者（處乎材與不材之間）能訓練自心的敏銳度與觀察力（看見事物的差異性與相對性），後者（免乎累）則是從洞視這種相對性的存在而進行相互消融，讓思維保持在這種「能力」上（持續地再看清事物的差異性與相對性）。

所以，莊子為此狀態使用了一個極為適當的譬喻——「乘物以遊心，託不得已以養中」〔註57〕：行走在世間的價值判斷與觀點確立的道路裡，正如同在茫茫大海上之浮沉，我的生命必須接迎與應對各種可能發生的狀態（乘物）；而在面對這些相對與差異時，我必須體察出事物的本質就是在這點相同基礎上而相互成立的（以遊心）；進而我所體認的是，自己也是這一個流變中的成員，我的思維必須不斷接受碰觸，與不斷轉化（託不得已以養中）；就某個意義來說，此時的「我的」早以消融（此之謂「物化」〔註58〕）。

從生活領域的接觸而言，聖人必須有所參與，生命勢必離不開生活；而就自我內心的思維來說，聖人必須有所成長，認識事物正如認清自我。判斷與思維能力是日漸具足的，並且是朝向圓融的，但是思維與判斷之所以可以不斷推進，就從不受自我思維之限定的起點開始；透過許多參照或是碰觸，使之生命的觀點持續回歸到「中軸」上。

在一則《莊子》的寓言當中，孔子是這樣教導顏回的，教導他如何回到這「中軸」之上：

> 顏回曰：「吾无以進矣，敢問其方。」
> 仲尼曰：「齋，吾將語若。有心而為之，其易邪？易之者，皞天不宜。」
> 顏回曰：「回之家貧，唯不飲酒、不茹葷者數月矣。如此，則可以為齋乎？」曰：「是祭祀之齋，非心齋也。」
> 回曰：「敢問心齋。」

〔註57〕《莊子・人間世》。參見〔清〕郭慶藩：《莊子集釋》，頁160。
〔註58〕《莊子・齊物論》。參見〔清〕郭慶藩：《莊子集釋》，頁112。

> 仲尼曰：「若一志，无聽之以耳而聽之以心，无聽之以心而聽之以
> 氣！聽止於耳，心止於符。氣也者，虛而待物者也。唯道集虛。虛
> 者，心齋也。」顏回曰：「回之未始得使，實自回也；得使之也，
> 未始有回也；可謂虛乎？」夫子曰：「盡矣。吾語若！若能入遊其
> 樊而無感其名，入則鳴，不入則止。無門無毒。一宅而寓於不得已，
> 則幾矣。〔註59〕

在一場透過師生的對話來進行自我檢視的歷程裡，顏回此時確實已經深感到無法可施的狀態，就在他感嘆「無以進」的同時，思維的推想內容似乎已經達到某種程度的飽和；這意味著，顏回在思維的反省進路上是相當努力的，但他也因此而陷入某種瓶頸當中。然而，就在這個環節上，孔子為他這番思維的奮進提供了一個暫緩的方案；即此時的「有心」，可能會讓自己的思維的過度飽和轉為僵硬（立場預設，成心既起），這或許可以盈滿，但卻也因此而缺少轉身的餘地（心似乎想要捉住什麼）。所以，孔子誠懇地說：不如讓自己的觀點先放下吧！讓自身的觀點與其它觀點進行參照，甚至是那些我們無以預期的觀點；這種自我消解，就是「心齋」。

誠如聖人「用心若鏡」的思維一般，我們的思維進程應當先採取傾聽事物本身的聲音開始。方案沒有朝向一個制式的方法前進；相反的，孔子希望顏回能藉由一次次的思維相互參照歷程中，將自我原先的設想一一解除，然後讓思維先回到「中軸」上。

思維的相互參照首先從打開「感官」的限制開始；將自以為是的觀點，從因為就其「外象」的限定而導致的獨斷進行切除；我們可以先回到事物的「內部層次」來進行觀察；藉此，思維的深度、高度與廣度開始展開（无聽之以耳，而聽之以心）。然而，思維可能因此開啟了，但並不能就此而保證思維可以圓融，思維似乎還需要不停地進行自我檢閱；因為，我們必須讓思維本身認識到一項事實，即所有的思維都有它自身的限制與盲點。正是因為我們必須思考，所以我們更要特別注意我們的思考用意；更重要的是，思考的真實意義在其思索到自身不是唯一性的，這樣才有可能進行參照，自心才有機會進行吐納，思維的品質才是健康的、活絡的。所以，我們必當「用其心」，但千萬別「受限於心」；我們應當「用」其「大」，而不要縮小我們原先可以展翅高飛的心境。

這一個關鍵點相當重要，即是所謂的「有方向可循」，但絕不可以「執於

〔註59〕《莊子‧人間世》。參見〔清〕郭慶藩：《莊子集釋》，頁146。

其方法」；一旦陷入「法執」（我執），那有可能無法聽見他者的聲音，更無法照見自己；「方向」可以提供一個指導原則，它可以被放入在一場具有可變性的狀態中；然而，所謂的「方法」，可能會斷絕這種活性。因此，孔子進一步告誡顏回：何不讓思維再次跳脫方法的束縛，讓這股「有心」，再度傾聽其他的聲音，讓自己的聲音先暫時安靜下來（无聽之以心，而聽之以氣），讓心境更為專一（一志），讓自己在觀察事物的變化中，再去觀察自己（聽之以氣）。整體思維的進程，從外在走向內在，又從內在思維的再度翻轉以朝向心境的提升，提升於沒有盡頭與設限的狀態裡；這一個狀態預留了許多可以應對變化的空間（聽之以氣），這就是「得其環中」，所有的「作用」，將由此「中軸」再推展出去。

　　值得注意的是：在「心齋」的整體歷程中，孔子並沒有要顏回停止任何一件「思考活動」，反倒是藉由這個歷程，才能真實感受到自己的存在，事物的存在，以及如何應對於事物和我之間的關係；事實上，孔子一開始便明白地說：你的心要「專一」──聖人的心是常在的、是參與的，專於你現在所碰觸的，所要面對的。這個常在與參與一直沒有脫離生命本身，無論「聽之以耳」、「聽之以心」，還是「聽之以氣」；「聽」的作用始終沒有被弱化，「聽」反倒能藉由層層的自我檢視而提升其品質，這場「心齋」的歷程讓「聽」從只是「聽見」深化到「聆聽」，再由「聆聽」超越到「聽之不聞」的狀態上。所以，「聽之以氣」絕非是虛無縹緲的形容詞，「聽之以氣」是活生生，並且確確實實地回歸到事物的種種變化之上的現在進行式；聖人讓自心有其「專一」，但沒有「專對」於某個事物或焦點上；「中軸」如此穩固，卻又不會呆板──聖人「彼是莫得其偶」的思維，活化了生命的品質。

　　據此，「虛而待物」正是一個平衡且活絡的機制，它並沒有全然指向「虛」，因為它是為了「待物」。所以，展演「虛」是為了「實」的參與，而「實」又是為了回歸下一次的「虛」而準備；當「常」體認到自身的「不常」，那便是「常」了！確切地說，「虛而待物」，就是能成就各種事物，以及再度面對成就之後事物的種種發展；所有的「作用」，將建立在「沒有被限制」的狀態中，所有的「成就」又將還給所謂的「不居」；「虛而待物」就行走在「中軸」之上。

　　所以，所謂「物物而不物於物」的深刻意涵是：我們可以在面對事物的流動時，與之同步，即「乘物」也。「乘物」不能只是一般性的「駕馭」心理了；「乘物」是對事物的參與，以及隨時保有再認識的基本態度。它包含著某種程

度以上謙卑品質的展露，以及如何應對事物的智慧；謙卑品質才能保有對自我的檢視，對事物的應對能不斷體現再認識事物的機制；而這一個自我轉化歷程的開端，將指向把自己「放下」。「乘物」之「乘」，顯得如此「不乘」。對聖人而言，任何一種交通方式，都可以因其所以然，而所以然地駕駛它；其實聖人駕馭的是自己，聖人藉此繼續朝下一個旅程前進。那麼，所謂的「遊心」就不是一種「漫無目的」的態度了；更具意義的是，「遊心」理當包含某種程度上的自我成長，以及在面對事物不斷發展上的自我了解與自我承擔。而在這個自我轉化歷程的終點上，又能時時再次將自我放回與事物流變的起點上一起思考。「遊心」之「遊」，顯得如此「奮力」；不被自我的觀點所綑綁，讓自身視同為是宇宙的一部分，這是永無窮盡的超越歷程。

當「不乘」於物，而「奮力」於己時，物己二者便能統合為一。

聖人必有其表態的部分，但表態的基礎卻是建立在我與事物之間的重新認識上；這些不斷重新拾起的精神，就是最好的平衡方式與狀態；這就是「乘物以遊心」；因「心」、「物」為一，所以可以明白我也是其中一物（物物）。就某個意義而言：聖人是相當「清明」的，也是相當「用心」的。因為「清明」，所以沒有「他心」；因有其「用心」，所以不是「不為」。正如狐安南所指出的：

> 莊子學說中的真人是不與世界相對而與其合作的人。合作方法是尋求適，即尋求經驗中最無須費力的途徑，使自己不致被差異所誘使或趨使而對世界做出評價。〔註60〕

所謂「合作」與「不致被差異所誘使或驅使而對世界做出評價」之觀點，我們是可以認可的，但我們卻可以從「尋求經驗中最無須費力的途徑」一句中再進行一些補充。理由是，「尋求經驗中最無須費力的途徑」恰恰是最需「費力」的，甚至是「費心」的，沒有這一層「費力」與「費心」，「中軸」的品質是不會被引導出來的，而其「中軸」精神與態度的確立也就不會呈現；倘若沒有這層思維之突破，在這段歷程中的所謂蛻變便會顯得格格不入。

因此，所謂的「合作」關係，必定如實地行走在這段包含對自我的檢視與對事物的再認識的歷程中才能相互證成，這個「合作」的意義是何等地讓人意識到所謂「無毒無門，一宅而寓於不得已」〔註61〕的道理。我們必當將自身這

〔註60〕參見狐安南：〈《莊子》中的經驗形態：感應與反映〉收錄於楊儒賓黃俊傑編：《中國古代思維方式探索》頁，196。
〔註61〕《莊子・人間世》。參見〔清〕郭慶藩：《莊子集釋》，頁 148。

層轉化後的品質「寄託」於人間；我們不是不思，我們是思考到「思維的品質」不要受到偏執的干擾而成為混濁的狀態；一有干擾就會有預設，一有預設便會有獨斷與掌握的心。而所謂的「不得已」，便顯現出生命是在面對所有的課題，乃至於不可避免的問題；心態事實上是參與的，認真的，努力的，而不是選擇迴避；在這層面對課題的心境轉化裡，正顯得如此具有精神，而不是懦弱的；這正也是不讓自己產生執著與迷失的方法。生命真實體悟到的，是「放下」而不是「放棄」。

從莊子對弟子的後續說明中也可以得知：生與死固然是兩種不同的情形，但生與死的狀態對莊子而言都是必須面對的事實；其實莊子並沒有強調「得其生」比較好，或「得其死」比較不好。若「得其生」則能以「無用」為其「大用」；若「得其死」則可以「物盡其用」為其「大用」。

換言之，當生死兩忘，並視生命為一個整體時，「得其死」的大樹，也能在「物盡其用」的狀態下重新看待「生」的意義；而「得其生」的雁鴨，也能時時察覺到自身的限制（死）而不居其功。認知的全面性可以回到「中軸」上，讓生命無論處於任何狀態下都能實然面對，並從中跨越自我的限定與分別，找到心靈超拔的心境再認同——生命的意義，可以有更大的詮釋空間。

這個「詮釋空間」，被放置在對應每件事物的變化上，以及反照在自己身上。有了生死兩忘，才能有所謂的「與時俱化」，也才能處於任何時空之變化中（無為），並發揮事物在每次當下中的任何可能（而無不為）。

從某個層次而言，「无譽无訾」是超然的態度，也是承擔的情操。超然於「譽」（天下皆知美之為美），雖有其用，卻不會居其功，進而能蘊藏其所「用」於「無用」；承擔於「訾」（天下皆知惡之為惡），雖無所用，卻能轉化心境，進而能發揮其所「無用」於「用」。所謂的「物物」，將使生命顯得格外穩定而充滿活力。

《莊子》藉此，提醒我們兩種觀察自我的方式：

其一是：從我們對待事物的態度開始。當我們在面對事物時，我們必須採取寬闊的視野，讓「思維的品質」回到「中軸」上。

其二是：重新回到我們自己，回到內心的轉化上。倘若我們換作是被看待的對應事物時，我們也必須保有在「思維品質」上的澄淨度（生命可以藉由這種品質上的訓練來面對自己）。我們也許可能處於相當險惡的環境，但我們卻不能因此而削弱自己；我們也或許處於相當優渥的條件中，但我們卻不能因此

而擴大自己。心態是如此的平常，精神卻是令人感佩的。

《莊子‧人間世》中有那麼一場「无聽之以耳而聽之以心，无聽之以心而聽之以氣」的自我轉化歷程；透過一棵櫟社樹的自我評述，莊子想讓我們洞視人間的價值為何，並予以重新詮釋這等人間價值的另一層真實意義。

> 匠石之齊，至於曲轅，見櫟社樹。其大蔽數千牛，絜之百圍，其高臨山十仞而後有枝，其可以為舟者旁十數。觀者如市，匠伯不顧，遂行不輟。
>
> 弟子厭觀之，走及匠石，曰：「自吾執斧斤以隨夫子，未嘗見材如此其美也。先生不肯視，行不輟，何邪？」
>
> 曰：「已矣，勿言之矣！散木也。以為舟則沈，以為棺槨則速腐，以為器則速毀，以為門戶則液樠，以為柱則蠹，是不材之木也，無所可用，故能若是之壽。」
>
> 匠石歸，櫟社見夢曰：「女將惡乎比予哉？若將比予於文木邪。夫柤梨橘柚，果蓏之屬，實熟則剝，剝則辱；大枝折，小枝泄。此以其能苦其生者也，故不終其天年而中道夭，自掊擊於世俗者也。物莫不若是。且予求无所可用久矣，幾死，乃今得之，為予大用。使予也而有用，且得有此大也邪！且也若與予也皆物也，奈何哉其相物也？而幾死之散人，又惡知散木？」
>
> 匠石覺而診其夢。弟子曰：「趣取無用，則為社何邪？」
>
> 曰：「密！若無言，彼亦直寄焉，以為不知己者詬厲也。不為社者，且幾有翦乎？且也彼其所保與眾異，而以義喻之，不亦遠乎！」〔註62〕

一般世人只將櫟社樹放在「因為大而可以用」的位置上，它大到可以為幾千頭牛遮蔭，可以造船的樹枝就有好幾十枝；「觀者如市」將顯現出眾人所圍繞的不只是那棵櫟社樹，而是環繞在各自的「成心」上。在大多的狀態下，我們極有可能都在進行我們的獨斷。弟子的觀點便是「成心」使然。

然而，弟子的思考可能比「觀者如市」的思考更為深入些；因為，弟子的思考將展現在「材」為何不得其「用」的疑問上，以及後續對「用」的思考。弟子所謂的「厭觀之」的行徑，將意味著弟子正在進行思索。但是，弟子所思維的層級仍然還停留在「自我限定」當中；這是因為弟子也只是從自我斷定的「材」來切入而已；特別是，他只是看到事物的表面現象而已。從對待事物的

〔註62〕《莊子‧人間世》。參見〔清〕郭慶藩：《莊子集釋》，頁170。

心態來看，弟子的預設讓自心走向於「為善」而「近名」的狀態；他著重的只是事物的「用」，「用」在其所鎖定的範圍內；所謂「未嘗見材如此其美也」，實際上已經為櫟社樹下了自是性的斷言，這個視角極有可能限制了眼界。一旦只是侷限在自我認定的「好的」狀態中，「近名」所隱藏的利益思索將有可能窄化生命的種種；很可惜的，弟子的限定讓思維停留在表面上。

看看匠石的回應。雖然匠石能觀察到為人所不能看見的一面，但是匠石所看見的一面，也只能是另一面而已。或許如此，他可以依據過去的經驗來判斷眼前的事物，但卻也極有可能會因此而將所謂的「經驗」放置在對事物的獨斷上；當對「經驗」解讀為一種固定公式時，自我的「成心」就會出現，就會使原本足以參考的「經驗」變質，而「經驗」所能提供的「經驗值」，就會顯得沒有意義與僵化。其實，此時的匠石卻也成見滿滿；因為，匠石依然以「自我觀點」來衡量櫟社樹的價值；雖然他能觀察出櫟社樹的「材質」，可是還是無法洞視到櫟社樹之所以存在於此的真實價值與意義。匠石正以「不材」的角度來全面否定櫟社樹的生命價值與意義，並進行自我獨斷，以為櫟社樹的「得其生」（壽）是全然性的一種僥倖狀態；這也是一種可惜，可惜他也讓思維停留在另一個表面上。因為自心的設定，所以匠石的價值超越不是全然的價值超越；當他依然行走在自心的框架時，這只是顯示出另一個狹隘的眼界而已；此時的匠石可以是一個有經驗、有眼光的老師，但是他卻也因為如此，也就還只是一個「成心」充滿，又不可一世的老師。

從對待事物的心態來看，匠石的預設讓自心走向於「為惡」而「近刑」的狀態；他著重的不單只是事物的「用」而已，反倒是因為在其自以為「無所可用」的思考下，讓這棵櫟社樹只得到負面的評價（不能用）。這個視角，雖然能察覺櫟社樹的「不材」，但卻也同樣地限制了他自心的思考。道理相通，一旦只是侷限在自我認定的「不好的」狀態中，「近刑」所帶來的否定性將容易極度矮化生命的本質，甚至引來更多的危機與限制。

讓我們回到櫟社樹的生命展演上。櫟社樹真正進入了一番「材」與「不材」的兩種狀態的自我檢閱當中。

生為一棵社神之樹，正因為理解到有「材」與「不材」，所以才能從中得知「彼是莫得其偶」相對解消的道理，進而能超乎兩兩相對的狀態；那麼，此時所謂的「材」與「不材」的認知與提升，就不是建立在「彼是得其偶」的「材」與「不材」的限定上；這裡的超越有了高度，也有了深度及廣度；也因此，「材」

就不是從「材」來看，「不材」就不是從「不材」來說了；這種狀態將回到「得其環中」的狀態裡。據此，所謂「予求無所可用」正意味著：不要將「用」只限定於自己的觀點上（至人無己）；「求無所可用」不是在關注於求取「沒有用處」的結果，也不是一味的在「追求」什麼；「求無所可用」，是在於對自心思維的重新開啟，以及因思維之開啟所帶來的精神上之超越。

一旦有己便會「近名」，一旦「近名」也就如同「近刑」。這個歷程，使得櫟社樹的思考維度呈現出更大的空間；《莊子》所要呈現的，是一棵能超越「材」與「不材」相對限定的櫟社樹。深入而言，「求無所可用」的歷程是一個「回返式」的再思考，當自身得知「材」與「不材」的相對性之後，才能超越其中，更能由其中的超越再度「回返」來重新看待「材」與「不材」；也就是說，櫟社樹「求無所可用」的條件是深知「有用」與「沒用」的道理，這時的「求無用」將呈現兩種相對關係的超越與統合，這裡的「求無所可用」的「無用」，正是讓自身處於「无譽无訾，一龍一蛇，與時俱化」的狀態中；那麼，此「求」，將顯現出櫟社樹正不斷在進行自我成長與轉化的精神訓練，而此「無所可用」則顯得如此「能用」，這與匠石所言「無所可用」有著天壤之別。

櫟社樹如實地面對它所身處的環境，它沒有抽離它所處的環境，其實它轉變的是它的「心境」；所以，「無所可用」，則顯得如此深知「能怎麼用」的道理；確實如此，櫟社樹能使自身用於「材」，也能用於「不材」。

當它顯現出「不材」的質地時，匠石是不屑一顧的；它讓「不材」的質地保有了自身的性命，這樣的「不材」是「有用」的，但是匠石卻因為坐落在偏執的自我觀點上而以為「不材」就等於是「沒用」了。相對於它顯現出「材」的外在時，群眾以它為社神，對群眾而言，這自然是「有用」的；然而，對櫟社樹而言，這個「材」其實是因為「不材」而獲得的，它深感以「沒用」來呈現「用」的道理，這個道理超乎它身為一棵社神之樹，因為它以其身而寄之。前者讓它自深體認到「為惡無近刑」，而後者則使它自身察覺到「為善無近名」；櫟社樹它能「形就而不欲入」，並且也能「心和而不欲出」。

從思維必須保持在活絡的狀態切入，制式化的觀點往往直接提供某種判斷，但是也同時隱藏某種程度的斷言；因此，聖人讓自己回到一個「寄託」的空間，它讓自身「寓」於其中的變化；他深知極有可能碰觸到我們經驗中無法應對的狀態，但我們卻可以借力而使力，從而再找出思維可以推進的方向。「借力」正是暫時「寄託」其中，「使力」便是轉化出自己思維的新意。當然，這

正是一場心靈的提升與精神的超越。

正如同庖丁解牛一樣，雖然他已經可以達到「以无厚入有間」的境地〔註63〕，但庖丁卻不急於為此下任何定終結性的定義；他甚至是極為謙卑地說：「雖然，每至於族，吾見其難為，怵然為戒，視為止，行為遲。」〔註64〕（他正以「聖人懷之」的態度來面對一切之變化）。

庖丁沒有讓自己停留在自己的空間當中，他依然讓自己行走在「未可知」的狀態裡；這個空間是在「中軸」上的，他「寄身」於宇宙的變化中而不自滿，因為，任何一種狀態都有可能重新考驗他那一把「若新發於硎」的解牛之刀。無所逃於天地之間的種種變化之條件，並不會限定我們，會限定我們自己的，還是我們自己。思維便能就此不斷地被開啟，開啟新的生命力。這個生命持續「旅行」在平衡的狀態上（遊刃有餘）。

這裡所呈現的是一種生命的「安穩」，而不是抱以「投機」的心理狀態。弟子所謂「趣取無用，則為社何邪？」的疑問，其實是一個很好的問題；但是，弟子的疑惑很可能只是把心態停留在「有所求」、「有所圖」的表象上，而忽略了其中心靈的轉化與承擔。

由夢中醒來的匠石，誠如經歷一番自我的檢閱一樣，透過櫟社樹在夢裡的談話，使匠石自己覺悟到在人間裡的一項事實（由夢中醒來，意味著「覺而不昧」的道理），即「彼亦直寄焉」。櫟社樹當然需要經歷一場「有所求」的歷程，但是它把此歷程轉化為一場「旅程」（遊）；所謂「彼亦直寄焉」，指的是將自身寄於大化之中；櫟社樹當然需要表態，可是它的表態，是將自身處於不張顯自身的表態的表態中。「大象」為何可以是「無形」的，實乃在於，心境中最為坦然的一面與真實的部分；所謂「愚者轉境，而智者轉心。」

櫟社樹必定有它無所逃於天地之間的限制，但它寄身於社神的位置上的「不得已」，將顯得如此深具意義。這裡的「不得已」不是「怨天」的口氣，更不是「尤人」的語調；櫟社樹的「不得已」顯現出它須經歷一番思索後才能做出這樣的決定；思維先讓自己回到「中軸」上，然後又相當切實地推回生活的必然中；這層轉折，使之生命顯現出智慧而不是聰明，使之生命的意義是承擔而不是逃避。

問題必須再深入。匠石之不顧，表面上所呈現出來的是一棵「無用的」櫟

〔註63〕《莊子・養生主》。參見〔清〕郭慶藩：《莊子集釋》，頁119。
〔註64〕《莊子・養生主》。參見〔清〕郭慶藩：《莊子集釋》，頁119。

社樹，但卻也因其被認定為「無用」，所以櫟社樹能終其天年；就某種程度而言，「終其天年」也是一種「用」，但這個「終其天年」之「用」依然只是一種限定，這裡還無法體現出櫟社樹內心轉化的歷程；所以，櫟社樹才會感嘆匠石只是「以義譽之」而已。也就是說，「終其天年」的背後，理當有其內在思維轉化的意義存在。

櫟社樹此時，是「有用的」，它必然需要「有用」，否則它會因其無用而遭受砍伐，以為柴火；另一方面，它確實也是「沒有用的」，它不能中繩墨，用於規矩，所以也引人詬病。然而，它卻不會因為「有用」或「沒用」而增加任何一點自我的色彩；因為，櫟社樹是寄託自身於人間的，它讓自身的生命展現在社神的用處上，但它並無因此而膨脹自我引以為傲；它也沒有藉此，而自怨自艾。生命必須承受某種程度以上的重量，但深知「寄旅」人間而讓自身回到「中軸」的櫟社樹，卻也顯得如此輕盈而自在。這種「託不得已」的思維，顯現出一種承擔與情操，然而又可從此承擔的狀態中，提升思維的高度，且讓自身又顯得如此釋然而忘懷；他既能用於「有用」，又能用於「無用」，並且最終「忘」其所有的「用」，而又成就於所有的「用」上。

這段歷程正是櫟社樹自己所言的：「為予大用」——我讓自身真實地面對所有的可能性，更從中得其思維上的轉化；我能「用」（如實面對）於「大」（無所逃於天地之間的條件轉移與變動）。

只有一個道理是「永恆的」，那就是「沒有永恆」的道理。「經驗」如此謙卑地再次還給「下一個經驗」。

在一則描述「變化」，進而體認「變化」的寓言中，「死亡」與「疾病」這種無所逃於天地之間的「變化」將顯得格外自在，甚至是喜悅。《莊子》將透過四位友人的莫逆交心，來說明「為是不用而寓諸庸」的思考。其言：

> 子祀、子輿、子犁、子來四人相與語曰：「孰能以无為首，以生為脊，以死為尻，孰知死生存亡之一體者，吾與之友矣。」四人相視而笑，莫逆於心，遂相與為友。
>
> 俄而子輿有病，子祀往問之。曰：「偉哉夫造物者，將以予為此拘拘也！曲僂發背，上有五管，頤隱於齊，肩高於頂，句贅指天。」陰陽之氣有沴，其心閒而无事，跰𨇨而鑒於井，曰：「嗟乎！夫造物者又將以予為此拘拘也。」
>
> 子祀曰：「女惡之乎？」

> 曰：「亡，予何惡！浸假而化予之左臂以為雞，予因以求時夜；浸假
> 而化予之右臂以為彈，予因以求鴞炙；浸假而化予之尻以為輪，以
> 神為馬，予因以乘之，豈更駕哉！且夫得者，時也；失者，順也。
> 安時而處順，哀樂不能入也。此古之所謂縣解也。而不能自解者，
> 物有結之。且夫物不勝天久矣，吾又何惡焉！」〔註65〕

生命本來就行走在一個不斷在轉變的歷程上，「變」正是有無的統一，生死之
交融；當我們深切體驗到這點時，我們的思維品質是活絡的（正所謂：「知代」
〔註66〕──知曉事物是變換的。其道理正與所謂的「物之生也，若驟若馳。无
動而不變，无時而不移。」〔註67〕一致）；也正當我們得知這是無可逃於天地
之間的道理時，我們同時也就可以掌握它了，這個掌握就在於我們能理解到它
是無法掌握的；這便是「養中」。

「養」當呈現著不斷因應與調整，以及重新的排列與組合；生命在歷程中，
將顯得因其有所轉化而更具尊嚴，因其有所承擔而更具精神。當子輿因病而呈
現出腰彎背駝，五臟血管向上，面頰隱再在臍下，肩膀高過頭頂，頸後髮髻朝
天時〔註68〕，他的心境卻對如此「造化」充滿讚嘆，而不是停留在感嘆；此時
的「材」與「不材」都已經被統合了，統合在流動的變換中；這些被視為不祥
或是怪異的情狀，終將回到「中軸」上，進而等待重新的詮釋。

以子輿而言，對天地如此賦予自己那有別於世人不同的「造化」的詮釋中，
其實子輿是在詮釋他自己，是在不斷檢閱他自身的心靈狀態；思維沒有受到任
何自是的綑綁，思維不斷地接受挑戰，而又將次次的挑戰轉為生命的助力。

他是如何進行再詮釋的呢？且將這些巨變回歸到「中軸」上！如果左臂被
變做雞，我就用它來報曉；如果右臂被變做彈，我就打斑鳩烤著吃；如果尻被
變成車輪，精神被變成馬，我就可以駕馭著它們。〔註69〕倘若我們只是單從
「自是」的角度來看待這些變化，那麼我們會對此陰陽失調而不和的狀態感到
恐懼，甚至連這些變化都將成為我們怨天尤人的理由，我們不但沒有體認到
「變化」的真義，甚至將「變化」導向為「僵化」，進而將「變化」曲解成為
「宿命」；我們沒有投入「變化」當中，我們製造出與它們的距離，一個被自

〔註65〕《莊子・大宗師》。參見〔清〕郭慶藩：《莊子集釋》，頁258。
〔註66〕《莊子・齊物論》。參見〔清〕郭慶藩：《莊子集釋》，頁56。
〔註67〕《莊子・秋水》。參見〔清〕郭慶藩：《莊子集釋》，頁585。
〔註68〕其翻譯，參見陳鼓應：《莊子今注今譯》，頁191。
〔註69〕其翻譯，參見陳鼓應：《莊子今注今譯》，頁192。

我限定的距離。所以，這些被子輿所推出的「用」，已經不是世俗所限定之表面上的「用」了；「報曉」就不只是「報曉」，「車輪」也不只是「車輪」，「馬匹」也不是「馬匹」，「彈丸」也就不是世俗中的「彈丸」；這些「所用」的推出，是針對於自身轉化於「變化」中的再肯定。

誠如安樂哲所言：

> 《莊子》將假定人形的責任放在一個更大的轉化過程之中來加以定位。在無盡的冒險中，一種事物的形式變成另一種事物的形式，對這樣一種假定的肯定之中，有一種真正的安慰甚至宗教的敬畏。這樣一種肯定也激發了對於在一個共享的環境之中的其他生物的同情。通過重新定位每時每刻的消逝，以及通過重新將「生」界定為「生死」，那種肯定激勵著對於「當下」的一種存在的欣賞（existential appreciation）。〔註70〕

事實如此，安樂哲所謂的「欣賞」態度，恰如其分地指出生命必須進行一場自我觀照與重新推出的歷程；因為，「欣賞」最為重要的意義就是，物與我可以是為一的（天地一指也，萬物一馬也〔註71〕）。

萬物的差異是一項事實，但是這一項事實卻是所有萬物的共通本質，這一個基本本質是我們所具備且相同的；因此，相對思維的再超越不只是停留在洞視到物與物之間的相對關係而已，最終，它還能引導出對物與物之間的相通與相容；當差異回歸到統合時，差異性才有其存在的價值與意義。當我們從統合又再次推出時，我們面對差異才能發出讚嘆，天地正因其各自的差異所以才能平衡（這才是真正的「齊物」）。

因此，我們可以推想，子輿的這些「所用」，必當是由感知巨變之後，先回歸到「中軸」上，然後再推出的「所用」；世人所以為的「材」與「不材」，「祥」與「不祥」，就此都可以解消了；但也正因為如此，而又被重新建立起來了（莫若以明）。原本那些被拒之千里的「疾病」可以不是「疾病」了，因為「死」本來就意味著「生」；我們的生命不斷地在「中的狀態裡」進行淬煉，這便是所謂的「養中」；思考於其中、學習面對於其中，進而調整於其中，最終體認到自身就「活生生地在其中」。

〔註70〕 參見〔美〕安樂哲著彭國翔編譯：《自我的圓成：中西互鏡下的古典儒學與道家》，頁587。
〔註71〕 《莊子·齊物論》。參見〔清〕郭慶藩：《莊子集釋》，頁66。

這個「寄託」顯現了一種開闊的情操，與自在悠遊的心境。事實上，當我們在「欣賞」的狀態時，其意味著，我們的思維是開放的姿態，我們不僅僅是自由的，我們更是自在的。

正當我們「得到」時，那是條件具足了；而正當我們「失去」時，那是條件不具足了。但是，我們更要明白一件事實，即「得到」與「失去」，都是條件在進行重組，「變化」才是背後的通則；這就是讓思維回歸到「中軸」上。「得到」，是「適時」；「失去」，是「順應」；它們的總和正是「適時順應」，得知此道理便能有所「安」、有所「處」，「安處」於天地之中，這就是「與時俱化」。《莊子》為此狀態，稱之為「懸解」。

從思維的推演上來說，「懸解」便是一個在生命歷程上不斷轉化的自我。「懸解」將世俗所僵化之「用」化為「無用」，在以其回到「中軸」上的「無用」而放諸四海轉為「大用」（所以「無用」就不是沒有用，而「用」又有了新的詮釋空間）；「用」被賦予一種具有宏觀性的視野，以及活力充滿的動能。然而，這種活力與視野，並不是一種存在於自我預先設定中所要的期待；相反而成的，期待也被自己的宏觀與活力給解放了，在無所期待的心境中才能真實展開「寄」的旅程，而不是走向充滿自我執著的「定見」裡。這裡唯一可以一直持續下去的「寄望」，便是在於，「寄望」於「無所寄」，也就是能回歸到「不寄」；以「不寄」的態度去投入這個真實因應於自己的「寄」的旅程；這樣的旅程似乎沒有終點，因為終點就在於每一次的起點上。

所以，《莊子》將進而藉由身處於「生死」臨界點上的子來，來示現生命的無窮（思維的悠遊）；其言：

> 俄而子來有病，喘喘然將死。其妻子環而泣之。子犁往問之，曰：
> 「叱！避！无怛化！」倚其戶與之語曰：「偉哉造化，又將奚以汝為，
> 將奚以汝適？以汝為鼠肝乎？以汝為蟲臂乎？」〔註72〕

妻子「環而泣之」是人間相當據實的一面，但只是這一面，顯然是不足夠的；透過「叱！避！无怛化！」的責備，「環而泣之」，才能顯現出更為深刻的人間意義；這一個責備的語意背後，事實上將充滿著對人間的再回歸——我們因為這樣，可以重新認識自己。

不要驚動這將變化中的生命（无怛化）——這一個思考向度，其實不只是在思索將如何面對死亡的到來；更為重要的意義是，它也同時在提醒我們將如

〔註72〕《莊子·大宗師》。參見〔清〕郭慶藩：《莊子集釋》，頁261。

何面對我們「活著」的時候，一個隨時都在改變的生命狀態。正值有「死亡」的到來與這不可改變的事實，我們才能藉此去回顧「生時」的種種與其意義；因為有了這些「變化」的存在，所以才能讓生命的意義可以有再度被重新檢視的必要。佇立在這個「中軸」的空間裡，生命就此展演在隨時可以接迎「死」，以及如實面對「生」的狀態上；「中軸」將視「生死」為一體。當思考到「死生如一」這點時，就是明白那些斷斷續續的「變化」也如同在經歷一場「生死交關」一樣，生命就在這「無常」中體現其「常」。

思維要有所「活化」，並非只是關注於片面的「活」的角度而已；其實「活化」還需「死亡」的參與，有了「死」，生命才能完整；所有的生命轉變，就如同是一場生死的實際展演。所以，「轉化」的深切意義正意味著，不斷地死亡與生長。要將你「變成」什麼東西？又要將你「帶往」哪裡去？是要把你「變成」老鼠的肝臟嗎？還是把你「變成」小昆蟲的背膀？《莊子》以「造化」二字來形容「死」，並且以此來訴說「生」；在「得其環中」的語境裡，生命中的「死亡」將意味著「重生」，而所謂的「重生」也意味著「死亡」的氣息；聖人絕無刻意藉由「造化」二字來營造曖昧不明的氛圍，聖人由此更加清楚地從兩兩相對中意識到兩兩的統合，進而又能如實地去面對兩兩之間的差異。

當我們能「欣賞」這些變化時，同時也意味著，我們可以好好的「品味」自己。當我們在「因應」許多狀態時，我們其實是在「觀照」自己的。所以「懸解」不是消極的生命觀，也不是相對於消極而推出的積極，「懸解」恰恰是「得其環中」──「懸解」是讓自身真實地去面對自身的變化（包含心理的訓練，以及身體的探尋），「懸解」讓自身回到「中軸」上，它不由預設來看待事物，它讓自身保持在「因」的狀態中。

所以，此時的「因」，不是「因是因非」的相對性的「因」；此時的「因」，是「因其固然」的「因」；因為能「不將不迎」，所以能「因」其所「變」。我們可以這樣說：「懸解」正是將自身「寄於」變化莫測的狀態，並且從中與任何可能性相遇，進而與各種可能性相互共存、共和，以及共榮；這種狀態不會刻意地去讚美功成的偉大，當然也不會輕易地讓自己錯過因其失敗而所能給予的成長。那麼，這便是子輿與子來給予天地最高的評價，也是他們給予自身的最終期許，期許於不受限制的期許當中；然後，子輿與子來現在又是如實地回到自己身上，安然地面對這些所謂無所逃於天地之間的變化。

面對生命，我們有其無可抗拒的實然與必然，認清這點宇宙給予我們的這

項變化的啟示時，所謂「自然而然」的道理，便會因此思維的提振而顯得如此飽滿而深具精神意義。所謂的「無限」到底在哪裡？它又是什麼？深思其中，「無限」的開拓正是從我們這個「有限」的個體開始的；這個轉折無非是回歸到「中」的思維上，透過回歸到「中軸」，再由「中軸」推出；生命本具的「有限」就此朝向「無限」前進。

據此，所謂的「託不得已」就不是簡單性的「自保」，更不是在沒有思維底下的「遷就」；聖人是將自己原先「有限」的「用」投向廣漠無邊的時空轉化中，與他所遇見的是「無限」的「用」，他所希冀的，是透過宇宙的種種來詮釋他自己。

所謂的「物化」，是先讓自己投身於萬物之中（回到中軸），再由認知到自己是萬物成員之一的體會中，重新來詮釋自己（再由中軸推出）；正當我在思考，是我在夢蝴蝶，還是蝴蝶在夢我的同時，我已經在告訴我自己，我不可以只是我而已。對於這一層轉折，其實深具「勇氣」，充滿「智慧」。

《莊子》更進一步的說：

> 子來曰：「父母於子，東西南北，唯命之從。陰陽於人，不翅於父母；彼近吾死而我不聽，我則悍矣，彼何罪焉！夫大塊載我以形，勞我以生，佚我以老，息我以死。故善吾生者，乃所以善吾死也。今之大冶鑄金，金踊躍曰『我且必為鏌鋣』，大冶必以為不祥之金。今一犯人之形，而曰『人耳人耳』，夫造化者必以為不祥之人。今一以天地為大爐，以造化為大冶，惡乎往而不可哉！」成然寐，蘧然覺。〔註73〕

天地給我這個形體，這必定是有所限定的；限定於「生」，限定於「老」，當然也限定於「死」；天地以這個限定來展現我活著的時候，又以此限定來讓我體驗年老的氣息，最終又以此限定來讓我體會什麼是結束；這些乍看之下的「限定」，因為有了以上的反思，一切將顯得如此「無限」。

所謂的「載」、「勞」、「佚」、「息」就顯得如此平實。能思考到天地「載我」的同時，我反而能就此來「乘載」它；當思考到天地之所以「勞我」的意義時，我反能藉此來訓練自己，使自己「悠遊」其中；生命透過年老來享受「清閒」，而不是「懊悔」以前的種種，這種沉澱使得生命充滿活力；最終的死亡並沒有打擊我，因為這是為了下一個旅程所準備的「休養」，死亡的存在與意義將意

〔註73〕《莊子·大宗師》。參見〔清〕郭慶藩：《莊子集釋》，頁262。

味著下一次的生長。所以，能感知到「生」的喜悅（善吾生），就必定能學習感知到「死」的意義（善吾死）；事實上，《莊子》要我們面對的課題是，我能好好「善用」生，也能好好「善用」死，這就是「無用」的態度，正是「大用」的精神。天地宇宙這個大熔爐，將要使我變成什麼？已經不是重點了！這裡所顯現的思維的高度、深度與廣度；正是在於，我可以是任何一項事物了！相對而言，所謂「物化」就不只是「物化」，其實是「心」的「轉化」。

　　事實上，天地宇宙並沒有限定我們，這個限定的身軀就從這層思維的轉化中被開啟，我們就「用」在「無用」之中，我們必須行走，但卻行走在成長的歷程裡。誠如哀駘它或支離疏一樣，一般世人眼光中的醜陋、畸形、變態等不好的狀況，對他們而言，心境幾乎是不受影響的──他們是能面對自己的，並且又是能從中轉化自己的。或許他們是眾人眼中極為「不材」的人，但正因為他們以「為惡无近刑」的思維來轉化自身的內在，而又能以「為善无近名」的思維來展現他們的外在，所以才能從「因其固然」的「中軸」態度上來重建他們的「材」──原本「不材」的生命，反而因此而得到「大用」（材），而所能發揮的「大用」卻又是那麼的如實與平常（不因材而居）。事實上，他們的德性充滿（自然而然的體現出來），已經超越某種層次以上所謂的「材」與「不材」的分別了，他們實際展露的是「中性品質」的精神，因為他們的生命體證了一種思維的方式，即是「得其環中」的向度。

　　最終，值得注意的是：倘若《莊子》與《老子》在「中性品質」的思維推展上有其不同之處，那將「託不得已以養中」與「不如守中」相較，前者更明顯地具備著提振精神與超越自我之意義。

　　「守中」本具「活絡」之品質，它意味著思維從不被僵化，正如同「水」的流動一樣自然而活潑；然而，在其「養中」的思維裡，除了傳達「活絡」之品質之外，更讓人深思當有其所謂包容、承受與成長的道理；在這樣「活絡」的思維方式中，實包含著一種對生命的承擔與責任。

　　深入而言，所謂的「養」：正是面對這些無所逃於天地之間的條件轉移與變動所需保持之方法與態度。而此時所謂的「中」：便是讓自己處在這些無所逃於天地之間的條件轉移與變換之流動上。所以「養中」：就是在這流動上持續地尋得解決的方法，這同時也就是面對生命的最好的總體方向與態度。

　　回到「中軸」，不但沒有讓我們走向任何一個偏激的狀態，它更使得我們不會變成一個膽小、懦弱、無知，且帶有朝向「鄉愿」前進的歧途上；「得其

環中」，此時顯得如此前瞻、靈活，而有氣魄。從「養中」思維的內涵來說，更能凸顯道家在面對生命的總體時，其關懷的層面與認真的態度。寄託於「不得已」，而能安然其中；不生其心，而能「養」其中。

這裡所呈現出來的生命總體態度，是一種「超越性的強勁」，這個「力道」顯得如此平和而有其活力；它不是消極的逃避，也不是積極性的展露，它恰好是個「中」，是一個「然」。

對於這段歷程的轉換而言，正是生命內在的修養，是對自我的再認識，是對自我的重新建構——生命充滿了反省、涵養與創新。反省自身於這變化的生命歷程中，涵養自我寄寓於這不得已改變的生命種種，最終提升並轉化自我的心境，使之生命的整體因應於這「多變性」的生命本質當中（接應任何可能性的發生），這就是所謂「託不得已以養中」的最終精神。

「託不得已以養中」的生命省思呈現了一項更大的意義，即《莊子》沒有選擇逃離人間，沒有消極面對生命的任何課題，沒有就此而違背他自身最為看重且清晰的信念——「莫若以明」，更沒有讓思維只停留在純粹性的理論架構上——「寓諸用」。這種對生命本質的洞視，不但能安身與立命，更能經由這等思維的轉化與實質的生活歷練，超越原有那些對生命種種的制限；這顯得《莊子》的生命觀格外務實，又不失其天真自然的性情。

第四章　道家中道思維的生命體證與實踐——逍遙遊

本章提要

　　「秩序」的重建所蘊含的真切意義是如實地對「人間」提出回應；古典道家的生命確實也能同在這場歷史轉變上找到這種相為呼應的情態。在老、莊思維體系之下的「中道」觀，亦是要「因應」於這人間的課題。

　　「反向思維」為的是重尋生命的平衡，而「環中的回歸」為的是洞視事物相因的結構；在徹底檢討過去秩序的同時，古典道家也同時在進行全新的歷史闡釋，更為重要的是，他們也同時在重新詮釋生命的意義，以及展現他們對這「人間」的全新解讀。議題的核心可以相對來說，即古典道家並沒有離開「人間」，甚至在其思維的架構中，他們企圖扭轉這所謂「秩序」的真實意義；誠如培風而上的鵬鳥、莫不中音而解牛的庖丁，或是醜陋無比卻德性充滿的哀駘它，其寓意背後都在引領我們重新省思自是底下價值的武斷與暴力；他們確實行走在人間，但卻希冀活化這人間。在恢復秩序的同時，這是一場秩序的突破，更是一次秩序的創造。本章將回到道家的生命情態，藉由這些形象與其這些形象背後的思維模式，來探討他們對「人間」的用心，以及這用心背後對這「秩序」的終究期盼。

第一節　思維向度之擴充與無窮——不知其幾千里

　　無論是鵬鳥的飛行，或是南郭子綦「吾喪我」之狀態，皆是一場不斷擴充

自我生命向度的精神訓練，反觀這層增長自我的作用，即是從解消自我之「所圍」而開始的。鵬鳥振翅翱翔的內在意義，即是起於重新認識自我之精神所開啟的；而「吾喪我」的南郭子綦，即是透過層層自我之解消，而重拾生命的能量與提振生命的新價值。翱翔的寓意，即是顯現思維的成長；而「吾喪我」的意義，正是整肅自我而以應新局。這即是所謂的「大」，就是讓思維先行擴充；這正是道家在生命歷程中體現「中道」思維的第一步。

針對於思維內容的釐清、言論秩序的推演，乃至於對事理質地的考察，當然有它實質上的存在意義與其必要性；然而，無論是釐清、推演，或是考察，最為人所擔憂的，正也是出自於這些在「方法論」上的限制（有其「成」，必然在另一方看來，就有其「毀」）。《莊子》曰：

> 知士无思慮之變則不樂，辯士无談說之序則不樂，察士无凌誶之事
> 則不樂，皆囿於物者也。〔註1〕

他們（知士、辯士、察士）試圖找出問題的所在，但卻也往往因此而鎖定了自己；更為人擔憂的是，這不但限制了自我，反讓釐清、推演，或是考察的本意脫離了原先的發想；所謂「不樂」將顯現一項事實，即這些釐清、推演，或是考察的原有本意已經偏頗地朝向單只為自身服務為目地的路前進，觀點卻極有可能只停留在自我的思緒裡盤旋而自是其中；這不但不能進行思緒的釐清，也使之推演走向失序的狀態，而所謂的考察就會顯得如此凌亂而支離破碎。

有「彼」既有「此」，「彼」與「此」之所以成立，正在其各自有了「我」的預先設想，這樣的設想不是不好，而是會往往依此而膨脹了自我，轉為「成心」，而「囿」於所見。這種自是的結果容易將兩兩的關係導向對立的位置，「彼」與「是」於是便走向「得其偶」的狀態而無法抽身，攪擾、紛爭、心鬥也就隨之而來。

誠如之前章節中所論，對立位置的形成，將使之各自的觀點易於偏頗地著重在某一種觀點上，正如只著眼於門的「開」與「關」，進而忽略了「開」與「關」都是由「門軸」的作用原理所開出的（我們忽略了其中的成因）；無論是著重在「此」或是鎖定於「彼」，「彼」與「此」之間拉鋸戰終將顯現出一個核心問題，即「我」無法真實地面對「自我」，乍看是「彼」與「此」之間的對立，然實質上卻是「自我」起了對「自我」的對立；「囿」於所見的「自我」，

〔註 1〕《莊子·徐無鬼》。參見〔清〕郭慶藩：《莊子集釋》（臺北：貫雅文化，1991），
頁 834。

以此自是為真、為用,進而大亂真實的本來面目,自以為是的掌控顯現出某種渺小的無知,此時的「我」讓生命的整體性產生破裂,甚至在這些撕裂的自我孤立當中產生不斷循環的是非。

因此,為了避免這些無謂的撕裂,《莊子》採取了一個相當大的思維轉折——回到「中軸」上;而《老子》則提出「多言數窮,不如守中」的維度來進行思考。在「開」的情境下,也同時思索著「關」,在「關」的情境下,也同時思索著「開」,所謂「其分也,成也;其成也,毀也。凡物無成與毀,復通為一」。〔註2〕值得注意的是,此「復通為一」是思維轉化之後的結果,然在得出這層結果的前置作業中,了解「彼」與「此」之間的差異性,才是能「復通」的主因;因為在這層反思歷程中,「彼」與「此」之間因關注到各自之間的差異所在,所以可以進行一次對「彼」與「此」之間的瞭解,原先的碰撞進而提升為成長,瞭解「彼」與「此」之間關係乃至問題,正是給自己看清自己的一次機會;有了這番的歷程,才能實質地掌握到「復通為一」的精神。「通」即是先將「囿」破除,並且把這些原有的「囿」串連起來;真正的通達,具有智慧的思索與運用,絕非只是停留在為了打破而打破的階段。

據此,洞視了「開」(彼)與「關」(此)都是因其各自有我而成立的,那麼即能進一步思索如何化解這種「對偶」所帶來的限制;所謂「皆囿於物者」,即是「囿」於己心,當「對偶」產生時,自我是無法融入萬物之中的,這顯然不是事物選擇逃離我們,而是我們限制了事物;如何不礙於我們的形體,不受限於我們的內心,就是打消這個對立狀態——「偶」(耦),即能同時關懷並注意到「彼」、「此」之間原有的平衡,甚至重新面對並再次建立此關係之平衡。在《齊物論》的開端寓言中,顏成子游眼中形如槁木、心如死灰的南郭子綦乍見之下是如此地失去生命的活力,然顏成子游卻也敏銳地觀察到,「今之隱机者,非昔之隱机者」〔註3〕,此時的南郭子綦確實不能同日而語;然而,為何如此?乃因於「今者吾喪我」〔註4〕。就此,陳鼓應指出:

> 吾喪我:摒棄我見。『喪我』的『我』,指偏執的我。『吾』,指真我。
> 由『喪我』而達到忘我、臻於萬物一體的境界,與篇末『物化』一節相對應。〔註5〕

〔註2〕《莊子‧齊物論》。參見〔清〕郭慶藩:《莊子集釋》,頁70。
〔註3〕《莊子‧齊物論》。參見〔清〕郭慶藩:《莊子集釋》,頁43。
〔註4〕《莊子‧齊物論》。參見〔清〕郭慶藩:《莊子集釋》,頁45。
〔註5〕參見陳鼓應:《莊子今注今譯》(北京:中華書局,2001),頁35。

陳鼓應之說依照古訓而來，頗為中肯；然就本論文之核心（中道）再度深入思索，所謂的「喪我」即是「喪偶」，實對應於顏成子游一眼所見之南郭子綦那「隱机而坐，仰天而噓，荅焉似喪其耦」的狀態；「喪我」正是將自我先由對峙的狀態中抽離，抽離有「彼」以及有「此」的「對偶」關係，因為「對偶」的關係就在於各自自我成心的建立；「彼」解消自我，就能進入「此」，「此」解消自我，就能進入「彼」，此實為「復通為一」的道理；它們見識到其各自的差異，進行了一場自我的反思，以及可以朝向融通的思維方向；這將環扣之前章節所論，即從「彼是得其偶」到「彼是莫得其偶」的轉化歷程上，「我」逐漸被抽離，「耦」亦逐漸被消弭；觀點不再是自是的「我」（對立的偏私），而是漸漸朝向更為寬廣的「吾」（中軸的位置）；正其所謂：「彼是莫得其偶，謂之道樞。樞始得其環中，以應无窮。是亦一无窮，非亦一无窮也。」〔註6〕當我們的視野回歸到「中軸」（樞）時，我們不但能同時看見「開」與「關」，也能深入並具體地理解到為何能有所「開」與有所「關」的道理，以及這思維理路背後的確切原由——我們可以藉此來觀看自己；看見真實的自己——「見到真吾」。

「吾喪我」確實是在進行一場「摒棄我見」的精神訓練，然而更為深入的啟示是，「吾」除了用「真我」來理解之外，「回歸中軸」的思維推論理當更能呼應《莊子》的整體思路；當「開」與「關」相互進行參照時，各自成見的「我」就必須接受檢閱，「喪我」不是將自我的聲音全然泯除，而是重新評估自我或調整我與他者之間的關係；「無偶」（無耦）就是能全然面對各自與彼此之間的種種狀態，「無偶」反倒能更為切實地去尊重每一種原先與之對立的聲音，中性品質所要接應的，便是這些喧噪的聲響；陳鼓應所言「與篇末『物化』一節相對應」即是。換言之，所謂「中」的狀態，即能保持在了解對立、化解對立的狀態上，以無我（無對偶）去接（觀察、理解）應（面對、處理）每一種事物；然卻也從中無時無刻地在展現著「我」（以無我來呈現真我）。

所以，看似了無生意的槁木與死灰，實際上卻隱藏著無限可以再被推出的新能量；因為，此時沒有「成心」、亦沒有「我見」，只有一個可以再度進行重組的「中性品質」。乍見之下的「模糊」（形如槁木、心如死灰）並不能就此而言之為「不清不楚」，因為，過度的分析可能會分化原有的整體，而使之整體產生破裂與對峙；採取「中軸」的思維模式，並非就等同於沒有「立場」，因

〔註6〕《莊子‧齊物論》。參見〔清〕郭慶藩：《莊子集釋》，頁66。

為「立場」就表現在「無窮」的應對上。在沒有被自我的所見、所知給「滯囿」時，所以槁木與死灰的實際品質將顯得如此生意盎然，在了無生意的狀態下，實際蘊藏著無限的「生機」；當思維的視點回到「中軸」時，所知、所辯、所察，就不是為其「所樂」而為，而是為其「所樂」進行破除；「吾喪我」使之「所樂」停止，讓「樂於」自身「所知」的障礙解除，並時時對自身的「所知」進行叩問，叩問於那「彼是莫得其偶」的平衡。思維的用意將必須有所「表態」，然絕非只是在強化自我的立場上行走，去除我見，是期許自我生命當有所重生才具有其意義；透過一種解消的方式，來看清自己與一切，而完成自己。

　　這場「損之又損」〔註7〕的精神訓練，實際上是一次又一次讓生命「提升」的歷程；經由某種程度的解消（摒除我見），其實是某種程度的增長（參照他者）；誠如《老子》所言「孰能濁以靜之徐清」〔註8〕，透過一種寧靜或沉澱的方式來聆聽所有的聲音與看見所有的視點，聞其所無聞，見其所不見，以增其所見所聞；當聞見有所開拓，思維自然有所擴充。接連《逍遙遊》中的鯤、鵬寓言得知，優游與翱翔，將意味著，是一場不斷進行自我增進的訓練，反觀這層增長自我的作用，即是從解消自我「所囿」的生命歷程開始的。

　　　北冥有魚，其名為鯤。鯤之大，不知其幾千里也。化而為鳥，其名
　　　為鵬。鵬之背，不知其幾千里也。怒而飛，其翼若垂天之雲。是鳥
　　　也，海運則將徙於南冥。南冥者，天池也。〔註9〕

　　所謂「不知其幾千里也」，首先提供了在思維方向上的「突破」意義，對於「我們已經所知」的內容進行了一次擴張的作用，藉由這個擴張，我們的「所知」實質上會因此而產生了某種程度上的「變化」，至少這可以對我們的「所知」提供某些參照值；這使我們意識到，思維不能再只是靜態的、停止的；嚴格地說，思維不能夠只自滿於它自身那「不動」的狀態，這裡的「不動」，正是所謂「囿於物者」的狀態。換言之，「鯤」或「鵬」的生命律動則象徵著某種程度的生命轉化意義；在「鯤」為「化」，在「鵬」為「徙」；優游的「鯤」、

〔註7〕《老子・四十八章》。為學日益，為道日損。損之又損，以至於無為。無為而
　　　無不為。取天下常以無事，及其有事，不足以取天下。參見〔魏〕王弼等著：
　　　《老子四種》（含：老子王弼注、老子河上公注、馬王堆帛書老子、郭店竹簡
　　　老子）（臺北：大安出版社，1999），頁41。
〔註8〕《老子・十五章》。參見〔魏〕王弼等著：《老子四種》（含：老子王弼注、老
　　　子河上公注、馬王堆帛書老子、郭店竹簡老子），頁21。
〔註9〕《莊子・逍遙遊》。參見〔清〕郭慶藩：《莊子集釋》，頁2。

翱翔的「鵬」，正需不斷為自我提出反問，反問這些根源於自心的自是與限制，正當每次在對自我自是進行解消的同時，其意味著能更進一步地優游與翱翔在生命的流動當中；因知其自身的「渺小」，所以才能顯現「其大」的精神。《莊子》為此使用了一個相當據實的形容詞：「大」〔註10〕。

不管是「鯤之大」或是「鵬之背」，身軀形體的「龐大」顯然已經超出我們所可以想像的範圍（這證明一項事實，即我們的所「知」與其所「行」，事實上是有限的，我們只限於自己的所見與所聞），對於「鯤」與「鵬」的「大」的形容語句之背後，實已拉高、加深並且擴充我們思維原有的內容，在這一次的思維刺激中，確實使我們對生命的原先認知與界定產生了相當大的震撼力；也正是因為如此，從這無法想像的範圍出發與引導，思維活動的本身才有被「喚醒」的可能。

藉由事物形體的「龐大」，一種無可想像的範圍來拓展我們的思維內容，實際上是在推演並持續我們思考的可能性；這顯然不是一個假設性的思索而已，它實際提供了我們必須對既定的事實進行一番思索，一番有別以往的思考，以及需要持續不斷進行思考的品質。站在這項思維的「突破」意義之上，視野的提升與深化是極為顯然的，這不僅沒有放棄或停止那原來思索的用意，進一步地又能將思索的品質拉到一定的高度。更深切地說，就這一次的「轉變」（大）而言，是在於「突破」我們原有的界定，與因其所帶來的任何一項自以為是的觀點（小），好讓我們在更為寬闊的視野當中持續進行思索。

正因為是「不知其幾千里」，所以可以藉此「不知」來引導我們思考到那些更多我們不可預知的可能性，與那些因其「不知其幾千里」而拓展出來的在思維本身思考活動之上的無限性；也正是因為以「不知」方式來叩問現有的「已知」，「知」的品質才能有所提振與革新；至少「知」能因此而意識到自身將必須有所「突破」（知不知）才能前進，所以「知」可以保持在思維持續能有所

〔註10〕吳怡對《莊子》所謂的「大」的思維概念有這樣的見解：在《莊子》書中提到的「大」，約有三種：一是形體的大，如大舟、大椿、大瓠、大樹等。二是相對的大，這個觀念上的相比，如泰山與毫末，大年與小年，大知與小知等。三是絕對的大，這是精神上無限向上發展，如大方、大通、大仁、大美等。吳氏為此「大」分析出三種層次：

形體之大──由小變大──順
相對之大──破小為大──忘
絕對之大──化小成大──化

以上參見吳怡：《新譯莊子內篇解義》（臺北：三民書局，2004），頁15。

活動的狀態上。結合《莊子》「得其環中」的思維方式一同進行觀察，「大」的實質意義首先在提振我們必須「突破」自身的限制，好讓思維的內涵能有所充實，其充實的方法即回到對「彼」與「此」之間的對偶性質上的消融；進一步讓我們思考到，思維品質若要保持在一定程度的靈活狀態上，就必定需要接觸並參照有別於自身「所知」以外的「不知」，而不是自限在自我的「所知」當中。

關於這一次的「變化」，實質展現在《莊子》下一段的陳述裡，在富有連貫性與節奏感的文章中，思緒的脈絡不曾中斷，甚至逐漸有所增強，「大」的概念將展現在一個相當據實且必要的歷程裡；《莊子》將透過另一層較為具體性的語言描述來說明「大」的內容，其言：

> 《齊諧》者，志怪者也。諧之言曰：「鵬之徙於南冥也，水擊三千里，搏扶搖而上者九萬里，去以六月息者也。」野馬也，塵埃也，生物之以息相吹也。天之蒼蒼，其正色邪？其遠而無所至極邪？其視下也，亦若是則已矣。〔註11〕

在這段確實富有活動性質的具體描述中，鵬鳥的「水擊三千里」或是「搏扶搖而上九萬里」等行徑上的「誇張」描述，實緊扣著「大」的思維體系，「鵬鳥」的飛行隱喻是一次偌大的旅程。無論是「擊」或是「搏扶搖」，實意味著是一場在思維歷程中的自我改變與自我創造，這裡實質呼應並強化著與《莊子》之前所謂「怒而飛」的陳述語境。在這群意象群當中（大的意象），實際的意涵是，生命的質地正在不斷進行提振與擴充；各種聲音不斷地進入，視野不斷地有所改變，而參照值也不斷在增加當中；這還隱藏著一個事實，即「吾喪我」的精神訓練也不斷地在被實行中；正當「三千里」與「九萬里」的偌大陳述被一再提及時，原有的「對偶」之衝突便一次又一次地在進行解消，在此次「大」的旅程中，中性品質不斷被喚醒，這將有助於對自我的真實理解，乃至在某種程度上帶動起自我思維之轉化。

觀點是如何走向不同的位置的？而思維又是如何被活化的？在極為明顯的陳述中得知，鵬鳥的視野從高空往下凝視，觀點沒有停留在是以往的限定中，思維在高處往下的鳥瞰維度中得到啟發；奔騰的大氣，豐碩的事物，生命的展演在相互流動的轉變中不斷進行著，有限的所知一直接受刺激，有待的身軀一直在從中進行自我的調整。鵬鳥凌空而上，反觀自我，龐大之身軀在蒼茫

〔註11〕　《莊子・逍遙遊》。參見〔清〕郭慶藩：《莊子集釋》，頁4。

天際之下亦是塵埃也；所謂「其遠而無所至極邪」實為「至大無外，至小無內」的醒悟，是一種對自我心靈的招喚，招喚那被遮蔽的心智；在這一次《莊子》別出心裁的語言陳述中，《莊子》十足地進行了某種程度的破除，而又重新樹立，樹立在一個需要不斷重新再樹立的「軸心點」上，這場「巨大」的心靈擴增，實際上是感知於那自我的「渺小」。

回顧並與《老子》所謂「知不知，上」的義理相提並論，鵬鳥正飛翔在不斷解消自我框架並重塑新視野的歷程上；因知其所不足，而持續奮力向前；無論是「鯤」或「鵬」，碩大之形體面貌，打開我們從未想像的新世界；這是一次煥然一新的重塑。徐聖心為此指出：

> 「造型」皆吾人經驗實無而可有者，以此疏離甚至撕裂尋常閱讀文本、世界的方式與心態，只以符應、受納外來的與料為足，把讀者移置於全然陌生之境，又藉由親切平易，使讀者安於此陌生，開始重塑全新的經歷。〔註12〕

以「鯤」或「鵬」的龐大型體（大），或是從「鯤」到「鵬」的型體轉變（化），乃至於是在「鵬」的全新視野當中（怒而飛），「全然陌生」的環境將引領我們再次有必要去認清事物的質地，那些我們無法預知與詳細的質地，乃至需要破除我們習以為常的種種。「形變」的意義遠遠超乎了只是為了荒誕而設計的心理，在這些設計性強烈的寓言故事中，提升思維在某種程度以上有其「重新組合」的能力及其基本素養才是此荒誕語境背後中的真切意義。「大」的思考讓我們產生對生命的敬意，尊重那些我們所忽略或淡忘的視點，在經多方思索之後，視野於是得以擴充。

《莊子》正以一種「荒誕」的方式來擊破我們原先自以為是的這種「荒謬」心理，經由這一層層的自我檢閱來穿透各自原先的執意（不知其幾千里──不讓立場之預設來阻斷或干擾思維的靈活性）；以「荒誕的語言」環境來擊破「荒謬的自是」，這正可以使事物回到一種最為平實的狀態，而這種平實的狀態就是如實地面對這些不可預期與不可自以為是的「荒誕」。

倘若「知」可以意識到自身必須保持在持續有所活動的狀態上，「知」就會行走在不斷「叩問」自身所「不知」的進程上（這是一場不斷學習的歷程）；就在這一個環節上，思維的轉變具實地形成了，思維的質地也同時有了改變的

〔註12〕參見徐聖心：《莊子「三言」的創用及其後設意義》（臺北：國立臺灣大學中國文學研究所博士論文，1998），頁55。

可能。從「鯤」的視野轉變到「鵬」的視野，這呈現出一個極為重要的思想意義，即思維的品質正不斷再接受重組；暫且不論視野是否有所提昇，但視野本身的觀察角度鐵定是有所不同的，所有的視點將受到其他視點的相對刺激；這將意味著，「立足點」是有所轉移的（思維有了不同的方向，而不是以往的自是與孤舉），當自身遇見與其不同的另一個視點時，它將必須有所調整，這一個「立足點」正在力求它自己的靈活度，以及培養其自身的接受能力與包容力。

當所「立」之「點」不再被因其自心的「所知」給限定時，僵化的局面就會化解，原先自我以為的「所立」就能有所「突破」；事實上，這種「無所立」之「所立」之狀態是相對格外穩定的，正因為它「立足」於那不被自我限制的「點」上，它「定」於「不定」的狀態裡，所以它相對能格外地穩固。

所以，此「形變」實意味著一項事實，即這是一個不斷需要擴充的成長歷程；那麼所謂「怒而飛」，並沒有讓生命遷就於一時的「所知」而停留在一個被限定的思維上，「怒而飛」又是另一次持續不斷的自我轉化（化）；這是一場不斷叩問自我的真實覺醒，就是行走在時時察覺到自己還無法完全覺醒的進路上刻刻鞭策自我。然而，這還證明另一項事實，即我們的「想像」正是可以依此而被持續地拓展開來——我們的「所知」與原先的「所限」將開始有了新的契機與前進的方向；思維被活化了，生命有了活力，在槁木死灰、苔焉似喪其耦的本質中，卻寓意著與萬物同步接軌，此時對生命有了全然新的觀察方向，因為正值「偶」被解消，真實的「我」被喚醒於「無我」當中；「搏扶搖而上九萬里」的鵬鳥能凝視天地如一，正誠如「門軸」的作用將能全然地因應所有可能發生的狀態。

第二節　從「積累」到「成化」——化而為鳥

相較於斥鴳的「所囿」而言，「笑之」的行徑將顯現出一種自我限定的封閉狀態；然而，鵬鳥之「圖南」，卻展露出一種生命力，一種對自我寄予無比期許之動力。「圖南」的生命體，不斷在進行自我之叩問，不斷在進行檢閱「中性品質」的質地，這是具體的實踐歷程，其意味著，是一場有所積累而成化的歷程；此「中」不斷朝向下一個「中」前進。庖丁之解牛亦是如此；經驗必須謙卑地面對並學習經驗自身的可變性，我們必須洞視事物本身當有其不可預知的一面；從對經驗的省思與調整中（積），再造新的因應方式（化）。這便是思維歷程中所謂的「轉化」，由「大」而「化」。這是道家中道思維所呈顯的第

二層次。

這是一個不斷需要自我擴充的成長歷程，實意味著，生命必須去觸碰其原先不可預知的事物，成長就在每一次的學習當中進行。《莊子》言：

> 且夫水之積也不厚，則其負大舟也無力。覆杯水於坳堂之上，則芥為之舟；置杯焉則膠，水淺而舟大也。風之積也不厚，則其負大翼也無力。故九萬里則風斯在下矣，而後乃今培風，背負青天而莫之天閼者，而後乃今將圖南。〔註13〕

《莊子》的思緒將接續在「積」字的思考上；就生命必須有所「突破」的意義而言，「積」字的真實意義將顯得別開生面。鯤之「大」，以及鵬之「背」，其「龐大」之形象則與「積」、「厚」等觀點相為呼應。鵬鳥的翱翔必須有其深厚之氣流（風）作為基礎，而鯤之優游亦須北冥之廣大以為根柢；然而，就此反觀鯤、鵬自身，欲上九萬高空，則必須面對此氣流來突破自我，欲化而為鳥，則須經歷一翻奮鬥與努力，這是一場自我對自我的訓練，是一次對自我的超越。誠如釋德清所言：

> 以暗喻大聖必深蓄厚養而可致用也。〔註14〕

亦如同「知不知，上也」的道理，「知」之所以能得以延續與轉化，乃根源於對自我的叩問；面對浩瀚無垠的天地，我們必須更加積澱、充實我們生命的基本質地。回到本論文的核心，思維之向度將如何擴充？實在於能面對其「不知」，以反思自身的「所知」，讓生命經由觸碰廣大事物之狀態來提振生命的質地，「積累」就此相互營造。

相對而言，一個自視甚高，以其所知而為唯一者，則將限於自是當中而不能知。思維倘若是在封閉的狀態中而能感到滿足時，其實是相當危險的；《莊子》為此提出一個反例：

> 蜩與學鳩笑之曰：「我決起而飛，搶榆枋而止，時則不至而控於地而已矣，奚以之九萬里而南為？」適莽蒼者，三餐而反，腹猶果然；適百里者，宿舂糧；適千里者，三月聚糧。之二蟲又何知！〔註15〕

反觀二蟲之行徑（笑之）；「搶榆枋而止」，實際上是受限於自心，而不是榆枋；

〔註13〕《莊子・逍遙遊》。參見〔清〕郭慶藩：《莊子集釋》，頁7。

〔註14〕參見〔明〕釋憨山：《莊子內篇憨山註》收錄於《老子道德經憨山註；莊子內篇憨山註》（臺北：新文豐出版社，1996），頁164。

〔註15〕《莊子・逍遙遊》。參見〔清〕郭慶藩：《莊子集釋》，頁9。

「時則不至而控於地」之實際原由，也是在於那自是的框架所導致；「小」確實不能及「大」，正如自是的認定不能通透廣漠無涯之變化，不能跨越所限，即不能跨越自我，亦不能呼應天地宇宙之若大。「笑」無疑地是一種自我的「膨脹」，相對也是一次自我的「矮化」；當「彼」與「此」都陷入在各自的自是氛圍中，「彼是」之間便得「其偶」，一旦有「偶」則不能持「中」，觀點一旦被鎖定，則大瓠之「用」將一併被封死；蜩與學鳩正以這樣的態度來衡量鵬鳥。

對立之產生並不是問題的關鍵，問題的關鍵是在於不知回到「中軸」上來進行思考，因為自我沒有察覺到自我之不足，更以其不足而感到自滿，自我只有行進在自是的狀態上；蜩與學鳩正以對立之心態來面對此對立，則其「我」必然只是「小我」。據此，相較於有「所囿」的自我限定而言，鵬鳥之「圖南」，將顯現出一種對自我有其無比期許之動力。

從「積累」到「成化」，生命不斷透過蓄養而能深化，而能更加認清自我，使之思維寬闊，在「庖丁解牛」的寓言中，亦能見聞其詳：

> 庖丁釋刀對曰：「臣之所好者道也，進乎技矣。始臣之解牛之時，所見无非全牛者。三年之後，未嘗見全牛也。方今之時，臣以神遇而不以目視，官知止而神欲行。依乎天理，批大卻、導大窾，因其固然，技經肯綮之未嘗，而況大軱乎！良庖歲更刀，割也；族庖月更刀，折也；今臣之刀十九年矣，所解數千牛矣，而刀刃若新發於硎。彼節者有間，而刀刃者无厚；以无厚入有間，恢恢乎其於遊刃必有餘地矣。是以十九年而刀刃若新發於硎。雖然，每至於族，吾見其難為，怵然為戒，視為止，行為遲。動刀甚微，謋然已解，如土委地。提刀而立，為之四顧，為之躊躇滿志，善刀而藏之。」〔註16〕

以「三年之後」的基點進行回返觀察，庖丁展現在文惠君前的解牛技術，絕非能一夕憑空而得，時間的意義正凸顯出一個實際上的必然條件，即無論在面對任何一項生命中的實質體驗時，終將需要一段屬於在歷程上的涵養；這誠如在《逍遙遊》中之「鯤」與「鵬」必須有所其「大」的思維一致；起初的前三年，庖丁眼中無非全然地關注於牛的全部身影，他必須經由實際的形體來「解牛」，這個階段的「解」是以其「所見」為基礎，透過實務上的操作來訓練自己，這便是「積」的歷程，「積」的意義開啟庖丁對於未來在解牛之路的基礎；庖丁必須直接碰觸他自己所「不知」的事物，進而藉此來反思他的「所見」與「所

〔註16〕《莊子·養生主》。參見〔清〕郭慶藩：《莊子集釋》，頁119。

聞」，以擴充並調整他每次當下的「所見」與其「所聞」。

「積累」的意義在庖丁解牛的整體歷程中一樣是不可或缺的，這是一場需要不斷進行事物之摸索、自我之探尋，以及察識事物與自我之間之種種可能的歷程。在解牛的歷程中，「積」是一種歷練，它實質如同於在破除自我的「所限」，以增加自身的靈活度；誠如讓所立之處不再停留於一個固定的點上，或偏向於某一種自我的自是面上；因為，初學的庖丁必須增長自己的眼界，這一個增長自我的佇立位置，就在於步步趨近門的「中軸」上，庖丁必須接應「牛的狀態」；精神受到訓練，思維的向度將有所轉變，受到潛移默化的思維體系開始運作，思維回歸到「中軸」上，以所碰觸的經歷來增長自我的心智，一個沒有自視甚高以接應變化的心智。

在庖丁的回應裡，他「如實」地對文惠君訴說（他正以實際所面對與其所調整的狀態在進行敘述，就某個程度而言，庖丁似乎不是在用文字語言進行他對整體解牛程序之表達，庖丁實際上是在展演他的行為，他在吐納他的所見與所聞，以及所應——他正在將他所碰觸的狀態一一「表述」出來）：在整個「解牛」的歷程中，可能不只是「技術性」的問題而已，也絕非只是在進行一項對已被固定的方式來加以陳述而已（技）；在整個歷程中，實包含著在展演我對生命的整體體驗，以及經由體驗之後的種種認知，更重要的是對體驗之後的所見、所聞與所解進行一次整體性的統整與表述；實際上，這是一場相當具實的生命展演，它絕對不只是一種純粹外在行為的表現或是內在理論的分析而已，這是經由一段實際體驗之後的確切感受之呈現（道）；對於這種感觸與體會，我們可以說，是一場透過「積累」進而「成化」的歷程。

事實上，庖丁不只是在「解牛」，庖丁是在與文惠君分享他對事物在其應對上的種種體會與其體會之後的生命心得，「解牛」所呈現的思維意義，其實是在「了解我們自己」；庖丁解牛事實上所體現的是「解己」，而不只是在「解牛」；正當自我碰觸到我們所碰觸的事物時，我們也等同是在藉由事物的每一處去返照我們自己。回到「中軸」的位置上，庖丁與事物（牛）之間的「對偶」漸漸被消解，「吾喪我」的狀態也漸漸表現在庖丁對「道」的關注上，解牛的關鍵是在於自我是否有無融入在那個解牛的狀態裡。庖丁所注重的層面不只是單就「事物」本身而言，在整個「解牛」的歷程中，實際上已經包含關懷著「我」和「事物」之間的任何關係，以及如何處理在此關係上所發出的種種問題。我們可以更為深入地表述，文惠君所關注的可能只是「自己」（技），而庖

丁所關注的卻是「全體」——人與牛的關係（道）。

「技術」固然是重要的，但如果只是一味的尊崇與嚮往，「技術」則極有可能不能處理偶發性的特殊狀況；當思考走向一成不變的方向時，看似公式化的方法卻可能扼殺許多創發性的思考。所以，「道」的實質意義就處在那對於我們不可預知的變化當中；實際融入事物之變化中，才能實際地就緒、接軌，以及到位，而不是眷戀在固定的形式上或是盲從於自我偏頗的觀點中。經驗並沒有停留在經驗自己身上，經驗將不斷進行翻新。三年之後，庖丁眼中已經沒有牛的身影，這個「全牛」的影像似乎是可以被拿掉的。從「積累」到「成化」的歷程中，庖丁一次又一次的「吾喪我」之精神訓練，實際上是讓自我走出原有或每一次的藩籬與所圍，庖丁必須時時面對「新局」。

「目無全牛」的思維意義正凸顯出另一項事實，即「心無自我」；嚴格地說，庖丁所拿掉的不是全牛的影像，庖丁所去除的是自我所限定的影像；所謂的面對「新局」，正如同重新看待「自我」，「自我」從無僵化「自我」。誠如庖丁所言「不以目視」，眼中所現確實是每一件事物的樣貌，但卻不被自心所蒙蔽，影像不在落於自己的框架中；也如同所謂「官知止」，思維並不是不活動，思維正活動在思維自身沒有被限定的活動裡，思維必須接應更多不同思維的到來，思考的面向也必須朝向更廣的維度進行；它們彼此溝通，彼此參照，彼此解消「對偶」——觀察可以回到「中軸」上，狀態正是符於「吾喪我」的狀態中。所以，庖丁感受到自我感官所引發的自我限制將必須停止（官止），而自我自是的認定與無謂之堅持也必須就此解開（知止），「我」正在不斷地重新認識、解讀「我」；相對而言，庖丁正如實地在接應事物的轉變，重新認識、解讀事物本身（牛）；因為，唯有「解我」，也才能「解牛」。

從「積累」到「成化」的歷程來說，當所謂經驗碰觸到全新的局面時，進入「積累」狀態的首要關鍵也就必須從放下自我開始，此時的經驗不可陷入自身的立場，它必須實質地面對眼前的狀態，所有不同的聲響都成為有價值、有意義的參照，生命的狀態使之回到「中軸」上；進而藉由這層自我的叩問，「成化」的效應緊接而來，因多方的聆聽、關注，以及學習，思維活化了，思維也必須視之狀態的演變而有所調整，生命的狀態使之從「中軸」上再往外推出；經驗可以在這次碰觸過程中吸收更多養分，經驗本身將有所茁壯並等待下一次新局而再度出發。

因此，所謂的「止」，並不是停滯不前，「止」也不是一味的結束或死亡，

「止」正是能讓我們回到「中軸」上去體察事物；因為，庖丁所拿掉的，也是必須拿掉的是「自己」——唯有將自我的限定「停止」，才能繼續往前「行進」。

誠如之前所論，在「隱机而坐，仰天而噓，荅焉似喪其耦」的「形如槁木」（官止：解除受限於形體或感官的障礙）、「心如死灰」（知止：敞開自我封閉的思維）的「靜止」狀態裡，事實上是氣象萬千的；這一次又一次的「靜止」，是為了接應事物的變化與活動，讓生命原先的限制消除以尋得更多的可能性；庖丁讓自己遠離了自己，遠離「官」與「知」的限制，如同南郭子綦「吾喪我」一致，對「自我」的解構與削弱，正是對「自我」的重建與再認識；人與牛之間的隔閡解消了，物與我之間相融為一，生命進入全體當中，此時可被視之為與萬物同步（這便是所謂的「物化」〔註17〕）。據此，解牛正是在解人，解人也就是在解牛；「牛」是在我們生活當中所面臨的課題，而「庖丁」就是生活在其中的思維個體。

一旦「耦」被解消之後，「中軸」思維即被呈現出來，不以自我為主，而是讓我與物成為一個全體，所以庖丁此時「眼中」的「牛」，是「天理」，是「固然」；形體的背後，是一個充滿活力的思維空間；與其說庖丁是「眼有所見」，倒不如說庖丁是「心有所體」。在沒有誇大自我經驗是唯一的情境下，經驗必須謙卑面對並學習它自身，以及它不可預知的一面；在每一次的碰觸當中，事物都有其它自身所要呈現的「樣子」（然），以及它所構成的「條件」（理），庖丁正以「無耦」的全然向度，去接應事物的變化與實然的樣貌，他正讓自己成為一個「門軸」，佇立在這個「樞紐」上，以便施展或開、或關的作用（面對每隻牛的狀態，皆是全新的體驗歷程）。

「得其環中」的庖丁沒有扼殺事物變化多端的自由度，因此，庖丁也就可以讓自己行走在心靈自在的活動當中——「遊刃有餘」；「有餘」在那沒有因其相為對偶而產生的自我自是當中，「遊其刃」在每處所必須解消自我與面對事物的狀態裡。

進一步從「中軸」的思維向度來思考，我們可以理解到：「依」與「因」即是呈現出，不以自我判斷為唯一的判斷來進行判斷，這種判斷事物的方式，沒有滯留於自我的絕對立場上，沒有限定在事物的表象當中；「或開」、「或關」等，乃至種種門的作用，都依據於門的「軸心」；一旦觀察事物的角度回到最為根本的核心處時，自我的「自是」就會進入消解狀態，「彼」與「是」不再

〔註17〕 《莊子‧齊物論》。參見〔清〕郭慶藩：《莊子集釋》，頁 112。

相為對立，自然「我」即能「喪之」。

　　經驗的層層積累告訴庖丁一項事實，即是經驗理當不斷進行自我的吐納
——「吸收」每一次的全新狀態（納），「推出」每一次的因應方式（吐）；當
每次狀況佇立眼前時，自我的觀點首先必須退居，削弱那過去自我所以為的必
然，思維藉此回到對「對偶」的消解上（一旦「有偶」就會有其對立，對立者
乃出於各自的「有我」；唯有解消「有我」的心態，才能聽見事物的種種原聲）；
思維依此而有了轉化的空間，真實所面對的狀態成為一次最好的學習對象；庖
丁將這把「解牛的刀」行走在該項事物的「樣態」之上，以及該項事物所呈現
的「條件」當中，積累證明還須不斷繼續積累，如同「鵬鳥」之「怒而飛」一
樣，生命不斷在壯大中。

　　事物的種種「樣態」不是我們可以預先得知或預設的，而事物的種種「條
件」亦不是我們可以主導與掌控的；我們唯一能預設與主導的就是，讓我們的
預設與其主導解消；因為，「大瓠之種」有它更為廣闊的用途，而「無用之樹」
可以樹立在无何有之鄉來展現它當下任何可能之作用。

　　「依據」在事物本身的「條件」上，就如同是依據在一個不斷能被活化的
經驗裡，經驗就不再只是一個純粹性的理論而已，生命可以靈活運作在一個可
以調整與轉化的「經驗值」當中（正所謂：「依乎天理」）。

　　相同的，「因應」在事物本身的「樣態」上，就等於是因應在一個能不斷
被提升思維的活動裡，思維就不再只是一個自是的封閉狀態，生命可以容納更
多相異的聲音，甚至是反擊的聲音，思維的向度可以維持在一個更為健康的
「參照係數」上而不至於僵化（正所謂：「因其固然」）。

　　所以，「解牛」沒有因自我的自是而停留在「過去」當中，也沒有因膨脹
自我而將「解牛」寄望在那遙不可及的「未來」假設裡。經驗並沒有停留在經
驗自己身上，實意味著，庖丁沒有將自我的思維給限定，他正持續不斷地行走
在「吾喪我」的精神訓練當中來消解那自我的獨斷與無知，一旦有「耦」的狀
態出現（自己與牛之間有所牴觸），就必須再一次進行一場對自我的解消；而
所謂經驗將不斷進行翻新，實又意味著，自我不但沒有限定自我，也因其沒有
限定自我，所以「下一隻牛」的狀態也就沒有被一時的自我認定或任何一種自
我立場給鎖定，庖丁口中所謂的「雖然」，實然道盡我們必須時時保持在「活
絡」的「中軸」上來進行思索，我們所必須接應的是變換無窮的「下一隻牛」
（每一次即將迎面而來的事態）。

　　換言之，每一次的經驗就如同在面對每一個「當下」的時空環境，「每一隻牛」的實際狀態就在充實所謂的「經驗」，這一個「中性品質」不斷在接受「活化」的作用，而沒有對「過去」或「未來」的時空等已知或未知之種種事物之樣態與條件進行任何的預設與攀緣。

　　從所謂「每至於族，吾見其難為，怵然為戒，視為止，行為遲」的自我陳述中可見，庖丁是何等的「謙卑」；在這番的但書當中，我們看見的是一位時時讓自我保持在「中軸」空間的庖丁。「怵然」正是對自我的省思，時時省思那些原先我自以為是的一面；而「為戒」正是因為產生某種思維的碰觸以及交流之後，思維起了變化，思維將有所成長，經驗值將不斷受到實際情境的薰陶，並且接迎著下一次全新經驗的造訪。

　　站立在「中軸」的庖丁，「怵然」不是驚恐與慌張，「怵然」是一次對自我的再認識；而「為戒」則絕非是一味的自我保護，在解消自我的絕對性之思考下，「為戒」是一次對自我、對自我與事物之間之關係的調整與重組。

　　因此，「視為止，行為遲」不是一場全然靜止的狀態，而是以「靜」取「動」的向度，恰恰回到「中軸」上，一個平衡的對應機制上；先回歸到「中軸」，在由「中軸」推出，止於所當止，行於所當行，以「謙卑」的態度去面對事物的發展。庖丁不是「不為」，庖丁是「無為而無不為」，誠如《老子》所言，「功成而不居」。

　　在這一次從「積累」到「成化」的歷程中，誠如「鯤」之「化而為鳥」，積累使之視野有所增長，然勢必使之生命的認知觀點將有所調整，鯤大而化之，視野便從水中的優游轉變到天際的翱翔（生命的總體維度起了轉化作用）。亦如同「鵬」之「怒而飛」的持續積累，透過忘卻自我的自是，進而不斷提振自己的眼界，鵬鳥之「圖南」，儼然是一場在不斷持續進行自我超越的歷程（持續的轉化，持續不斷飛行在變化的氣流當中）。其思想意涵也與「莊子之夢蝶」相符，當自我不斷在進行自我之解構時（吾喪我），「對偶」便自然消弭，物與我之間產生相應與共鳴，庖丁沒有自己自是的聲音，庖丁只有一種以沒有自是的聲音的方式來聆聽他者的聲音，並以此經歷之體會來展現他自己的聲音（此之謂「物化」）。我的身體（生命）將與牛的解理（生命的際遇）同步。

　　如《莊子・齊物論》中所言：「一受其成形，不亡以待盡，與物相刃相靡，其行盡如馳而莫之能止，不亦悲乎！」〔註18〕一旦受限於某種自我限定的局部

〔註18〕　《莊子・齊物論》。參見〔清〕郭慶藩：《莊子集釋》，頁56。

認知裡，我們將容易失去生命的整體性，為了避免因其相互之間的衝突所帶來的傷害，以及當中因其磨擦所造成的僵局，回到「中軸」上，這是最為適當且平靜的轉緩之地——我的生命就如同我眼前的那隻牛一樣，物即我，我即物。當「大瓠」呈現在我眼前之時，思維的面向可能不能只是單向停留在「我」此時將要如何運用它而已，何不反過來進行一場相對性的思索，此時應當是「大瓠」在考驗「我」，以它現今的樣態與條件來啟發「我」去思考，思考將如何去運用它才是；思維的主軸讓「有我」解消，使之決定的方向落在實際的狀態與條件上，而不是主宰於自身的自是，思維有了方向上的全然移轉，即是從「我」對著「事物」發聲，到由「事物」對著「我」發聲，充滿活性的自我，在沒有自是的狀態中找到了。

所以，「刃」便可以「遊」，而不與物「相刃」、「相靡」；進而使之事物與我之間即能同步運作，我當如實地來「解」這隻如今就「展現在我眼前」的牛（這就是所謂的「物化」——以沒有自己來展現自己；因為，自己就在萬物身上）。在整生命情態中，庖丁如實地進行了三種階段的轉化。

據此，在《莊子・天道》輪扁與桓公的對話中，我們可以進一步得知從「積累」到「成化」之自我持續開展之歷程，以及其意義之所在——自我當如何發現自我、超越自我。其曰：

> 世之所貴道者書也。書不過語，語有貴也。語之所貴者意也，意有所隨。意之所隨者，不可以言傳也，而世因貴言傳書。世雖貴之，我猶不足貴也，為其貴非其貴也。故視而可見者，形與色也；聽而可聞者，名與聲也。悲夫！世人以形色名聲為足以得彼之情。夫形色名聲果不足以得彼之情，則知者不言，言者不知，而世豈識之哉！桓公讀書於堂上，輪扁斲輪於堂下，釋椎鑿而上，問桓公曰：「敢問：公之所讀者何言邪？」公曰：「聖人之言也。」曰：「聖人在乎？」公曰：「已死矣。」曰：「然則君之所讀者，古人之糟魄已夫！」桓公曰：「寡人讀書，輪人安得議乎！有說則可，无說則死！」輪扁曰：「臣也以臣之事觀之。斲輪，徐則甘而不固，疾則苦而不入，不徐不疾，得之於手而應於心，口不能言，有數存焉於其間。臣不能以喻臣之子，臣之子亦不能受之於臣，是以行年七十而老斲輪。古之人與其不可傳也死矣，然則君之所讀者，古人之糟魄已夫！」〔註19〕

〔註19〕《莊子・天道》。參見〔清〕郭慶藩：《莊子集釋》，頁488。

從本論文的中心論述再出發,《莊子》正希望透過層層的自我檢閱將我們封閉的障礙解除;從「書」到「語」,在由「語」到「意」,思維的精密層次被一一開啟,在針對進行如何重新認識自我的基礎下,所謂「形色名聲」將必須移動它現今的「所立」之處,打破這些原先有所自由度卻被僵化的形體,這些「不足以得彼之情」的限制內容將有必要再度進行思考;思維的整體將回到「中軸」上,那些落於固定的「所圍」將必須進行彼此之間的檢討。徐聖心對此有其深入的觀察,其言:

> 莊子用寓言表述一個人人可有的經驗加以證明,斲輪匠阿扁的一番話,說明即使最卑微的技藝,都不可能將其訣竅傳達給最親近的兒子,更何況「道」、「意」……等精微奧妙之物呢?但更為關鍵之處不在語言不能傳達,而是「言──實踐(行)」的落差。[註20]

「形色名聲」固然可以為思維傳達某種程度以上的意義,但關鍵點就在於,正當其傳達的同時則又會出現它自身的限制,因為一旦有其「成」,當然就等同會有其「毀」。為了避免這一層層的「落差」,《莊子》將以實際的行動來直接面對這些隔閡;實踐的真實意義就在於我們能確實地去檢閱我們內心的「所圍」,嚴格說來是面對那些我們在思維上的偏見與僵化之處;讓這些「形色名聲」的固定模式先行回到「中軸」上,給這些固定模式有一次洞視自我的機會;透過對彼此的認識,來消解因自是而產生對立的僵局。那麼,所謂的「方法」就將是展現在每一次的實際應對上,一次將與一次有不同的因應方式。

輪扁絕對不是不要傳授他以往的經驗與方法,對他而言,呈現「道」的最好方式,是要其子去思索所謂經驗與方法的內容及其意義,去思索經驗與方法之所以為經驗與方法的種種問題,乃至於可以放下輪扁他自己的原有的經驗與方法,進而去尋得最為適宜其子的方法與從中所獲取的新的經驗。依此,各自原先的「所圍」才能有解困的機會(不受於「形」),「道」才有可能被持續地傳遞下去,也才能有其開發與創造的可能性。

依此,再深入思考;「方法」確實可能成為一種無法言語的狀態(「道」是不可被言說的);但是,這裡不是不能接受與肯定語言的表意功能及其價值,在更為重要的環節上,自我的親身體驗與實踐遠遠超乎語言的描述;所以,《莊子》第一步先將「表述」還予它更為寬闊與自由的一面,這一寬闊與自由的一面是讓「表述」先進行自我的檢視,檢視自我正是開展自我的基本條件。然而,

---

[註20] 參見徐聖心:《莊子「三言」的創用及其後設意義》,頁 31。

更為嚴格地說，自我是否能親身進行體驗與實踐也不是問題的真正關鍵，問題的真正關鍵是在於，當面對於每次自我親身體驗與實踐之後，自我的親身體驗與其實踐結果及內容終將必須再度告訴自己，這場經歷與體驗並非是唯一的，體驗與實踐必須保持在一個更為敞開的時空裡，好讓下一次的經驗來豐富這次的經驗，使之經驗來檢閱經驗本身，也就能使得此時的實踐與體驗可以持續並接連在下一次的實踐與體驗當中；所以，《莊子》的第二步則是將「表述」的方向引領至並尋得一個可以永續經營的方向前進，此時言語非但沒有因為一味的質疑而被迫停止，反倒能在實際操作的歷程中去面對它所應當且可能面對的狀態，以及合理且合宜地呈現並描繪出其應有的狀態，一切將不會被鎖定與封死，語言還是可以持續的，持續在沒有限定的語句當中（這是實際的行動與體會）。

因此，所謂「有數存焉於其間」的意涵，正是洞視到，如果一味地著重於言語的形式，或是過分依賴或自信於言語的功能，生命的整體可能會遭受某種程度的侵蝕與破壞，以至於落於自身的障礙中；所謂「囿」將可能是唯一的結果，那就會進入「彼是得其偶」的對立狀態，而「彼」與「是」將各自成為一種孤立面貌而自恃不知，那衝突就會不斷循環產生。

所以，「有數存焉於其間」，是將生命處於流動之中，對於所有可能迎面而來的種種，以及其中的任何可能性，予以最大的尊重，並使得「一時的經驗」打破自己的框架，讓「經驗」不處於「一時」，給「經驗」徜徉在時間的長河中與變化的空間裡。

而所謂「得之於手」，是一場實際面對面的經歷，讓實際所面臨的狀況來發言，使得每一次的處理過程都是嶄新的面貌，並能包容且提升那以往的經驗。

而所謂「應於心」，則是能不斷喚起自我不落於「形色名聲」當中，讓思維的向度有所拓展，使思維保有一定的靈活度，以應變每一次的實際狀態。

所以，對於原先行走過的經驗非但能有所尊重，反而更能藉此而活化經驗本身，讓經驗常保於一種時時可以應因變化的狀態中，經驗還給經驗，這一次經驗將接迎著下一次經驗，經驗不再主導經驗，經驗的確實意義不再只是由某一個自己可以控制時而能成立的，經驗本身將回歸並立足在平衡的「中軸」上，而沒有所謂固定或絕對性的語言產生。因為有不斷地碰觸，所以能有所積累，透過其中的積累，進而有所轉化；庖丁的所見、所聞與其所思，確實是「靜止」

的，庖丁將使之自我不干預事物的狀態，他將「靜止」在每一次的事物當中而「推動」出生命的新局。

第三節　從「成化」到「遊方」──神人無功

誠如「以神遇」而「不以目視」的庖丁，正時時以轉化自我的方式（不滯留在自是的思考中）來對應變動的環境（聆聽事物的聲音）。自是的解消，正意味著：沒有執著於所謂的「方法」；聆聽的品質，正意味著：「方法」可以不只是一種；「沒有常法」的思維意義，正是希冀「常法」可以持續不斷活絡下去。「官知止」的實質意義，是為了接應更多可變性的事實與狀態。所謂的「離形去知」，是先行回到思維的「中軸」支點上（知其所以「因」）；而所謂「同於大通」，則是進而從思維的「中軸」支點上往外推出（「因」其所以是）。這即是「神」，讓自身變化於變化當中。這即是道家中道思維所呈顯而出的第三層次。

佇立在沒有絕對性的「語言」當中（自是的限定），就如同沒有自以為是的框架；庖丁將自己放在事物的流動當中（牛體的結構），他絕對十足地在思考自己的能力與將如何解牛，然而他也同時抱以「欣賞」事物的心境來面對每次當下的這一隻牛。「欣賞」的思維意義是甚麼？「欣賞」事物的心境，正是一次自我省思的精神訓練；當「彼」與「此」各自發聲時，「得其環中」的思考維度讓「彼此」相互解消，「彼」與「此」開始傾聽對方的聲響，「中軸」使之空間回到「彼此之間」而不是各自的立場上，此時「對話」才有可能進行，自我的自是才有可能接受檢閱。

「欣賞」讓原有的牴觸投向包容，使原先的故步自封能踏出新的旅途。庖丁自己沒有預設牛的情態與條件，他使自己去思考那當下所可能到來的「彼」（牛），而藉此重新建立起更為完善的「此」（我），進而以此思考之維度來因應更多不同的「彼」（下一隻牛）；解牛的方法不斷在進行對自我的檢閱上而推陳出新，「怵然為戒」的庖丁「動刀」如此「甚微」，他自省自我而回到「中軸」上（解彼即是在解此），任何一次解牛就同如一次鵬鳥的飛翔，成長次次展開，以沒有方法為一種方法的思考維度，正讓這把解牛之刀「寓」於「諸庸」〔註21〕。

〔註21〕《莊子‧齊物論》。參見〔清〕郭慶藩：《莊子集釋》，頁70。

　　流動變化的事物情態與條件就投射在庖丁如何對應的生命氣質上，因為不斷讓自我身處在吸取的狀態中，就如同在為這個不斷變化的世界進行一場解讀，解讀世界也就是在解讀自我，「為是不用」〔註22〕讓觀點隨時保持在可以調整的狀態上，以經驗還給下一次的經驗之思維方式（寓）來面對各種不同而可能發生的經驗（諸庸）。「因其固然」的庖丁不是隨波逐流，也不是兩端皆可的鄉愿（兩端皆可的鄉愿，也會進行兩端皆不可的假面妝飾）；庖丁感悟自身也必須進入這個變化當中，這個變化是成長的契機，是喚醒思維的能量，當自身真實地投入這個變化的同時，他必須從聆聽兩端發聲之後的「道樞」中再度進行推出，推出一個因應的方式，以便其刀刃可以繼續往前推進；遊走兩端的懦弱，不是如實因應事物變化的精神（視為止、行為遲，不是一場尷尬的畫面，或猶豫不決的心態，庖丁沒有中途離席，他是使之自身先回到「中軸」，在由「中軸」重新出發）；誠如《齊物論》中所言的道理，庖丁必須有其「因是」的氣魄，他必須有所回應，回應（因）在當下的情態與條件（是）中。

　　能「欣賞」不同氣質的生命，才有可能進行彼此之「尊重」，「尊重」意味著生命之間的平衡共存與共榮，刀刃沒有與物相刃、相靡，也就如同沒有與自身相刃、相靡；一旦與物相磨，就是與己相刃，也就是將自我限制在一個自以為是的狀態中，斥鴳「笑」之，實意味著在對自我進行一場無謂的自我封閉，這般的封閉顯得如此自艾自憐。「欣賞」每一件事物的變化，就如同是一次又一次對自我的「調整」與「轉化」。正如一隻翱翔在詭譎多變氣流當中的鵬鳥，牠必須隨時「調整牠飛行的角度」，以便能培風而上九萬高空；「搏扶搖羊角而上九萬里」的鵬鳥牠必須吸取外界所帶來的一切，然後再以「怒而飛」的精神往其色蒼蒼的高空推出；在「水之積也不厚，則其負大舟也無力」的譬喻中得知，大鵬鳥必須藉此氣流去學習牠飛行的方式，「風之積也不厚，則其負大翼也無力」是一場自我訓練，訓練自我何以能夠「乘風」（培風）而上。清王念孫指出：

　　　　「培」之言「馮」也。「馮」，「乘」也。〔註23〕

劉文典言：

　　　　王說是也。「培」、「馮」一聲之轉，訓「培」為「乘」，亦正合大鵬御

〔註22〕《莊子·齊物論》。參見〔清〕郭慶藩：《莊子集釋》，頁70。
〔註23〕參見於陳鼓應：《莊子今注今譯》，頁6。

風而飛之狀。〔註24〕

胡林翼言：

　　辦大事，以集才集氣集勢為要。莊子所謂「而後乃今培風也」。〔註25〕

依據以上古訓可知，「培風」是一次自我轉化的實際情境；何以能有所「乘」？則必須進行一段對自我的再認識，而對自我的再認識就是從對氣流的碰觸開始，所謂的「集」，就是一次又一次在積累當中所進行的吐納；一旦有所碰觸，則對話也就開始，自是的自我必須消除，新的思維將再次推出；當自我不再以自我為唯一時，消除自我就等於在重建自我，鵬鳥與氣流的關係不是牴觸而是相容的，生命的新局就在更高更遠的旅程上。

　　「乘風」而上九萬里，正以那不「自騁」的方式來「御駕」氣流，是以無所「駕馭」的心來接應事物的變化，認識氣流，正是在消弭那原有自是的「駕馭」，是以去除「馭」的方式來達到全然的「御」；因為，有學習與積累的歷程，轉化自我的鵬鳥才能真實地發現真我，也才能如實地「乘」（以無厚入）其「風」（有間）〔註26〕；「乘風」而翱翔天際的大鵬，其實戰勝的是自己。

　　那原先極有可能被視為受阻的氣流，正因其鵬鳥進行了一次又一次的自我調整（積累而成化），此氣流儼然可能且可以成為飛行的助力；「中軸」的思維模式，讓煩惱也可以轉化成為菩提，一個可以接應事物，處理事物的狀態；智慧就在沒有方法的方法中繼續展演著，以沒有自是的「我」去尋求那更多豐富性的「我」，即所謂的「吾喪我」；吸取氣流的阻礙，而又推吐出對氣流因應的角度，「真實的我」，就在與氣流的磨合歷程中打成一片，並在這歷程當中如實地完成自我，這便是所謂「物化」（心與物是合一的狀態，物與我是一體的）。

　　觀點沒有偏頗於「或關」、「或開」的表象之上，事物萬象的質地就在對自我的層層叩問上呈現，無關氣流下一次將要如何變化而產生預設，而是緊扣在對自我將如何因應這些次次都有所變化的情境上；「或關」、「或開」隨時都能由門的「軸心」推出，鵬鳥的自我調整，使事物「無成與毀，復通為一」〔註27〕（氣流也可以從阻力轉化為助力），翱翔於詭譎多變的氣流當中，誠如徜徉在自由且自在的心靈成長歷程裡，即是所謂「得其環中」。這也就如同庖丁必須採取「視為止，行為遲」的因應方式一致，經驗與方法正不斷地在推陳與出

〔註24〕參見於陳鼓應：《莊子今注今譯》，頁6。
〔註25〕參見於陳鼓應：《莊子今注今譯》，頁6。
〔註26〕筆者按：這般的自我訓練精神與庖丁解牛互是為相通的。
〔註27〕筆者按：其寓意與庖丁解牛之生命情態相發。

新當中，這種生命中的「中性品質」，十足展現出生命的活躍度，這也就是《齊物論》中所言及的「休乎天均」（每一次的經歷，都是全然的創新）；在一個以「軸心」為轉動的坏土機上，各種器物便由此而生出；生命的整體考量，從「中軸」的「吐」與「納」當中次次茁壯，思維此時才能證實自己正在進行思維（思考能力不但具足，更是深具活化之機能）。

　　在《莊子・養生主》的序言裡，《莊子》相當細膩地在形容一個生命中最為恰到好處的狀態，其言：「緣督以為經」，並依此而往後鋪敘庖丁解牛的寓言。在此，我們可以藉此做一次回顧性的理路分析，依據之前我們對庖丁解牛的思維探討回頭再來思考《莊子》這番「生命中最為恰到好處的狀態」，我們可以用《莊子》來證明《莊子》。誠如王船山所言：

　　　　緣督者，以清微纖妙之氣循虛而行，止於所不可行，而行自順以適
　　　　得其中。〔註28〕

林雲銘言：

　　　　緣督以為經，喻凡事皆有自然之理解。〔註29〕

張默生言：

　　　　「督」既有中空之義，則「緣督以為經」，即是凡事當處之以虛，作
　　　　為養生的常法。既不為惡，亦不為善，如此則名固不至，刑亦不及，
　　　　可得從容之餘地，以全其生命。〔註30〕

陳鼓應言：

　　　　「緣督以為經」：順虛以為常法的意思。「緣督」，含有順著自然之道
　　　　的意思。〔註31〕

讓我們再度由古訓當中推出新意；從所謂「清微纖妙」、「虛」、「自然」、「中空」等狀態之形容中得知，狀態沒有被鎖定在「濁」、「實」、「具有」的語境裡（解牛的方法沒有落於一種制式化的情境中）；當然，也沒有因此而全然朝向於所謂的「無物」、「虛無」等偏頗之一方之觀點當中（解牛一事，是相當據實的生命歷練，而不是高談與闊論。因為，我們必須實際地去操作）。

　　整體狀態，恰恰是處其「中央」之地。「清微纖妙」絕對不是全然無物，

〔註28〕　參見〔清〕王船山：《莊子解》卷三《船山全書》第十三冊（長沙：嶽麓書社
　　　　出版，1991），頁121。
〔註29〕　參見陳鼓應：《莊子今注今譯》，頁95。
〔註30〕　參見張默生：《莊子新譯》（臺北：漢京文化事業，1983），頁89。
〔註31〕　參見陳鼓應：《莊子今注今譯》，頁95。

而是意味著思維可以時時被激盪而有所調整，沒有故步自封在自我的偏見中；所以「作用」就在「虛」的空間裡（一個靈活的空間）被開展出來（三十輻，共一轂，當其無，有車之用。）。此「虛」就不能等同於是「沒有」，此「虛」的真切意義是：以從「我」對著「事物」發聲，提升到由「事物」對著「我」而發聲的方式，來重新看待自我與事物，以及我與事物之間的關係；這時的自我是一個充滿「活力」的自我，而事物本身也就能開啟多種可能之「用」；以解牛來觀察自我，以變化的事物情態與條件來進行一場可以提升自我精神之訓練。

據此，林雲銘以及陳鼓應所謂的「自然」之意，應當有其更為深刻的思想意義需要拓展與延伸。依據之前綜述可以得知，所謂「自然」，理當從事物本身之樣態與其條件來觀之；「樣態」即是事物本身之「固然」（事物所呈現的樣子），而「條件」即是事物本身之「天理」（事物之所以呈現現在樣貌之原由）；當我們認知到每一次的碰觸都是一次拓展生命新意的開始時，庖丁所謂的「雖然」就顯得格外具有生命的活力[註32]；庖丁對自我的叮嚀是充滿無限之期許的，透過沒有自是的心境與態度來接物，並依此「中軸」之地來接應萬物（如同混沌處於「中央之地」），其歷程中所能獲得的是無限的創造與發想；所謂的「接」，將顯得身段十分柔軟，而所謂的「應」，又是如此的具有智慧與氣魄——生命是如此飽滿而充滿生機；「自然」之意正是讓事物發出它自身的聲音，而我們就正在聆聽與欣賞這樣的聲音；聆聽與欣賞就是反觀我們自身而從中學習與調整，事實上，我們此時是與物同步的。

那麼，對於張默生所謂的「中空」之義理，本論文也有更為深入的發想。《莊子・人間世》曾言：「唯道集虛」[註33]。不虛則不能任實（觀點一旦自封，就不能接應變化中的事物與事實，乃至事態之變化）；當事物迎面而來之時，回到反觀自我的基礎上，才能認清所碰觸之事物；以歸零、整肅的方式（虛）重新讓生命再度開展新局（實）；「集虛」的方式首先讓思維回到「中軸」上，再由「中軸」進行調和以便開出。

嚴格來說，虛實之間實際上同為一事的；正當事物呈現之時，我們便有所

[註32] 雖然，每至於族，吾見其難為，怵然為戒，視為止，行為遲。動刀甚微，謋然以解，如土委地。提刀而立，為之四顧，為之躊躇滿志，善刀而藏之。《莊子・養生主》。參見〔清〕郭慶藩：《莊子集釋》，頁 119。

[註33] 《莊子・人間世》。參見〔清〕郭慶藩：《莊子集釋》，頁 147。

接（虛），經思維之揉合與調整後，我們便有所應（實），此整體運作如同所謂「積累」到「成化」的歷程，我們一次又一次地在進行吐納（有虛則能任實，有實則能顯虛）。誠如南郭子綦依此而呈現「吾喪我」之狀態（虛），而能與萬物同體（實）；鵬鳥依此而調整牠自身的翅翼（虛），進而能「培風」日上九萬里以圖南（實）；庖丁也依據此種層層解消自我的方式來面對牛，因其「虛」（以無厚）而能御其「實」（入有間）。所謂：「中空」的深切意義是：思維的運作可以在此不斷進行重組——有所吸取，而有所推出。整體「虛」、「實」之間的相互生引，便是所謂的「時中」狀態。

誠如之前所論：生命可以靈活運作在一個可以調整與轉化的「經驗值」當中，思維的向度可以維持在一個更為健康的「參照係數」上；經驗不是被拋棄，經驗正等待下一次新局來賦予新的活力，並從中調整而獲取更為活絡的能量以推出新的效應。所以，對於「督」的實際意義我們可以藉由《莊子‧齊物論》中所謂的「環中」、「道樞」來進行解釋，其思想之義理是相互貫通的；這是一個「中軸空間」，一處不讓自是經驗主導一切的空間，一處必須時時觀照自我，並重新出發的空間。也因此，值得注意的是，所謂：「順虛以為常法」的說法，就必須深入探討其中之義理。所謂「經」者，的確可以被視之為「常法」，一種可以遵循的「規則」；然而，反觀此思維的路徑，「緣」是依據事物發展之情態而言，而不是單憑自我之限定為標準，思維從對自身的解消開始，透過解消進而重新對事態之種種進行排列與組合，以便對所碰觸之事物做出最為適宜的安置；「緣」沒有受到那因為出於自我觀點中的自是給限制住了，「緣」正不斷釋出對自我檢閱的能量，以調整我與事物之間的關係。

我們可以說，「常法」就在「沒有常法」當中；嚴格地說，「常法」之所以能夠被十足地體悟與獲取，並可以被作為一種依循之方向，其原由就在於，我們必須認識到「沒有常法」的這一點道理上才能得以成立；「沒有常法」的思維意義是希冀「常法」可以持續不斷活絡下去。正如鵬鳥必須「飛」（牠必然有一種展現自己的方法和形式），但是牠更必須以「怒而飛」的精神在不斷變動的氣流當中飛翔，「怒」是奮力向上的，其意味著對自我的調整與超越（鵬鳥正以沒有方法之方法，以及沒有形式之形式來重拾並展現自己）。

「形式」被突破了，「方法」被活化了，這就是所謂的「神」；就是能從容不迫地「優遊」在「方法」當中，而不受任何一種單一「形式」之限制（成化而遊方）。同樣的道理，庖丁一定是在「解」牛（庖丁一定有其方法與步驟），

然而他卻以「怵然為戒」的心境來看待事物（牛）與自己（方法就在變化的事物當中）；所以，「依乎天理」的發想沒有否定過去所得的「常法」，而「因其固然」的思維也從無詆毀以往的「經歷」，「依」與「因」是以「沒有自是限定之方法」來顯現「常法」，「常法」就在「沒有常法」的事態變化中持續不斷體現。

這就是所謂的「以神遇」而「不以目視」；庖丁以時時轉化自我的方式來對應變動的環境。「神遇」，正是能感知到此世間是變動的、無常的（自是必須解除），更以此變動之體悟，進而來接應這變動中的世間（自我必須超越），此時之感知正在突破感知自身；感官（感）之所以需要靜止，乃是為了看的更仔細，思維（知）之所以需要靜止，則是為了想的更深入；正所謂：「墮肢體，黜聰明，離形去知，同於大通，此謂坐忘」〔註34〕，思維回到「中軸」，再由「中軸」推出。「官知止」（離形去知）的實質意義，是為了接應更多可變性的事實與狀態（同於大通）。透過「忘我」，進而找到真實的自己；以「實踐」的具體方式去縮短對事物的距離，用「解消」自我的自是去充實思維的質地，「真實的自己」就如同鵬鳥在一次又一次「怒而飛」的歷程中得以呈現。

從「積累」到「成化」，再由「成化」到「遊方」；「方法」被提升到一種全面性的省思，整體思維的向度所引領出來的是朝向一種「方向」，而不是落入在一個制式化的「法則」上。「合於桑林之舞，乃中經首之會」—「莫不中音」〔註35〕的庖丁，整體解牛的動作是與物相容的，在這段深具音樂性質的隱喻描述中，我們不難發現，庖丁解牛的方式是採取一種以沒有方式之方式來進行的，他所投身的是一次又一次的事物全新狀態，是一種具有「變動性」的「節奏」，而不是處於那自以為是的僵化局面；庖丁所「依」、所「因」的憑據，是與事物之間的一種「節奏感」，而不是一首刻版的曲調，他正行走在一個深具變化的氣流當中（人與牛的關係）。這個變化的氣流就如同是一曲旋律（牛的固然與天理），而庖丁正依此旋律在為它填詞（解牛，也同時在解己）；使思維回歸到「中軸」上，「方法」不斷再轉出新，「方向」不斷環顧四周而有所提振；「莫不中音」的語境，誠如人與牛在共同譜寫生命的精彩曲目。

在此段以音樂之理為譬喻的陳述中，實際上隱藏著許多寓意。庖丁確實不再以目視之，他所依據的是與天地同步運行的節奏；這種以「神遇」的方式來接應事物，這種體現出的「刀法」不限於時空，而是與時空同時轉換，「法法

〔註34〕《莊子·大宗師》。參見〔清〕郭慶藩：《莊子集釋》，頁284。
〔註35〕《莊子·養生主》。參見〔清〕郭慶藩：《莊子集釋》，頁118。

皆法」而不執著於法,「刀法」隨事物之條件而轉,依事物之樣態而變;這也實質呼應《莊子》所謂:「若一志,无聽之以耳而聽之以心,无聽之以心而聽之以氣!聽止於耳,心止於符。氣也者,虛而待物者也。唯道集虛。虛者,心齋也。」〔註36〕的道理。「無耳」,則不受限於感官;「無符」,則不受限於心智;「氣也者」,則使之感官之障礙去除、心智之蒙蔽揭開,而與事物同步,讓思維回歸至「樞紐」上,以便重新看待、面對、因應自身與事物之間的關係。「得其環中」的庖丁,沒有制式化的心態與絕對性的法則。唯一自省於心中的,便是所謂「一志」的狀態,便是「怵然為戒」的誠摯態度;庖丁以調整自我之心智為其方法,讓自身的節奏不再自是而紊亂,以相應這流變中的大氣節奏;這正是所謂「莫若以明」,正是所謂「心齋」,正是「坐忘」。

休斯頓・史密士曾以此「大氣的流動」來比喻儒家的人間,以此「老鷹」的形象來比喻孔子〔註37〕;藉由他對儒家的觀察,我們可以與道家的思維方式進行相互的參照與比較,並重新評估《逍遙遊》中鵬鳥的生命情態(道家的生命情態)。結合之前所綜述,出乎意料的是,《莊子》口中的這隻「大鵬鳥」,似乎更能完全展現生命必須不斷提振自我的意義;休斯頓・史密士所譬喻的「老鷹」形象,在《莊子》的寓言中,格外相符。這讓我們深思到,道家的生命情態也是面對問題的,而且是參與的,更為重要的是,道家是如實地在處理問題的;以「中軸」的思維方式為基底,讓因應事物的方式顯得氣象萬千,也使之因應的態度格外慎重(怵然為戒、培風而上);「道」之所以不可陳述的確切原因,正是在於「道」就呈現在每次我們必須接應的事物之發展情態上;因為,這是一個氣象萬千的氣流所對應出來氣象萬千的生命境界。

因此,在這等思維的互較之下,我們必須深思一件事,即「為學日益,為道日損」的切實意義是甚麼?

〔註36〕《莊子・人間世》。參見〔清〕郭慶藩:《莊子集釋》,頁147。

〔註37〕筆者按:本論文在儒家篇章(上篇)之第四章節中曾引述休斯頓・史密士對儒家思想精神之論述;休斯頓・史密士做了這樣的比喻,他說:「那些氣流衝擊著老鷹,但是老鷹卻用翅膀的傾斜度,利用氣流來控制它飛行的高度。像一隻在飛行中的老鷹,我們人生也是在動態中,不過人的情形乃是,人際關係是他在其中奮力前進的大氣。孔子的方案是要掌握調節吾人翅膀的技術,使人上升到那無從捉摸,但卻可以到達的完美的目標。」參見〔美〕休斯頓・史密士著劉述先校訂劉安雲譯:《人的宗教》(臺北:立緒出版社2003),頁243。此段陳述,對本論文的一些研究構想,產生了莫大的啟示作用;尤其是在對於《莊子・逍遙遊》中之鵬鳥形象之義理分析及探討上,有相當大的助益與反思。

在多變的氣流中，鵬鳥的翅膀在開展之前，勢必需要聆聽氣流的動向，這同時也是一場反觀自我的訓練（吾喪我——解消自我），這是一場相當深刻性的自我探尋；透過自我的解消，而帶動起在每一次經歷當中的自我成長；這種思維方向啟迪了一種對「學」的反省，而不是對「學」的反對，更重要的是，這種「省思」方式所帶動的，是對「道」的實際參與及體會，而不是對「道」予以無限的抬舉或過度神化性的渲染與崇拜；因為「道」就在這股流動的大氣當中，生命中那無限性的活力與精神，就在層層突破形骸限制的歷程中持續進行而日益嶄新。

> 方案並非在真空中施行——這可不是隱居到山洞中去找尋內在神的瑜伽行者。剛好相反；一個從事自我修養的儒者，是把自己置身於不斷在變動、永無休止的人際關係交錯潮流中心，而不期望其他事情，對孔子來說，在孤離中的聖性是沒有意義的。〔註38〕

在休斯頓‧史密士這段深入的分析當中，道盡了儒家思維裡的實務觀點，以及其思維人間化的性格，從「在孤離中的聖性是沒有意義的」之評斷看來，儒家的思維本質的確是不離事物，或離開人間來展現其「道」的真義的；然而，對道家而言，何嘗不是如此。

《逍遙遊》中那翱翔於天際的鵬鳥形象則格外符合對這般「聖性」之體悟與要求，而庖丁解牛之寓意，也何嘗不是對此般道理之覺醒與呈現。「孤離」是沒有「聖性」的，這將顯現出一個值得注意的是實，即這一個「秩序」，是一個不斷需要「調整」的「秩序」；深入而言，它不是靜止的，它正是需要不斷被實踐的，這是一個需要不斷調整自我之角度才能飛行其中的變動氣流；所以，停止與脫離是無法成就的。

以儒家而言，德性中的「自省」，便成為一個重要的關鍵（克己復禮）；而就道家來說，「因應」狀態，則為其思考之核心，鵬鳥正面對這變化中的氣流（用心若鏡）。

然而，儒家何嘗不是在「因應」事物，而道家又何嘗不是在「自省」自我，二者異曲而同工。〔註39〕據此，回到本章之論述主軸上，「孤離中沒有聖性」

〔註38〕參見〔美〕休斯頓‧史密士著劉述先校訂劉安雲譯：《人的宗教》，頁242。
〔註39〕筆者按：我們理當培養「彼此欣賞」的精神；儒、道思想當中的基本本質是相通的。切莫把儒家對「人文」的關懷給窄化了，封鎖了，使之原先對「人文」之尊重降轉而成為泛政治化的現實利器；同樣的，切莫將道家對「自然」的關懷給馳騁了、虛擬了，使之原先對「自然」的體悟走向墮落而成為漫無目的的虛無狀態。

之意義若與《莊子》「得其環中」之思維相應連結，則其義理將更為深刻；實際原由在於，當思維回到「中軸」時，兩端即能同時相互成立，而又能相互解消，「無耦」則能得其「中」；當自我解消自我，則思維就能有所開拓，「無耦」則能進入「吾喪我」之狀態；形如槁木、心如死灰的狀態，乃是予以接應萬物之前之準備，是一場解消自我之自是與其高傲、孤舉之歷程。透過此種精神訓練，生命不但沒有走向「孤離」狀態，反倒是更能「因應」，並且「投入」這變動的大氣流，進而與所有的生命同步運作。

或許儒家顯現這隻「大鵬鳥」之形象是在「人間」，然道家所呈現之形象，除了這個「人間」之外，也在啟迪我們朝向更為寬廣的「宇宙」邁進。因為，還有更多我們無所得知的變化與事態，正等著我們去碰觸；一旦我們「不知知」（以無知為知），則所謂的「孤離」就從自我之自是開始蔓延。

雖然《莊子》有其「神秘」的色彩，但對於玩弄「神通」，或是「迷信」於小道者而言，《莊子》是予以駁斥的，道家的生命情態，正是活生生地在面對人間的一切，因為道家一樣沒有「孤離」人間。就某一層次而言，《莊子》思想的本質具有一定的「理性思維」存在；《莊子》所謂的「神」，其實際意義則是將生命投向在這氣象萬千的世態裡，即投身在所謂的從「積累」到「成化」，再由「成化」到「遊方」之生命歷程當中。在神巫季咸與壺子的生命對應中，我們更可以清楚地察覺到這點訊息，且讓我們藉由壺子「示相」於季咸的四種狀態，來觀察《莊子》一書中，所謂「神」的真切義理。其言曰：

> 鄭有神巫曰季咸，知人之死生存亡、禍福壽夭，期以歲月旬日，若神。鄭人見之，皆棄而走。列子見之而心醉，歸，以告壺子，曰：「始吾以夫子之道為至矣，則又有至焉者矣。」
>
> 壺子曰：「吾與汝既其文，未既其實。而固得道與？眾雌而无雄，而又奚卵焉！而以道與世亢，必信，夫故使人得而相汝。嘗試與來，以予示之。」明日，列子與之見壺子。出而謂列子曰：「嘻！子之先生死矣！弗活矣！不以旬數矣！吾見怪焉，見濕灰焉。」
>
> 列子入，泣涕沾襟以告壺子。壺子曰：「鄉吾示之以地文，萌乎不震不止，是殆見吾杜德機也。嘗又與來。」
>
> 明日，又與之見壺子。出而謂列子曰：「幸矣！子之先生遇我也，有瘳矣！全然有生矣！吾見其杜權矣！」
>
> 列子入，以告壺子。壺子曰：「鄉吾示之以天壤，名實不入，而機發

於踵。是殆見吾善者機也。嘗又與來。」

明日，又與之見壺子。出而謂列子曰：「子之先生不齊，吾无得而相焉。試齊，且復相之。」

列子入，以告壺子。壺子曰：「吾鄉示之以太沖莫勝，是殆見吾衡氣機也。鯢桓之審為淵，止水之審為淵，流水之審為淵。淵有九名，此處三焉。嘗又與來。」

明日，又與之見壺子。立未定，自失而走。壺子曰：「追之！」列子追之不及。反，以報壺子曰：「已滅矣，已失矣，吾弗及已。」

壺子曰：「鄉吾示之以未始出吾宗。吾與之虛而委蛇，不知其誰何，因以為弟靡，因以為波流，故逃也。」

然後列子自以為未始學而歸。三年不出，為其妻爨，食豕如食人，於事无與親。雕琢復朴，塊然獨以其形立。紛而封哉，一以是終。〔註40〕

以季咸的高明「相術」來說，「知人之死生存亡、禍福壽夭，期以歲月旬日，若神」的本領，已遠遠超越一般江湖術士、泛泛之輩，以至於當鄭人遇見他時，無不都驚慌失措而趕快逃離，深怕知道自己的吉凶禍福。就連能乘風而遊的列子，都留戀於季咸的風采，而心醉於他精湛的「相術」當中，更何況我們只是一般根器的芸芸眾生。然而，當季咸遇見真正體悟「大道」的壺子時，四次看相的結果，終究使得季咸自己感到無比愧疚，而內心原有的自滿亦隨之蕩然無存。其原由為何？實然在於「若神」的「季咸」，其所依靠的，只是自我的自是觀點，因而侷限於自身的「相術」當中而限制了自己。

首先，壺子以「心境寂靜」的方式來顯現自己的樣貌，但季咸卻以為壺子的生命已經「閉塞生機」將要死去；思維一旦醉心於自我的斷定，那原先的「術」就會阻撓生命的自由度。壺子之示相，誠如以「吾喪我」的方式讓自己呈現出形如槁木、心如死灰的南郭子綦一樣，「萬籟俱寂」的背後，正是要準備與萬物接軌，而不是停止一切；然而，季咸卻只有視自我為唯一，與物相刃、相磨，終究形成「對偶」狀態，而沉浸在自己的世界裡。

第二次，壺子以「天地生氣」開展出生命中的一線生機，然季咸卻自吹自擂的說：「幸矣！子之先生遇我也，有瘳矣！」而感到自得洋洋；一旦自視甚高，其心境便不能安穩，進而使之自我走向「馳騁」之路而不知回返。自是的觀點一直環繞在自我的思維當中而不能自知，這是以有限去度量無限，正所

〔註40〕《莊子・應帝王》。參見〔清〕郭慶藩：《莊子集釋》，頁297。

謂：「以有涯而隨無涯」的困境；當壺子以「有」來呈現自己時，季咸依然只是看見事物的表象，因為他緊捉住的還是自己，季咸一直在對事物發出自己的聲音，而沒有去聆聽事物的原聲，更無心去注意與關懷事物所要傾訴的內容。

　　第三次，壺子以沒有徵兆的「太虛境地」展現其相，而季咸卻以此認為壺子是「心神未安」、「恍惚不定」的混亂樣貌，而無從給他看相。此時的壺子將「有」與「無」同時呈現，這種渾然為一的「混沌秩序」在季咸眼中卻是「失序」的；自是的觀點讓原先所謂的「相術」停頓不能推前，「馳騁」的無知與高傲讓「方法」被鎖定在「方法」上；正如文惠君只有從事物之表象來斷定一切一樣，在單單只有關注「技術」的背後，實已讓自己從事物狀態中脫序，而沒有投身在這不斷流動變化的氣流當中。事實上，混亂的其實不是壺子，而是季咸的心。

　　最後，壺子使自身展現出「萬象俱寂」的境界，使得季咸還來不及站穩給他看相時，就驚慌失措而逃之夭夭了。此時，壺子將「有」與「無」的狀態，乃至渾然為一的狀態都完全離棄，真實呈現出「喪其耦」的工夫；解消自我而大化流行於氣流當中，以變化去面對無窮的變化。相反的，對此狀態無從判斷的季咸，卻選擇逃離，他的內心全然沒有接應之能力可言，因為自是的自我無法接納這樣的「巨變」；季咸以僵化的方式來揣測無限的可能，以「定相」之假定來相「無相」之相，終究使得自己先無法接納自己，而無從相應；選擇中途離席而驚慌失措的季咸，猶如蜩與學鳩之「笑」鵬，自封的偏頗正使得自己陷入在自我無知的嘲諷當中。季咸沒有像庖丁以「雖然」二字來時時省思自己，更沒有以「怵然為戒」的心境來面對大氣的變化；「視為止，行為遲」的庖丁，手中所握持之「刀」，並沒有因狀態的巨變而放下；這意味著，庖丁並沒有選擇離開人間——當面對「每至於族，吾見其為難」的課題時，如鵬鳥之培風一樣，我必須調整我自己，那適宜的「角度」，就在我與物的對話之間尋得，於是「動刀甚微」。反觀之，季咸卻因無限的自我放大，而走向無限的自我封閉與自卑。

　　牟宗三曾為此寓言提出這樣的說明：

　　　一、示之以地文：杜德機：妙本虛凝，寂而不動。無門。

　　　二、示之以天壤：善道機：垂迹應感，動而不寂。有門。

　　　三、示之以太沖莫勝：衡氣機：本迹相即，動寂一時。亦有亦無門。

　　　四、示之以未始出吾宗：波隨機：本迹兩忘，動寂雙遣。非有非無

門。〔註41〕

此推演乃依據成玄英之古訓，牟宗三加以佛學思想中的「四門示相」之思維模式來進行分析。結合《莊子》「得其環中」的思維來看，「中軸空間」的思維方式可以對應於這四種狀態。

無論是「敞開」還是「關閉」，「中軸」實然地立足在它所立之地；「杜德機」如同「關閉」的狀態，而「善道機」則如同「敞開」的狀態，「作用」從「中軸」開出，此兩者之寓意，皆是從各自的「作用」上來呈現所謂相對思維之意義；即所謂的：有「彼」即有「此」。

進而，當「彼」與「此」相互碰觸，並進行相互參照與交融時，「是亦彼也，彼亦是也。彼亦一是非，此亦一是非」〔註42〕的感悟就推想而得；所謂的「衡氣機」即是如此之狀態。

最終，《莊子》提出一項對自我最為核心的叩問，即「果且有彼是乎哉？果且无彼是乎哉？」；所有的「彼」與「是」之間的關係到底是有還是沒有？思維的向度，從思維的進行中，轉向至對此思維自身作一場最為深切的檢視，那麼這意味著，「彼」與「是」都在進行自我的省思。所謂「動寂雙遣」即是將其「有耦」予以解消，解消「耦」，正是去除「自是」；當兩兩「相忘」時，「彼」與「是」就能「莫得其偶」，「中軸」就是「中軸」，「中軸」即能以此時之「中軸」而應萬千。

此時，對於「方」，對於「法」，將次次接迎，又能次次解消；「遊」於「方」中，而「法」於「無法」裡，這樣的思維與精神訓練，將使得生命更具「無限性」與其「創造力」。這是對生命中之種種「無限可能」保有一種基本的尊重。

巫術縱然可以得知吉凶、禍福，而擁有一時所謂的判斷，然而以其「片面」的認知來總括一切，卻不能「全面」體察生命的變化無常。這即是小年不及大年、小知不及大知、以有涯而隨無涯的道理。也因此，當列子體認到壺子與季咸之間的差異時，對於不學無術的自己竟也感到無比的慚愧。於是，他便自返於家中而三年足不出戶，盡心善待他的妻子，專心飼養著家中的牲畜。對於萬事萬物是如此的稀鬆平常而無有偏私，捨棄浮華而返樸歸真，在紛紛擾擾的世界中能安然自在而終了此生。當然，「命運」此時對他而言已非同日而語了。

〔註41〕 參見牟宗三：〈向、郭之注莊〉《才性與玄理》收錄《牟宗三先生全集（二）》
（臺北：聯經出版社，2003），頁265。
〔註42〕 《莊子·齊物論》。參見〔清〕郭慶藩：《莊子集釋》，頁66。

　　《莊子》對於遊走小道的巫術是抱持不信任的，因為生命的「無限可能」不能因此而遭到踐踏；這種以「此」量「彼」、以管窺天的心態，終究無法洞視生命的全部；「得其環中」的思維向度，正是要破除這些無知的限定。「相術」對季咸來說，充其量只是一種「工具」而已；就壺子而言，在「示相」的過程中我們可以相信，壺子是深究「相術」的；但是，壺子則是以「生命」的整體性來呈現「相術」的真實意涵；壺子使之自我投身於流行當中，自我沒有滯留在自是的心境上，「相」可以隨天地的變化而呈現出來；我們可以說，季咸醉心於「技倆」（自以為能掌控甚麼，卻因而失去更多），而壺子則是在呈現「道」（不限定自己是甚麼，反能獲取更多，甚至又能從中放下），這猶如文惠君之「善技」與庖丁之「好道」之差別。

　　「若神」的季咸，依然只是滯留在「若」，而不是達到「神」的境地；而《莊子》文中的壺子形象，雖未有一字稱「神」，實然已經可稱之；真實行走在大化流行當中，那「神」之「名」是不需要的；季咸與壺子之別，就在於此，而小道與大道之差亦如是。

　　「神」是甚麼？「神」就是在這流轉的生命當中而與之同步。寓言的最後，《莊子》透過列子的自我醒悟來闡釋最為核心的寓意。自嘆無有所學的列子，實際上已經歷了一場在思維轉化上的洗禮，原有的「心醉」被消弭了；對於某種形式的追尋，終究只是華麗的糖衣，若無洞視這點，自是與自傲將隨之而起；回到最為實際的生活當中，這股氣象萬千的氣流才是生命所必須面對的，引佛家所言：人間就是道場。列子燒飯侍妻、餵養家中牲畜、對待人間一切事物無所偏私、視榮華為無物，再「平凡」不過的生活方式，於此將顯得如此「不平凡」；因為，道理就在生活當中。能預言福、禍、夭、壽又將如何？終抵不過樣態隨地在更迭，條件隨時在轉變的「雜乎芒芴之間」〔註43〕的生命總體；據此，壺子示相所帶給列子的感悟是：讓自己回歸到如實的生活裡，以接應每一次所要「解」的那隻牛（讓生命回歸到生命自身的流動裡），使之「常道」就在體會「無常道」中持續翻轉而再次推出，這即是所謂「神」的真實義理。

第四節　所立之處沒有離開人間──道在屎溺

　　道理沒有離開人間，嚴格來說，生命的真實體驗與感悟就在人間裡；對「中

────────────

〔註43〕《莊子・至樂》。參見〔清〕郭慶藩：《莊子集釋》，頁 615。

道」的詮釋，古典道家依然行進在人間「當中」而不離，透過身處在這些課題的變動與轉換上，「中」正持續受到涵養。從「屎尿」中「證道」，實意味著，我們必須從這些人間課題當中來持續涵養我們生命中那需要被喚醒的「中性品質」。從「大」到「化」，再到「神」，道家所優遊的正是確確實實的人間。真實的超越境界並沒有停滯在理論上，所謂「神」，及是在「人間」不斷地進行試煉，優遊在這一個可以提供實際修養生性的道場；真實的超越，正是再度回返人間予以相應。這便是中道思維的最高層次。

　　王船山曾為《莊子・逍遙遊》一篇提出一番重要的見解（對此見解，我們可視之為是《逍遙遊》的一篇題解）；藉由其獨到的分析與闡釋，我們可以進行一次全面性的整合探討——這是一次對從「積累」到「成化」，再由「成化」到「遊方」的生命情態之總體回顧，亦是一則對「遊」於人間之哲理的探尋——如何平衡相應於人間的課題。其言曰：

> 寓形於兩間，遊而已矣。無大無小，無不自得而止。其行也無所圖，其反也無所息，無待也。無待者：不待物以立己，不待事以立功，不待實以立名。小大一致，休于天均，則無不逍遙矣。逍者，嚮於消也，過而忘也。遙者，引而遠也，不局於心知之靈也。故物論可齊，生主可養，形可忘而德充，世可入而害遠，帝王可應而天下治，皆脗合于大宗以忘生死；無不可遊也，無非遊也。〔註44〕

船山之最為關鍵性的思維闡釋，正在其對「逍遙」二字的義理剖析；即所謂的：「逍」者，「消」也、「忘」也；「遙」者，「引」也、「遠」也、「不局於心知」也。對此二字之闡釋，讓生命之整體通透起來。藉此，回顧之前章節中所探討的，在道家對「中道精神」的體會與發揮中，船山所論都能與《莊子》之「得其環中」和《老子》之「多言數窮，不如守中」等重要思維模式接連相通。

　　首先，能進行所謂「嚮於消」、「過而忘」，必然在其思維方式上將先須回到對兩相對立的再認識，與兩相關係之調整的機制上才能得以成立；因為，思維的維度必須有所「突破」、有所「成長」，必須解除、走出那制式化的封閉狀態。兩相關係可以有所相互解消，而後回到「中軸」的核心上進行全面性的思考，這同時也意味著，思維的方式當必須從對自我的檢閱開始；「消」的真實意義便是一次又一次的解消與去除，而「忘」則是使自我進入對自我檢閱的狀態上而了卻自我的自是。當我們與事物之間有所接觸時，事物則能提供我們對

〔註44〕參見〔清〕王船山：《莊子解》卷一《船山全書》第十三冊，頁81。

自我進行一番新的解讀，自我沒有侷限在自我之上（嚮於消——因為有所「消」，所以能有所「長」）；而當我們回顧著所有經歷過的路程時，歷程則能使之我們面對新的狀態，而有所成長（過而忘——因為有所「忘」，所以能有所「成」）。

　　形式不再只是一種固定的形式，這種經由「消」與「忘」之淬煉後的形式，是「寄寓」於那深具變化性強大之事物流動當中（寓形於兩間）；思維可以回歸到「中軸」上，形態誠如可就於萬物之形態的「水」，而生命的靈活度猶如可塑性強的「天均」。據此，所謂的「道」，即是「吾喪我」，即是將彼此之間的「有耦」解除，即是對自我展開檢閱的程序，這是轉化的第一步。

　　進而，由「中軸」往外推出，重新建立並面對生命中每一次的新局。保有「天均」的態度，則能塑造出多樣形態的器具（自我的心胸能有所敞開，則「大瓠」當有所其「用」）；依據「若水」的精神，則能善利於萬物而不居於其功（將自我之自是解消，才能與萬物同步，以應萬變）；思維必須保持在活絡的狀態上，自我必須不斷叩問自我，此新局將引領出下一次的新局。所謂：「引而遠也，不局於心知之靈也」，正意味著思維的向度一直行走在推陳出新的狀態上；「遙」即是讓自身的眼界擴大，思維豐沛。據此，所謂的「遙」，即是藉由「吾喪我」而獲得「真實的自我」，即是遇見並應對於那氣象萬千之變化狀態，這將是保持在持續轉化的歷程上。

　　然而，「逍」與「遙」是可以同時一並來看的。從「有耦」到「無耦」，思維回到「環中」上，進而以待事物之變化，正所謂：「樞始得其環中，以應無窮」；因沉澱而得以清晰，這便是所謂的：「逍」。正因為思維回歸到「中軸」上，新的視野必然隨之展現；將生命的封閉去除，正可接應更多生命的體驗，此時生命必當有所成長與提升，這正是所謂的：「遙」。

　　「逍」與「遙」正是從「積累」到「成化」，再由「成化」到「遊方」的歷程；由「對偶」的解消，到回歸於「中軸」，再從「中軸」推出新局，並時時又回歸至「中軸」上以因應各種事物狀態。我們可以說，這是從解消封閉，到思維的開展，在由其開展不斷檢閱開展，以應對下一個新的開展；「逍」與「遙」不斷輾轉相互引領，自我心境不斷吸收，也同時不斷再推出。誠如鵬鳥必須不斷調整自我飛行的角度，鵬鳥與氣流的關係必須保持在一定和諧的狀態上；何以能如此？因為，「積累」不斷、「成化」亦不斷；透過解消自我（「逍」——一旦碰觸氣流之變化，則必須檢視自我），而能重建自我（「遙」——因其

經過自我之檢視，所以能再度翱翔而上）。

此闡釋亦能與庖丁解牛之精神相融；其「怵然為戒」的謙遜態度，使之自我能不斷地重新認識自我，給自我一個自由且自在的空間而得以應用（以無厚入有間）。能「因應」於事物的「樣態」（因其固然），「依據」於事物的「條件」（依乎天理），而不與事物「相刃」、「相磨」（「逍」——官知止，而去除我執，以事物之變化為其依循），進而能使之刀刃常保於「若新發於硎」之狀態（「遙」——刀刃無有受損，實意味能藉由每次的經歷來提升自我，並從容以應新來的變化）。

總體而言之，鵬鳥與庖丁之生命情態將使之自我維持在「得其環中」的狀態上（寓形於兩間），以因應新局的到來（遊而已矣）。我們可以深入地說，「逍」與「遙」之相為融合與其輾轉相互引領之狀態，即是所謂的「遊」也，「逍遙」者，「遊」也。

形式並沒有被拋棄，方法也不是沒有；鵬鳥必須有所「飛」，而庖丁也必須有所「解」，只是他們將「遊化」在沒有自我限定與沒有自我自是的方法與形式上；因為，形式就在事物上，方法就在狀態中，以沒有方法（逍）為方法（遙），以沒有形式（逍）為形式（遙），這便是能「遊」於「方」，也正是《莊子》所謂的「神」；如庖丁「遊刃」於其中（以神遇），而鵬鳥「培風」於萬里之天際（莫之夭閼）。

據此，我們可以深切進入反思的是：所謂的「寓」，即是「寄身」於事物的變化上，而與其變化同步；所謂「寓形」者，即是沒有自我之自是，即是不居其功、不待其名、不為其我，官與知皆能停止，而不受於任何一種形、名之限制。而所謂「寓形於兩間」者，則因其無功、無名、無我「於兩間」，所以能進入「無耦」之狀態。因其「無耦」，所以能解消限定中的自我；透過次次對自我的再認識，則能「得其環中」；因「得其環中」，則能「以應無窮」；因回歸到「中軸」上而有「以應無窮」之準備，所以「功」能有所「成」、「名」將有所「立」，而「我」當有所「為」；然而，此時的「功」、「名」、「我」者，已非同日而語，實已深化、轉化；思維的向度將有所擴充，生命的體驗也因此能同步提升。

我們更可以進一步地說，所謂的「寓形於兩間」，是「寓形」於「天地萬物」之間，是「寓形」於「天地萬物」之「變化」當中；「兩間」只是思維推想上的方便法門，其最為關鍵的，乃是自我之解消；生命從自我之檢視而得以

開展，由自我之再認識而得以重構新局，「寓形」即是能認真並且具實地掌握那每一次的「變化」，在極為「有限」的生命個體中，不斷積累、成化，而遊方，使其生命與「無窮」的萬物事態同步；這便是「神」，也就是「逍遙遊」，實為道家心中所謂「中道」精神之精隨。

因為有所「解消」，所以才能有所「成立」，生命的整體架構就在次次的「突破」而「重構」的狀態中持續進行。誠如「虛而不屈，動而愈出」的「橐籥」，必當有其空間才能發揮其作用，其象徵著，生命的靈活度正處在「虛」、「實」如一的平衡狀態上，以「虛」來因應「實」，以「實」來證實「虛」，即是處於「中道」；「作用」並沒有被限定於某一方，而是「寓」於「諸庸」，因為「虛」、「實」而「得其環中，以應無窮」。

鵬鳥之所以能「飛」，即在於其對自我之省思，便以此來對應龐大且巨變的氣流；這正是：反觀自我，以應天地；透過調整自身的羽翼（解消自我），以對應流動中的事態（成就生命）。「作用」沒有停止，「作用」將「寄身」於「變動」當中，而不加馳騁與自是；所謂的「用」，就在每一個事態上，讓事態自身去發聲，思索並參照其中的條件，依循並調合其中的發展情狀，以展現它的所需與所能之「用」——這同時就等於是在展現自己（鵬），一個不斷在學習與調整自我的自己。

正如《莊子・逍遙遊》中所言及：

> 肩吾問於連叔曰：「吾聞言於接輿，大而无當，往而不返。吾驚怖其言，猶河漢而无極也；大有逕庭，不近人情焉。」
>
> 連叔曰：「其言謂何哉？」
>
> 曰：「藐姑射之山，有神人居焉。肌膚若冰雪，淖約若處子；不食五穀，吸風飲露；乘雲氣，御飛龍，而遊乎四海之外。其神凝，使物不疵癘而年穀熟。吾以是狂而不信也。」〔註45〕

在這些極度「誇飾」的形容語句當中，《莊子》實際是要「突破」語言的障礙與隔閡，是要「消解」思維的框架與限制；《莊子》希冀我們的思維能先行回到「彼是莫得其偶」的支點上，再藉由觀點上的調整以達思維上的轉化；在這些神話語句的背後正在展露一場我們必須進行的思維上的淬煉，《莊子》深刻地予以其中豐富的哲學意涵——我們當有所突破，而回到「中軸」上，再藉此從「中軸」開出，以因應事物的變化，這便是「神」，也正是古典道家對「中

〔註45〕《莊子・逍遙遊》。參見〔清〕郭慶藩：《莊子集釋》，頁26。

道」思維的推想核心。

相較而言，肩吾的「質疑」則呈現出對事物之種種產生某種預設，立場的先行出現，讓思維的向度受到制約；所謂「大有逕庭，不近人情焉」的懷疑，將使之思維的落點受限於「一方」或「一隅」之上，而不能全覽事物的面貌；考慮符合「人情」的肩吾，正是執著於其「常法」，而不知其所以為「常法」的思維侷限上；嚴格來說，肩吾執意的是自身的觀點，他正以他自身所知的「常態」來度量他所不知的「常態」（事實上，「常態」就是「沒有常態」），他沒有洞悉到事物有其「相因」的本質，他被自身所以為的「常」給限制住了。

因此，《莊子》看見生命的寬度與其厚度；所謂「乘雲氣，御飛龍，而遊乎四海之外」的深切寓意並非是一場無謂的崇拜、神化的嚮往，如實地面對「雜乎芒芴之間，變而有氣，氣變而有形，形變而有生。」〔註46〕的人間課題，才是此話語中所引領而思的實質底蘊。

《莊子》的「狂言」，不是無謂的自我膨脹，《莊子》的「狂言」，是讓我們自身去感悟自身的渺小，進而從此思維的轉化上來莊嚴生命；「狂言」背後的思維本質，正是要訓練我們體認到「常言」的真實意義，因為「常言」，就是「沒有常言」。

端詳其中，所謂「其神凝」，正是讓自身的生命行走在「得其環中」的支點上。「神凝」，不是一場無謂的狂想與奔馳（思維的開拓絕對不是一場自我膨脹的「坐馳」）；在極度神話性的語句當中，《莊子》正透過某種「突破」，進而再次重新「建立」起生命的總體價值，透過一場對自我的檢閱而找到自我的可能性；「神凝」，恰恰是先行回歸到「中軸」之上，而又從「中軸」上以應事物而別開生面。這樣的狀態，不是「坐馳」（不是巧言之辯，不是虛無的幻想），而是「坐忘」（是真實的面對人間課題，是面對自己，檢閱自己）。依據於對自身的「忘」，而重拾「全新」的自我。

王船山對此「其神凝」之說，有其深切的論述，其言：

> 三字一部南華大旨。〔註47〕

又言：

> 夫豈知神人之遊四海，任自然以逍遙乎？神人之神，凝而已爾。凝則遊乎至小而大存焉，遊乎至大而小不遺焉。物之大小，各如其分，

〔註46〕《莊子·至樂》。參見〔清〕郭慶藩：《莊子集釋》，頁615。
〔註47〕參見〔清〕王船山：《莊子解》卷一《船山全書》第十三冊，頁88。

　　則己固無事，而人我兩無所傷。〔註48〕

誠如之前所論，正因為有所「解消」，所以才能有所「成立」，生命的整體架構就在次次的「突破」當中持續不斷地在進行「重構」；以「消」的方式來進行對自我的檢閱（道），以「遙」的方式來拓展自我的視野（遙），進而才能「遊」於其中，即以朝向沒有我執的向度不斷前進，而因應於事物的變換（逍遙遊）。

　　這正是所謂「神」（遊也）。

　　正因為需要不斷進行「消解」自我，所以「神」的狀態沒有自是的觀點，也沒有暴力的取向；正因為有其視野之拓展，所以「神」的狀態沒有一時絕對性的固定方向與位置；思維必須是有所表明的，聖者必須是有其態度的，但真正體悟的聖者，正是從體悟到自身不是一位聖者而開始的，因為真正所謂的「神」，正是讓自身保持在不斷叩問而充實自我的狀態上。從所謂「小大不一」的思考先行推展，讓自身生命有所成長，然而也須同時回返一切，在如實變換不斷的事物當中看見「小大一」的真實面目。

　　首先解消自我（小大不一），進而轉化自我（小大一）；先行突破（道）與提振（遙）自我的思維，進而回返觀照這一切萬德莊嚴的事物（遊）；有其「道」，有其「遙」，才能有其「遊」。參照而言，「神」的狀態，正是所謂「因其固然」的狀態，正是體察事物自身的情狀，因應事物自身的條件，而行走在其中，而融入於其中。我們可以這麼說：所謂的「神」，是一場對自我生命的突破與提振；而其中所謂的「凝」，是時時保持在這場對自我之突破與提振的狀態上。「神凝」，正是佇立在這個「中軸」空間上，有所解消，而有所建立；思維回到環中上，以待事物之變而再度開出。

　　就此，「大瓠」當有所其用，「用」於所處之自然而然的實際狀態中。而「能不龜手之藥」，便得以發揮其更多的功能，而不居於一隅。而「犛牛」與「狸狌」之相對關係，便能相互消解而得以通達；當知有所「用大」，必有其「小」；而有所「用小」必有其「大」。至於那獨立於「无何有之鄉」的「無用之樹」，便能安於其「無用」，而顯其「大用」；其自身正處於無名、無功、無我之狀態中，以待「寢臥其下」這種自然而然，而無有別種目的與心機之悠然。因此，所謂「逍遙」而「遊」者，則得以呈現，即是能「遊」其「方」（方內、方外即可同遊其中），而不是滯留、僵化在「方法」之上。

　　深入言之，「道」就在生命的流動當中，就在生活裡。

〔註48〕參見〔清〕王船山：《莊子解》卷一《船山全書》第十三冊，頁89。

東郭子問於莊子曰:「所謂道,惡乎在?」

莊子曰:「无所不在。」

東郭子曰:「期而後可。」

莊子曰:「在螻蟻。」

曰:「何其下邪?」

曰:「在稊稗。」

曰:「何其愈下邪?」

曰:「在瓦甓。」

曰:「何其愈甚邪?」

曰:「在屎溺。」

東郭子不應。

莊子曰:「夫子之問也,固不及質。正獲之問於監市履狶也,每下愈況。汝唯莫必,无乎逃物。至道若是,大言亦然。周徧咸三者,異名同實,其指一也。」〔註49〕

提問的模式,即能顯現出議題的反向意義;東郭子此一提問:「道」在「哪裡」?便已經將「道」給鎖定了,鎖定在他自身的預設當中,東郭子實已設想,「道」必定是「一個甚麼樣子的」;所謂:「期而後可」,已經將「道」放至在某種假定當中,「指出一個地方來」〔註50〕實際上已反應出東郭子有某種程度之成見。更加明顯的是,在其「何其下邪」、「何其愈下邪」、「何其愈甚邪」的提問中,以及最終「不應」的反應上,更顯其因自是而所造成的疑慮;設想雖然可以,懷疑當然有理,然不免讓自身陷於某種形式中而無法宏以觀之。反觀莊子,則娓娓道來,一一呈現,實將「道」的真義,「寓」於「諸用」當中;「道」可以是螻蟻的巢穴,可以是不起眼的穀物,可以是屋瓦碎片,更可以是人們所不喜的屎尿;此種層次之思維,正佇立在「中軸」之上,以觀所有事物之情態,而非鎖定於一偏、一隅以斷定「道」的真實面目。

一句「无所不在」道盡幾層義理:

其一:「道」沒有被以「虛擬」的方式來呈現它的存在。相當具體的,在《莊子》的語境當中,「道」正以它自身種種之形態展演在我們眼前,「道」正

〔註49〕《莊子·知北遊》。參見〔清〕郭慶藩:《莊子集釋》,頁749。

〔註50〕「期而後可」可釋義為「指出一個地方來」。參見陳鼓應:《莊子今注今譯》,頁577。

以自己在訴說著自己，任何多餘且額外的言語似乎都可以從中加以除去，但它卻活生生地在我們的眼前。「道」在「螻蟻」、「稊稗」、「瓦甓」、「屎溺」，實意味著，「道」就在「人間」，就在我們生活中所面對的事物裡；「道」確實沒有「遠人」〔註51〕；它不是虛無縹緲的仙境，也不是脫離世間的假想題；這也同時能凸顯一個事實，即「道」正如實地展演在你我不知或輕忽的事物當中。

「道」在極為低下的事物中呈現，這一個看似對比強烈的處理方式，其實是一次又一次的自我解消，解消我們內心的自是與迷失；崇高之處不是沒有「道」，此對比之安排，實際在提醒我們，「道」也能在低下之處呈現；然而，更重要的寓意是，「道」沒有所謂崇高與低下之分，「道」其實就是每一個事物，每一個狀態。「每下愈況」的鋪陳手法，正一層層解開東郭子原先的預設，讓所謂的「方法」自行發出它的聲音，讓「道」的真實面目層層被據實地看見。

其二：「道」正行進在沒有被僵化的流動中。「何其下邪」、「何其愈下邪」、「何其愈甚邪」的提問，在莊子的思維裡卻能層層就近於「道」；從「螻蟻」到「屎尿」，莊子告訴我們，「道」的質地是相通的；這意味著，事物與情態的背後是相互融通的。所謂：「周徧咸三者，異名同實，其指一也。」周、徧、咸，皆可一同言之，曰「全」；無論外在形體，乃至種種名相，其核心是相通而相融的，誠如《齊物論》之所謂：「天地一指也，萬物一馬也。」思維依循著「環中」，無論門開或是門關，其作用之源頭都能溯源至「中軸」上。

莊子不同於東郭子，其關鍵在於，莊子能與時遊化，讓思維的向度回歸到「彼此」相為消融的狀態上，而不居於「彼此」上；然東郭子卻居於「有我」，一旦「有我」，便不能入乎「彼此」，「彼此」不能相通，則「彼此」變成對立，對立一成，則不能體萬物之流變，此時思維自然僵化而不能進。

其三：「道」是一個「樞紐」，正以靈活的狀態以待事物之變化。此項義理之推演，乃從第二層之反思中所開出。「中軸」之地並沒有靜止，正由於能同時消解「彼此」，所以才能進一步地融入於「彼此」當中；信手拈來的莊子，處處無不是「道」，事事無不莊嚴可學，回歸至「中軸」，是為了推展更多的可能，「寓」於「諸庸」便是「寄」身於這「靈活的空間」以應其變。據此，從「中軸」所開出的思維向度，讓生命是「氣象萬千」的；所以，「道」可以是

〔註51〕子曰：「道不遠人。人之為道而遠人，不可以為道。」《禮記・中庸第三十一・第八章》。參見國立編譯館主編：《十三經注疏分段標點 12・禮記注疏（下）》（臺北：新文豐出版社，2001），頁 2202。

「屎尿」，亦可以是解牛中的庖丁，甚至「道」也可以在是「妻死」當中習得真義的莊子。

莊子的確可以為東郭子「指出」甚麼是「道」，但此「一指」卻是從「道」的「樞紐」所開出，處處皆指，事事如一；思維敞開，自是消解，正如坐落於「中央之帝」的「混沌」不是沒有七竅，而是不讓七竅所牽制，以沒有制式的秩序來呈現秩序，讓秩序展演他自身靈活的樣態。最終，「道」以「無常」來呈現其「常」；生命的整體在其變化當中顯現其穩定。

其四：「道」，在於人間的回返；《莊子》正以對人間課題之檢視來回歸人間之課題。道家的生命情態不但沒有選擇中場離席，更能實際與以應對；《老子》所言：「無為而無不為」亦與此義理之精神相通。回歸至「中軸」，其最大之意義正在於能使思維可以不斷擴充，生命可以藉此茁壯；對應如此繁雜且多變如龐大流動之氣流的人間，必當回返於此（中軸），進而再度由此重新開出；自心消解，反得成就，羽翼培風而上，實然已經與大氣之流變相符，「道」也者，「人間」也。

誠如船山所言，這一個「寓形」於「兩間」的「空間」（投身於宇宙的流動中），正以謙卑的心境在檢閱自己（解消自是，回到中軸），以靈活的思維向度再度推展新局（再由中軸推展出來，以應萬物）。

所以，物物彼此，可以消解相融。誠如《齊物論》所發：思維的向度沒有「對偶」，從「對偶」中認清「對偶」的原由與關係，然後再由此「環中」之空間去尊重每一項事物。據此，生命可以保持在活絡且具創造能力的狀態裡。猶如《養生主》所行：方法沒有被限定，方法就在每一次的接觸、調整、與轉化上去呈現；生命便「緣」此「督」而行進。同時，人世間可以相應以對，而無所傷害。亦如《人間世》所言：雖有大戒不能免，然卻能轉煩惱為其菩提，託其不得已而時時自省涵養其中；人間的意義就在此時而莊嚴。進而，形骸可以忘卻，而精神得以永續而常在。譬如《德充符》所稱：形、名雖可以定義事物，然事物也可能因而被封死；外在的軀體形骸只是小我，真實的大我是與天地往來的精神與德性；短暫的生命只是過客，能長存者乃是「慧命」。最終，生命可以融於天地之變化，而了卻生死，同於大通。同證《大宗師》所望：生、死必然有其定數，然而氣之流動確是相通為一；可為彈丸，可為雞曉，可為萬事萬物，自心無非與宇宙相融；妻死固然哭啼，然感悟天地本為一事，則鼓盆而歌，法喜充滿。當然，帝可稱，亦可應，無為而無不為，而天下垂拱。回向

《應帝王》所乘：聖人不是沒有聲音，只是聖人將其表態放在萬物身上；以「用心若境」的方式，使之什麼來，就照見什麼，什麼去，就歸還什麼，一切如如動，如如不動；混沌正是一種秩序，一種可以不斷推陳出新的秩序。

這些思維結構與其思想背後的寓意，無不是展演在我們的生命歷程中。老、莊正也以此「中性品質」，來應對一切事物，一切人間的課題；不斷的增進生命的能量，以「中」來韜養「中」。

結 論

一、儒、道在中道思維展現上之同工——「君子不器」與「上善若水」

　　以人間秩序為思考核心的儒家，其對「和諧」之社群關係之掌握，是一個極為重要的生命課題；這個核心以群體之間的共同認知為其建立基礎，以日常生活中所面對的事物為其涵養對象；在這當中，思維必須不斷去接觸並調整在每種關係發展與進程上的平衡；換言之，這樣的「和諧」，正是一場透過與各種不同事物的學習進而從中去體驗進程裡的變化，並且同時去自省與這些生活事態保持平衡的精神訓練。

　　對於這種共同認知的探尋與獲得，必須是不斷的；從孔子所謂「君子不器」的自我期望中得知，一個君子所獲得之最大認同（社群之間的認同，以及自我的認同），理當不是一個「靜止」的狀態，而且更不是一個可以用所謂「已經完成了」來表達完整的狀態，君子必須不斷提升自己；在生活的領域當中，你的內省全然是一個活絡的機制，你必須推出你與各種事物之間的平衡位置與其應對。一個具有「克己復禮」的思維個體，其展現出來的生命情態，是一個向內自省，往外推出的「器」；生命依據於這樣平衡機制（中），以施展其作用來對應事物的變化（庸）。

　　這一個「器」，沒有思維滯留的現象；當課題出現時，它必須與課題進行對話，此「對話」正意味著內省，也同時包含推出；深入而思，這一個「器」，沒有將所謂的思考導向一種自我為是的封閉狀態，並且也沒有將所謂的行為應對停留在只是表象化的一種單一形式的作用而已；一個君子正不斷地在呈現這可以持續涵養並且能藉此而有所創造力量的「中性品質」。

正是出自於是一種互動的心境，君子的視野不能只是侷限於一方之隅（叩其兩端而竭焉），就某個意義來說，儒家的「人間秩序」將捨棄單一且桎梏的法則，作為一個內外兼融的生命體，他所朝向的理當是，在不斷實踐的人生歷程中，以「調整」自我及「參照」群眾的自許進程。誠如孟子所謂的「養不中」，其真切的義理應當是，能藉此進而反觀於自身的缺乏與不足，而得以再度「培養」、「滋長」這可以是能源源不絕的活絡品質。

「君子不器」，實意味著一個深具「中道精神」的生命體；它使之自我能進入、調整、轉化，並融合在可以不斷循序叩問自我且具開創意義的進程當中。就儒家來說，所謂的「和諧」，即是回歸至深具「啟示性」的語境中，即是一個不斷在「成己」，而又是可以同時「成物」的語境中（止於至善）。

參照道家而言；「上善若水」的寓意，也是一個充滿活力的生命情態。在章節的論述中我們得知：「水」象徵著一個相當重要的思維意涵，即是「水」能適度地展現出它可能給予的作用（善利──它具體地展現「實」的一面，事物有其發展與作用），但是卻沒有針對任何一種作用做出對自我在這個作用過程中的任何獨斷性的評價（不爭──它保有「虛」的謙卑，它回頭再度叩問自我，已推出另一個新局）；水能夠利益萬物，但卻不與相爭，這將顯現出一個虛實統合的平衡狀態；這實際呈現一個事實，即生命是活絡的──生命如同一個「橐籥」；它虛而不屈，動而愈出。

聖人恰恰站立在具有高度「中性品質」的空間裡，一個「靈活空間」裡；聖人必然是有其思考的，但卻不會執意於一己之見，他的所見將回歸到各種聲響的回應上。

將此「虛而不屈」之精神發揮淋漓盡致的，便是莊子；佇立在「中軸」的莊子，更能洞視並展演出這其中的堂奧。在論述中我們得知，任何事物都有其立足之點，事物的定名就在關係上的「相因」，然而這層「相因」之意義，事實上是在告訴我們有其「成」，必有其「毀」的本質；得知這層意義，我們必須重新看待事物之間的這層關係。一旦我們停留在自我的自是狀態中，那一偏之見就足以造成失衡，「對耦」便會產生；所以，我們必須察覺到，因彼此之自我自是所造成之「相耦」，從中讓這種對立性中的假象的「中」破除，進而走向能超越彼此之因其自我自是所產生的對立。

透過這層思維轉折，並不是只停留在某種假設性的「中」的狀態裡，因為真實的「中」，就是能再次回到那原先的問題上；所以，能「行」於「兩者」

而不「限」於兩者，能「入」於「兩者」而不「介」於「兩者」，能「含」於「兩者」而不「受」於兩者（正如狙公之「兩行」）；先將思維回歸「中軸」，在由「中軸」推出應對的方式，有了這樣的思維向度，才能真正面對並處理問題。這亦能呼應所謂：「多言數窮，不如守中」之道理；實據謙沖的反思，以及活絡的創造。

二、儒、道在中道思維展現上之異曲──「宥器」與「卮器」

我們可以發現，在「宥器」與「卮器」的譬喻當中，它們（儒家與道家）的思維內部同樣隱含著一個不變的特質與事實，即「平衡」；對於這一個「平衡」點的關注都同時指向一種思維核心──「中」，也就是它們都在關懷著生命中的「和諧」。然而，值得注意的是，在思維核心一致的基礎之下，「宥器」與「卮器」卻有其不同的展現方式。

以「宥器」而言，是藉此「平衡」的譬喻，來展現人間秩序的「穩定性」，實際上是藉由「穩定」來加以肯定並展現「穩定」的意義與重要性──「宥器」的穩定，就在於保持，保持它自身的「中正」的狀態。回到儒家關注社群關係的性格來看（倫理思考），這一個「器」必須讓自身保持在一個平穩的狀態以面對各種不同的定位與角色的轉換，它必定是要注意調整的問題，然它更重視調整所帶來的價值與意義；「穩定性」所帶來的社群認同與其認同感，是「宥器」在儒家思維中的一個重要寓意。這與孔子所謂：「必也正名」的思維相呼應；孔子言：「名不正則言不順，言不順則事不成，事不成則禮樂不興，禮樂不興則刑罰不中，刑罰不中則民無所措手足。」[註1]虛則欹（不及），滿則覆（太過）都不能展現生命的和諧與穩定，只有維護它平衡的狀態，才能表述一切事物的價值與意義（中則正）。這樣的一個「器」，一個寓意底下，讓我們觀察到儒家在展現「中道思維」的歷程裡，對價值表述有一種「正名」的關注，更以此來解讀生命「和諧」的意義；一個以「持穩」為面向的生命思索。

就「卮器」來說，也是緊扣「平衡」的譬喻來呈現生命的和諧，然「卮器」卻是以「不定」來重構「穩定」的另一層意義；因為，「卮器」另一個值得被注意的寓意形象是：流動與變化。所謂：卮言日出，和以天倪，因以曼衍，所

〔註 1〕《論語‧子路》。參見國立編譯館主編：《十三經注疏分段標點 19‧論語注疏》（臺北：新文豐出版社，2001），頁 286。

以窮年。〔註2〕我們可以仔細端詳其中的意象——「日出」：日新月異；「天倪」：與自然的分際同步；「曼衍」：大化流行，與事物之變動為一；「窮年」：與時間的長河同步，而沒有止盡。整體意象群引領出一種「不定」與「變動」的意識；無論時間或是空間，都在進行轉移。對比之下，這個「卮器」讓我聯想到「正名」的相對觀點——「無名」。以莊子所謂：「得其環中」的思維來說，「彼」與「此」，當然有其定名，事物因其名所以能界說；然其定名卻往往使生命走向各自的侷限，其在於一旦各自有「我」，則對立便形成，有「我」則有「耦」，有「耦」則生命之整體就會受到牽制；所以，我們必須要培養「彼是莫得其偶」〔註3〕的精神，消解各自的執意，讓生命回歸「中軸」（以無名），以便再度重新看待這些事物（重新詮釋名）。

據此，「流動」不但呈現出它沒有被停止在某種狀態上，並且也同時能看出它是活動在一種「穩定」的狀態上（流動就是最為穩定的狀態——流動本身就是平衡），這是一個以「不定」來展現「定」的姿態，一個重新檢閱自我的姿態；誠如老子所言：「道常無為而無不為」〔註4〕；也正如莊子所言：「依乎天理，因其固然」〔註5〕。「依」與「因」強化了「應」的意義，正是以我去認真的面對事物，而不是讓事物來遷就於我；「無為」不是「不為」，而是不讓自我走向無限膨脹的困局當中。我們可以這麼說，「流動」實際上是與時空同步，「流動」其實是「變」而「化」之的狀態，讓生命持續處於有所開創的狀態中。這種關注「變」與「化」的向度，讓我們看到在道家生命情態中所詮釋的「中道」。

但是，我們的思考必須再次翻轉。當我們試圖找出「卮器」與「宥器」的差異時，其內部的思維核心——「和諧的生命觀」，是相同的，是不能被去除的；因為，儒、道都是認真地在關注著生命的課題；生命必須是活絡的，和諧才有可能進行。

所以，「正名」就不是一種刻版、制式，食古不化的狀態；誠如章節中所論述的，持以「中正」的背後是針對「太過」與「不及」的調整，儒家何嘗不

〔註2〕《莊子‧寓言》。參見〔清〕郭慶藩：《莊子集釋》（臺北：貫雅文化，1991），頁949。

〔註3〕《莊子‧齊物論》。參見〔清〕郭慶藩：《莊子集釋》，頁66。

〔註4〕《老子‧三十七章》。〔魏〕王弼等著：《老子四種》（含：老子王弼注、老子河上公注、馬王堆帛書老子、郭店竹簡老子）（臺北：大安出版社，1999），頁31。

〔註5〕《莊子‧養生主》。參見〔清〕郭慶藩：《莊子集釋》，頁119。

也是在關注這變化中的事物與事態；這意味著，「名」不但需要「正」，更需要思考如何去「正」，以及為何要「正」等問題；思維必須是動態的，所謂「持中」就是行走在不斷需要調整自我的社群關係當中。極為顯然地，「正名」之「正」，是一個活絡的狀態，「正」隨時都是一個「進行式」而不是一個「完成式」，一種呆板的形式；這實質地也能同時呼應「君子不器」的精神──一個具備完全人格修養的君子，他必須去思索在其不同社群關係中的位置，以及這關係中的自我認同與群體認同。

　　同樣的，「無名」就絕非是一味地排斥定義、醜化形式，乃至走向某種孤立不知而馳騁的虛無狀態；誠如章節中所觀察的，「中軸」的回歸，實際上是為了應對「門開」、「門關」而準備，透過思維的一次沉澱，來看清「彼」與「此」背後的共通原理；思維是如此的靈活，但其由衷所冀望的也是一種穩定的生命。極為顯然地，「無名」之「無」，也是一個活絡的狀態，讓生命行進在「沒有形式」的「形式」中；這實質亦能呼應「上善若水」的真實意義，也與「聖人用心若鏡」的思維核心緊扣；當關則關，當開則開，以應「無窮」，庖丁必然有所其「解」。道家對於「名」採取了另一種肯定的向度，即是讓事物的聲音回到事物自己身上，正所謂：「為是不用而寓諸庸」〔註6〕；思維的向度，讓「用」在流動的事物中重新詮釋「用」。

　　深入而言，儒家「顯中有隱」，道家「隱中有顯」；我們更可以這麼說：儒家因顯而隱（智慧是如此地在生活當中呈現，但我們卻往往輕忽這些生活中的轉折與其中所能給予我們的啟示。所謂：「道費而隱」。〔註7〕儒家思維亦有其精微之處。）；而道家因隱而顯（智慧沒有滯留在想像的空間裡，它必須行走在不斷叩問自我的歷程中去證實自我。所謂：「無用而大用」。〔註8〕道家思維是關懷人間的。）；在兩種不同生命情態的展現中，其思維的維度卻是一致的廣闊，在其各自對「中道」的體驗與省悟中，將提供我們一條源源不絕的思維泉源。

　　儒家以「反求諸己」為其工夫，道家以「心齋」、「坐忘」、「損之又損」為其工夫；兩家異曲而同工地展現出生命中的「中性品質」，他們同時都能察覺自身的「不足」，以此而洞悉生命「開展」之必要。

〔註6〕《莊子‧齊物論》。參見〔清〕郭慶藩：《莊子集釋》，頁70。
〔註7〕《禮記‧中庸第三十一‧第七章》。國立編譯館主編：《十三經注疏分段標點12‧禮記注疏（下）》（臺北：新文豐出版社，2001），頁2198。
〔註8〕此「用」為《莊子‧逍遙遊》中之主要精神寓意。

　　站在歷史轉變的舞臺上，儒家面對「禮壞樂崩」的「失序」情狀，並沒有走向放棄的進路，更為深刻地，他們從中思索「禮樂」的精神，他們重新建立「禮樂」的價值，重要的是，他們更以身體去實踐「禮樂」，而豐富「禮樂」的意涵；相同地，道家的省思亦不是全然的反對與否定，更為提升地，他們從中思索「禮樂」之存在是否有其必要性，他們亦重新地在思索「禮樂」的意義，更重要的是，他們進而從中轉化自我以面對這實際的人間課題。同為省思，同為再造；儒家從正向的角度並且以其「有所損益」的視野來面對這樣的「人間秩序」，而道家則由反向的角度並且以其「損之又損」的視野來重構這樣的「人間秩序」。從正向面對「禮樂」的儒家，引領我們對此「秩序」產生肯定的價值；而從反向面對「禮樂」的道家，則引領我們對此「秩序」保有省思的空間。他們認真思考「生命和諧」的意義；在提振「禮樂」精神的面向，儒家自反於「敬」，而產生「道德」修養的工夫，而在反省「禮樂」存在之意義的面向上，道家自反於「忘」，而產生返照「自然」的工夫。「中性品質」都在他們身上呈顯，然而，面對此「人間」的方式，卻有其不同的取向。

　　面對「禮崩樂壞」的課題，實際上是在重新思索「自我」之價值與存在之意義，其所涵蓋的，更指向於在思索著宇宙的意義；一場「秩序」的課題，啟發對「中」的思索；一種對「生命整體和諧」之探索，帶動了對「道」的追尋；甚麼才是生命中可以做為依據而且是最為理想（中）的運行狀態（道）之課題，接連了對天地之意義、自我之意義，以及天下人世之意義的總體反思。若做區分；以「自然」取向的道家，將「自我」推向於流動的狀態，如同一個「卮器」而「不將不迎」，人與宇宙實為同體，他們所呈現的生命情態是「人間宇宙化」；以「道德」取向的儒家，則將「自我」安置於穩定的狀態，如同一個「宥器」而「不偏不倚」，人與宇宙實為同步，他們所呈現的生命情態是「宇宙人間化」。在自省的歷程中，「道德取向」的儒家使之「秩序」產生「道德義」，在「宇宙人間化」的思維當中，他們闡發了生命中「誠」而「實」的一面；而「自然取向」的道家則使之「秩序」產生「自然義」，在「人間宇宙化」的思維之中，他們闡發了生命中「純」而「真」的一面。「誠」而「實」的一面，使之「秩序」有了「正面」的推展動力；然而，「純」而「真」的一面，則使之「秩序」有了「反面」的省思作用；在中國思想發展與文化作用上，缺一不可。同步即為同體，兩者實有分別，但殊途而同歸；儒家與道家所展現的都是「生命的和諧」，一者以「推展」來呈顯平衡，一者以「歸零」來闡釋平衡。

三、異曲同工之妙——中道思維的特質與啟示

　　透過對儒家與道家之生命情態的觀察，「中道」思維的意義就不只是停留在一種表面陳述中的理想狀態而已，在這項思維的內部結構裡，實際上蘊藏著層層思考上的轉折過程。

　　研究中我們發現，首次出現在《論語》中之「中庸」一詞，已非只是一種概念的陳述，或者只是一種「尚古思維」底下對理想的崇敬而已；在孔子與其弟子的生活展演中，「中道思維」的體系已經在《論語》一書當中逐漸形成，並且具體地在孔門學派中形成一個討論與實證的課題，在其所謂：「叩其兩端」〔註9〕、「聞一以知十」〔註10〕、「舉一隅，不以三隅反，則不復也」〔註11〕、「溫故而知新」〔註12〕、「學而不思，則罔；思而不學，則殆」〔註13〕、「恭而無禮則勞，慎而無禮則葸，勇而無禮則亂，直而無禮則絞」〔註14〕、「過猶不及」〔註15〕等思維觀點與模式當中，都深藏著豐富的「中道」意識值得我們去剖析，這些材料不勝枚舉；據此，我們便能透過這些材料的發聲，得以證實並統合儒家對「中道」所展現的思維結構，並且實可證明，後學《中庸》在其系統論述上的重要根源以及依據。

　　另外，在過去研究中所被忽略的道家部分，我們也具體地發現其對「中道精神」的另一種闡發方式；相當豐碩並且精彩的是，道家對「中」的觀察有了更多革命性的嘗試，並且完整地在其論述系統中提供我們對「中」有其另一處的思維方向；誠如「多言數窮，不如守中」〔註16〕、「道沖而用之，或不盈；

〔註9〕　《論語·子罕》。參見國立編譯館主編：《十三經注疏分段標點19·論語注疏》，頁198。

〔註10〕　《論語·公冶長》。參見國立編譯館主編：《十三經注疏分段標點19·論語注疏》，頁109。

〔註11〕　《論語·述而》。參見國立編譯館主編：《十三經注疏分段標點19·論語注疏》，頁153。

〔註12〕　《論語·為政》。參見國立編譯館主編：《十三經注疏分段標點19·論語注疏》，頁45。

〔註13〕　《論語·為政》。參見國立編譯館主編：《十三經注疏分段標點19·論語注疏》，頁46。

〔註14〕　《論語·泰伯》。參見國立編譯館主編：《十三經注疏分段標點19·論語注疏》，頁176。

〔註15〕　《論語·先進》。參見國立編譯館主編：《十三經注疏分段標點19·論語注疏》，頁250。

〔註16〕　《老子·第五章》。參見〔魏〕王弼等著：《老子四種》（含：老子王弼注、老子河上公注、馬王堆帛書老子、郭店竹簡老子），頁4。

淵兮似萬物之宗」〔註17〕、「虛而不屈，動則愈出」〔註18〕、「道常無為而無不為」〔註19〕、「得其環中」〔註20〕、「休乎天鈞」〔註21〕、「兩行」〔註22〕、「用心若鏡，不將不迎」〔註23〕等觀點，都能讓我們可以重新進行一番新的詮釋；經由這些材料的觀察，實際能填上、補充「中道思維」在中國思想發展上的一個空位。

　　相當具實的，儒、道兩家正以生命的歷練來推展「中道思維」的實質意義；「中道」思維實質上是可以操作並實證的思維方式，無論是「君子不器」或是「上善若水」，「叩其兩端」還是「得其環中」，其對生命平衡的掌握，儼然都是一場深具高度的自我生命訓練；在這一個體證的歷程中，正訴說著對「生命秩序」的檢閱與重構。儒、道對「中」的思索歷程，與「中道思維」的建立，不只影響往後中國在思想上的思維方式，也展現出一種生命態度。這種生命整體情態可以彙整出底下幾點：

（一）多元的學習與參照

　　「中道」思維首先提醒我們一項事實，思考必須是多元的，視野必然是廣角的；在事物與事物當中，彼此之間將提供相互參照的價值；所以，學習與充實自我，是一個重要的基本態度。不管是「每事問」的孔子，或是「知不知」的老子，都展現出這種品質。誠如感悟到「吾生也有涯，而知也無涯」的莊子，生命的種種思考與認定必須重新進行審視，尤其是回向到對自身的叩問上；在廣漠無邊的宇宙裡，這樣的感悟正是要我們與此「秩序」同步，是要我們與此「秩序」學習。

（二）思維的喚醒與自覺

　　其次，自省與反思啟動了自覺。當觀點與觀點相互激盪時，反觀自身便成

〔註17〕《老子‧第四章》。參見〔魏〕王弼等著：《老子四種》（含：老子王弼注、老子河上公注、馬王堆帛書老子、郭店竹簡老子），頁4。
〔註18〕《老子‧第五章》。參見〔魏〕王弼等著：《老子四種》（含：老子王弼注、老子河上公注、馬王堆帛書老子、郭店竹簡老子），頁4。
〔註19〕《老子‧第三十七章》。參見〔魏〕王弼等著：《老子四種》（含：老子王弼注、老子河上公注、馬王堆帛書老子、郭店竹簡老子），頁31。
〔註20〕《莊子‧齊物論》。參見〔清〕郭慶藩：《莊子集釋》，頁66。
〔註21〕《莊子‧齊物論》。參見〔清〕郭慶藩：《莊子集釋》，頁70。
〔註22〕《莊子‧齊物論》。參見〔清〕郭慶藩：《莊子集釋》，頁70。
〔註23〕《莊子‧應帝王》。參見〔清〕郭慶藩：《莊子集釋》，頁307。

為一個重要的效應，在思維的質地中便引導出一條自我覺醒的進程；於是，「中性品質」的思維動力被喚醒。所謂的「叩其兩端」，正是要重新檢閱自我，而「彼是莫得其偶」的省思，亦是一場需經由自我消解而重新認識自我的狀態。從此點延伸，儒、道兩家的生命情態，同樣都是在突顯對生命，與對生命之意義的叩問，他們皆從自我心性出發，在感知到自我之不足時，實際是在重新思索著「人」在「宇宙」之中的定位，以及「人」與「宇宙」之間關係；乃至引發出一個更為重要的課題，即是身為一個「人」，將如何重新解釋這個「宇宙」，這個自我之「個體」，以及這個「人間」。

（三）生命深具創造力

由於自我不斷在進行思維之調整，所以自我與事物之間的關係就必須重建；更深入來說，生命的整體是一場不斷需要吸取而推出的重整歷程；換言之，思維品質能活化，生命深具創造力。誠如「聞一知十」的顏回（我的心得是自身經由反思以後從內在心境所類推而出的，我當必須能從中再次「聞」得另外「一種」更為完善的方法，以面對更多的挑戰）。或是「休乎天均」的狙公（「兩行」的狀態不只是掌握兩種相對狀態而已，「兩行」之說只是藉由相對思維所開出的方便界說而已，確實掌握「兩行」的真義，是要隨時保有接應任何條件之轉換所產生的種種可能），皆能提升、轉化生命的品質，以面對流動中的事物。

（四）平衡的運作與穩定之流程

所謂「創造」之意義，不是無限上綱的恣意狀態，它絕非是無端生事活標新立異；理由在於，這樣的一種動力是源自於自身自省的基本態度，儒家是「三省吾身」，道家則是「心齋」、「坐忘」；也因此，所謂的「調整」，就絕非是一種屈就，或是妥協的狀態，面對事物的流動以及局勢的轉變，互動的意義是在於對新局之穩定所作的努力；其兩者實為互通，相輔相成，吸取與推出將不斷地相互以良性循環的狀態使生命前進。思維在不斷翻新，但不是一場馳騁的盲目追求（為是不用而寓諸庸）；思維不斷在協同調整，但不是全然無知的同流合污（君子周而不比，小人比而不周〔註24〕）。因為，這是一場生命的「永續經營」。在「中性品質」被開啟的生命歷程中，將引領出謙卑的氣質、協同的機制、合作的精神、因應的智慧，以及創造的能力。據此，儒家能因其「反身」

〔註24〕 《論語・為政》。參見國立編譯館主編：《十三經注疏分段標點 19・論語注疏》，
頁 46。

而「誠」，道家則能因其「返」而「大」，因其「忘」而「逍遙」；這種生命體，採取平衡的運行，和諧的節奏前進，而不是膨脹自我且激進無方之矢。「中」的思維儼然成為生命的中心，是生命得以運行的底蘊，在生命發展與其流程當中，無不緊扣環繞這項思維核心；儒、道的生命情態何嘗不是對此思維核心之體與用。

（五）超越性的生命情態

儒、道兩家的「中道思維」，並非只是所謂「正反合」的論證方式，在尋求「中」的歷程中，「中」的實質確立，正是同時保有朝向另一個「中」的狀態前進時才能呈顯其完整；這意味著，生命的真實平穩與融洽，正是再度回歸到這繁雜且據實的人間才能展現其完滿。

以儒家而言：一個「不器」的「君子」，他必須是在多樣人間課題的碰觸上而開始重新思考自我，進而增進與拓展自我的思維向度，當然，思維也就同時起了轉化的作用；進一步，在多項參照與思維轉化之下，因應事理的方式也就可以推展而出；然而，事理的推展並非只是一套制式化的公式，真切體悟「中道」之真義乃是回歸到因時以變的生命狀態裡；從課題的碰觸到思維的轉化，從思維的轉化再到事理的推出，這只是思維上的推演，能真實符應思維之運作的，乃是活生生的人間舞臺，因時以變是最終的層次，它具有一種超越意義，超越在重新面對人間的種種課題上。經由碰觸、進入、調整，到最終的超越，無不在此一狀態之中，這正是所謂的：「聖之時者」。

相同的，以道家來說：所謂「得其環中」的思考，必先由洞悉到有「彼」便有「此」的第一階段開始，進而思索「彼此」之間所以相互成立的各種條件，思維、觀點、立場，乃至設想都能因此而進行調整重組；透過相互之間的條件探索，道家所要消融的正是自我之「成心」，理解此點，才能進一步到達「彼此」雙遣的第三階段，「中軸」推演的理路成一系統。然而，「樞始得其環中」的實際意義將有待「以應無窮」來呈顯其完整性，第一階段的「立」，第二階段的「破」，乃至第三階段的「破立」相容與雙遣，終將需要回到實際層面之應對才能展現生命之價值與意義；而此階段正是第四階段，是一種「超越性」的階段，是在「正反和」之思維後，能使「和」還須朝向另一個「和」前進的「超越」階段。以此延伸，道家的中道思維並無選擇抽離人生舞臺，所謂「以應無窮」的意義，正是再次重新面對那些繁雜的「彼」與「此」，彼此者，人間之真實狀態也。

不管儒家或是道家，這樣四種層次的思維推演，實顯現出一種特殊的思維模式，站在對「中道思維」的詮釋角度上更顯其生命意義，特別是第四層次的「超越性」。這樣的「超越性」，是對自我生命的一種創發與再造，亦是對人間課題的一種承擔及體現。所謂的「中道思維」，正是「進入其中」，進而「思索其中」，再而「調整其中」，以及最終保有「持續培養其中」的精神意志。

四、對論述的檢討與展望

本論文嘗試從思維模式的角度以進行對「中道思維」的研究，鎖定的探討課題與其基礎對象，正由儒、道兩家的生命情態中來進行；在中國思想的兩大系統中，我們發現儒、道對「中道」的詮釋與其豐富之運用。其中研究成果發現，有其相通，當然也有其別異；然值得注意的是，在其別異當中，卻有其共同的思維基礎，而在相通之處，又有其不同的展演方式；這讓我們思考到，儒、道兩家的思維底層並不衝突，他們將同時指向對生命的關懷與其責任，就「中道」而言，正是和諧的生命總體。

然而，更為重要的意義是，基於各自對「中道思維」的體悟與運用，以及掌握到「中道思維」的基本意涵，儒、道兩家的生命情態才能在中國思想的洪流發展史上相互吸收與交融；因為「中」的真切底蘊正是：謙卑的氣質、協同的機制、合作的精神、因應的智慧，以及創造的能力；中國思想的豐富與其活力，就在這樣的思維底蘊當中開出。藉由此底蘊的探尋，實際上能提供我們對生命的省思，我們必須好好重新檢閱我們自己，我們這一個民族。

透過層層的分析與探索，從思想家「實際上說了什麼？」開始，豐富的文本將提供我們研究的資糧；進而我們思索著思想家「表達了什麼？」、「可能要說什麼？」、「應當說些什麼？」，以及「現在必須說出什麼？」；思維層層開啟，我們一方欣喜有其所獲，然一方也深感基薄植淺。

回到「中軸」，回到「溫故知新」，回到「君子不器」與「上善若水」的共通精神，我們的論述必須接受更多的檢閱與批判，透過更多的碰觸來莊嚴其論述的內容與意義。本論文從「中道思維」出發，也同時站在「中道思維」的角度上來重新解讀儒、道兩家的思想內容，然而這些研究的成果將有待重重的檢視。誠如思維的創新，並非只是一場馳騁，其最為重要的，乃是站在其轉化的意義與其精神層次之提升上而顯其可貴。誠如，創造的詮釋學堅決反對任何徹底破壞傳統的「暴力」方式，也不承認不經過這些課題的認真探討而兀自開創

全新的思想傳統的可能性。創造的詮釋學站在傳統主義的保守立場與反傳統主義的冒進立場之間採取中道，主張思想文化傳統的繼往開來。創造的詮釋學當有助於現代學者培養正確處理「傳統」的治學態度。〔註25〕這樣的期盼與叮嚀正與「中道」的思維底蘊相符；擴展來看，這已經不只是治學範疇所要關懷而已，面對人間何嘗不是如此，生命的整體拓展也是一樣的；反觀本論文，仍需學習保有此份還需不斷吸取與推出的精神；斷章而論，難免有漏，取義且淺，必然有失，希冀日後能叩問十方有所圓成。

本論文目前只採取「宏觀」的視野來探視儒、道兩家對「中道思維」的推演歷程與其詮釋之內容，而尚未進一步探究各自其中思維之轉變與差異。誠如在儒家文獻資料中，將有待從「時代流變」之角度來深入分析其中對「中道思維」的不同詮釋，以及從中看出其思維方式在時代更迭之中所呈現的差異性與其意義。例如可以進一步分析孔、孟、荀在「中道思維」詮釋上之不同，以及《中庸》一書在思想承繼與轉化歷程中的差異。如同以老、莊思想差異的角度切入，針對文本之內容而言，尚待從中進行細部之研究，特別是找出老、莊在「中道思維」上之差異性。另外，單就《莊子》文本之內容而言，亦可進一步探析其內、外、雜篇等在相關議題思維上之差異，以看出「中道思維」在時代演進中的思想發展意義。這是未來可進行研究的一部份。

除此之外，從整體中國思想史的角度出發，「中道思維」這項課題，可以成為一個主題性的研究核心。往上溯源，可以持續在前諸子時代中，對其「中道思維」的發想與其醞釀之基礎思維內容進行研究。往下拓展，可以針對漢魏兩晉南北朝時代，對「中道思維」之思想的發展與其討論進行研究。進而可以持續探討「中道思維」在經「佛學思想」傳入中國之後，於思維推想上之接觸、轉化、融通之種種現象與其意義進行研究。接連可以持續觀察「中道思維」，在經「宋明理學」之吸收、消化之後，所推出的思想內容與其思維意義，特別是看出此時代對「中道」議題的關注與全新的詮釋。最終，可以持續思考「中道思維」在經「清代思想」發展的歷程中，其全面性的總體檢討與創發；特別是站在中西文化接觸的時代意義上進行探索。由此可知，我們可以藉由「中道思維」的思想主軸來重新探討中國思想的流變，並以此研究範疇來書寫中國思想史上新的一頁。這是未來本論文可以持續進行研究的另一部分。

〔註25〕參見傅偉勳：《從創造的詮釋學到大乘佛學──「哲學與宗教」四集》（臺北：東大圖書公司，1999），頁46。

參考書目

一、本論文主要論述分析之文本引用資料

1. 〔魏〕王弼等著：《老子四種》（含：老子王弼注、老子河上公注、馬王堆帛書老子、郭店竹簡老子）（臺北：大安出版社，1999）。

2. 〔魏〕王弼著〔日〕石田羊一郎刊誤：《老子王弼注》（臺北：河洛圖書出版社，1974）。

3. 〔清〕郭慶藩：《莊子集釋》（臺北：貫雅文化，1991）。

4. 〔清〕阮元校勘：《禮記注疏》（十三經注疏附校勘記）（臺北：大化書局，1989）。

5. 〔清〕阮元校勘：《論語注疏》（十三經注疏附校勘記）（臺北：大化書局，1989）。

6. 〔清〕阮元校勘：《孟子注疏》（十三經注疏附校勘記）（臺北：大化書局，1989）。

7. 國立編譯館主編：《十三經注疏分段標點 1・周易正義》（臺北：新文豐出版社，2001）。

8. 國立編譯館主編：《十三經注疏分段標點 10・禮記注疏（上）》（臺北：新文豐出版社，2001）。

9. 國立編譯館主編：《十三經注疏分段標點 11・禮記注疏（中）》（臺北：新文豐出版社，2001）。

10. 國立編譯館主編：《十三經注疏分段標點 12・禮記注疏（下）》（臺北：新文豐出版社，2001）。

11. 國立編譯館主編：《十三經注疏分段標點 19 · 論語注疏》（臺北：新文豐出版社，2001）。

12. 國立編譯館主編：《十三經注疏分段標點 20 · 孟子注疏》（臺北：新文豐出版社，2001）。

二、歷代古人著作（依朝代及作者姓氏筆畫排序）

1. 〔漢〕司馬遷：《史記》。二十五史（上海：上海古籍出版社，1991）。

2. 〔漢〕司馬遷：《史記》。《史記三家注》（臺北：七略出版社，1991）。

3. 〔漢〕班固：《漢書》。二十五史（上海：上海古籍出版社，1991）。

4. 〔漢〕許慎：《說文解字》（臺北：黎明文化，1996）。

5. 〔魏〕何晏：《論語集解》。王雲五主編（臺北：臺灣商務印書館，1975）。

6. 〔唐〕陸德明：《經典釋文》。孔子文化大全編輯部編輯（濟南：山東友誼書社，1990）。

7. 〔宋〕朱熹：《四書集註》（臺南：大孚書局，1991）。

8. 〔宋〕黎靖德編：《朱子語類》（北京：中華書局，1999）。

9. 〔宋〕蘇轍：《老子解》。明萬曆中繡水沈氏尚白齋刊本嚴一萍選輯（板橋：藝文印書館影印，1965）。

10. 〔明〕方以智：《東西均》（上海：中華書局，1962）。

11. 〔明〕釋憨山：《莊子內篇憨山註》收錄於《老子道德經憨山註；莊子內篇憨山註》（臺北：新文豐出版社，1996）。

12. 〔清〕王先謙撰沈嘯寰王星賢點校：《荀子集解（上）（下）》（北京：中華書局，1997）。

13. 〔清〕王船山：《船山全書》（長沙：嶽麓書社出版，1991）。

14. 〔清〕王船山：《老子衍》。收錄於《船山全書》第十三冊（長沙：嶽麓書社出版，1991）。

15. 〔清〕王船山：《莊子解》。收錄於《船山全書》第十三冊（長沙：嶽麓書社出版，1991）。

16. 〔清〕段玉裁：《說文解字注》（臺北：黎明文化，1996）。

17. 〔清〕黃式三撰張涅韓嵐點校：《論語後案》（南京：鳳凰出版社，2008）。

18. 〔清〕黃宗羲著全祖望補修：《宋元學案》（北京：中華書局，2007）。

19. 〔清〕程樹德撰程俊英蔣見元點校：《論語集釋》（北京：中華書局，1990）。

20.〔清〕劉寶楠:《論語正義》。清人十三經注疏（上海:上海古籍出版社，1993）。

三、近人著作（依作者姓氏筆畫排序）

1. 于省吾主編:《甲骨文字詁林》（北京:中華書局，1999）。

2. 王淮:《老子探義》（臺北:臺灣商務印書館，1982）。

3. 王輝:《商周金文》（北京:文物出版社，2006）。

4. 中國社會科學院考古研究所編:《殷周金文集成釋文（第四卷）》（香港中文大學中國文化研究所，2001）。

5.〔日〕中元村著徐復觀譯:《中國人之思維方法》（臺北:學生書局，1995）。

6.〔美〕本杰明・史華慈著程綱譯劉東校:《古代中國的思想世界》（南京:江蘇人民出版社，2005）。

7.〔法〕弗朗索瓦・于連著蘭素偉譯:《聖人無意:或哲學的他者》（北京:商務印書館，2004）。

8.〔美〕休斯頓・史密士著劉述先校訂劉安雲譯:《人的宗教》（臺北:立緒出版社，2003）。

9.〔美〕安樂哲・羅思文著彭國翔編譯:《自我的圓成:中西互鏡下的古典儒學與道家》。（河北:河北人民出版社，2006）。

10.〔美〕安樂哲・羅思文:《《論語》的哲學詮釋》（北京:中國社科出版，2003）。

11. 牟宗三:《才性與玄理》收錄於《牟宗三先生全集（二）》（臺北:聯經出版社，2003）。

12. 牟宗三:《中國哲學十九講:中國哲學之簡述及其所涵蘊之問題》（臺北:學生書局，1997）。

13. 牟宗三:《中國哲學的特質》（臺北:學生書局，1998）。

14.〔美〕余紀元:《德性之境──孔子與亞里斯多德的倫理學》（北京:中國人民大學出版社，2009）。

15. 余英時:《知識人與中國文化的價值》（臺北:時報文化，2007）。

16. 余英時:《中國思想傳統的現代詮釋》（南京:江蘇人民出版社，1998）。

17. 余英時:《中國知識階層史論（古代篇）》（臺北;聯經出版社，1978）。

18. 余英時:《歷史與思想》（臺北:聯經出版社，1976）。

19. 余英時:《現代儒學的回顧與展望》(北京:生活·讀書·新知三聯書店,2004)。

20. 吳怡:《新譯莊子內篇解義》(臺北:三民書局,2004)。

21. 吳怡:《中庸誠的哲學》(臺北:東大圖書,1976)。

22. 吳怡:《新譯老子解義》(臺北:三民書局,1994)。

23. 吳怡:《逍遙的莊子》(臺北:東大書局出版,1984)。

24. 杜維明:《杜維明文集》(武漢:武漢出版社,2002)。

25. 杜維明:《論儒學的宗教性:對中庸的現代詮釋》(武漢:武漢大學出版社,1999)。

26. 杜維明:《儒家思想:以創造轉化為自我認同》(臺北:東大書局出版,1997)。

27. 杜維明:《儒家傳統的現代轉化》(北京:中國廣播電視出版社,1992)。

28. 杜維明:《儒教》(上海:上海古籍出版社,2008)。

29. 杜保瑞:《莊周夢蝶──莊子新說》(北京:華文出版社,1997)。

30. 沈善增:《還吾老子》(上海:上海人民出版社,2004)。

31. 沈善增:《還吾莊子:《逍遙遊》《齊物論》新解》(上海:學林出版,2001)。

32. 胡適:《胡適作品集》(臺北:遠流出版社,1994)。

33. 韋政通:《中國哲學詞典》(長春:吉林出版集團,2009)。

34. 〔美〕倪德衛著周熾成譯:《儒家之道:中國哲學之探討》(南京:江蘇人民出版社,2006)。

35. 徐復觀:《中國人性論史》(臺北:臺灣商務印書館,1999)。

36. 徐復觀:《中國思想史論集》(上海:上海書店,2004)。

37. 徐儒宗:《中庸論》(杭州:浙江古籍出版社,2003)。

38. 〔美〕郝大維、安樂哲著何金俐譯:《通過孔子而思》(北京:北京大學出版社,2005)。

39. 高明:《帛書老子校注》(北京:中華書局,1998)。

40. 高柏園:《莊子內七篇思想研究》(臺北:文津出版社,2000)。

41. 許文偉:《宗周禮樂文明考論》(杭州:杭州大學出版社,1999)。

42. 崔大華:《莊學研究》(北京:人民出版社,1997)。

43. 張光直:《中國青銅時代(第二集)》(臺北:聯經出版社,1990)。

44. 張亨:《思文之際論集──儒道思想的現代詮釋》(臺北:允晨文化,1997)。

45. 張默生：《莊子新譯》（臺北：漢京文化事業，1983）。

46. 陳來：《古代宗教與倫理：儒家思想的根源》（北京：生活・讀書・新知三聯書店，1996）。

47. 陳滿銘：《中庸思想研究》（臺北：文津出版社，1989）。

48. 陳鼓應：《老莊新論》（上海：上海古籍出版社，1997）。

49. 陳鼓應：《老子注譯及評介》（北京：中華書局，2007）。

50. 陳鼓應：《莊子今注今譯》（北京：中華書局，2001）。

51. 陳鼓應：《道家文化研究（第十七輯）》。陳鼓應編（北京：生活・讀書・新知三聯書店，1999）。

52. 陳鼓應：《莊子哲學》（臺北；臺灣商務印書館，2007）。

53. 陳榮捷：《王陽明與禪》（臺北：臺灣學生書局，1984）。

54. 陳榮捷：《中國哲學論集》（臺北：中央研究院中國文哲研究所，1994）。

55. 陳榮捷著楊儒賓譯：《中國哲學文獻選編（上）（下）》（臺北：巨流圖書，1993）。

56. 傅偉勳：《從創造的詮釋學到大乘佛學──「哲學與宗教」四集》（臺北：東大圖書公司，1999）。

57. 勞思光：《中國哲學史》（臺北：三民書局，1981）。

58. 〔德〕雅斯貝斯：《歷史的起源與目標》（北京，華夏出版社，1989）。

59. 馮友蘭：《三松堂全集》（河南：河南人民出版社，2000）。

60. 馮友蘭：《中國哲學史新編上、中、下》（北京：人民出版社，2003）。

61. 〔美〕愛蓮心著周熾成譯：《向往心靈轉化的庄子──內篇分析》（南京：江蘇人民，2004）。

62. 楊伯峻：《春秋左傳注》（北京：中華書局，1995）。

63. 楊祖漢：《中庸義理疏解》（臺北：鵝湖，1986）。

64. 楊儒賓編：《中國古代思想中的氣論及身體觀》（臺北市：巨流出版，1993）。

65. 楊儒賓、黃俊傑編：《中國古代思維方式探索》（臺北：正中書局，1996）。

66. 楊儒賓：《莊周風貌》（臺北：黎明文化事業，1991）。

67. 楊儒賓：《儒家身體觀》（臺北：中央研究院中國文哲研究所籌備處發行，1996）。

68. 楊樹達：《論語疏證》（上海：上海股及出版社，2007）。

69. 葛兆光：《中國思想史（第一卷）七世紀前中國的知識、思想與信仰世界》

（上海：復旦大學出版社，2001）。

70.〔英〕葛瑞漢：《論道者：中國古代哲學論辯》（北京：中國社會科學出版社，2003）。

71. 熊公哲：《荀子今註今譯》（台北：台灣商務印書館，1995）。

72. 廖名春：《郭店楚簡老子校釋》（北京：清華大學出版社，2003）。

73.〔美〕赫伯特・芬格萊特：《孔子——即凡而聖》（南京：江蘇人民出版社，2002）。

74. 劉笑敢：《老子古今：五種對勘與析評引論（上）（下）》（北京：中國社會科學出版社，2006）。

75. 劉笑敢：《莊子哲學及其演變》（北京：中國社會科學出版社，1988）。

76. 劉長林：《中國系統思維：文化基因的透視》（北京：中國社會科學出版社，1997）。

77. 劉長林：《中國智慧與系統思維》（臺北：臺灣商務書局，1992）。

78. 蔡仁厚：《儒學的常與變》（臺北：東大圖書公司，1990）。

79. 鄭紅蕾：《從混沌到和諧——儒道理想與文化流變》（武漢：湖北人民出版社，1998）。

80. 鄭開：《德禮之間——前諸子時期的思想史》（北京：生活讀書新知，2009）。

81. 錢穆：《錢賓四先生全集》（臺北：聯經出版社，1998）。

82. 錢穆：《中國思想通俗講話》（臺北：素書樓文教基金會，2001）。

83. 錢穆：《孔子與論語》收錄《錢賓四先生全集（四）》（臺北：聯經出版社，1998）。

84. 錢穆：《中國近三百年學術史》（北京：商務印書館，1997）。

85. 錢穆：《莊子纂箋》（臺北：東大圖書公司，2003）。

86. 錢穆：《國史大綱》（北京：商務印書館，2002）。

87. 龐樸：《東西均注釋》（北京：中華書局，2001）。

88. 美國不列顛百科全書公司編著：《不列顛百科全書（國際中文版）》（北京：中國大百科全書出版社，1999）。

四、專書論文與期刊論文（依作者姓氏筆畫排序）

（一）專文類

1.〔美〕本杰明・史華慈：〈孔子：《論語》的通見〉《古代中國的思想世界》

（南京：江蘇人民出版社，2005）。

2. 牟宗三：〈向、郭之注莊〉《才性與玄理》收錄於《牟宗三先生全集（二）》（臺北：聯經出版社，2003）。

3. 余英時：〈儒家「君子」的理想〉收錄於《中國思想傳統的現代詮釋》（南京：江蘇人民出版社，1998）。

4. 余英時：〈從價值系統看中國文化的現代意義〉收錄於《知識人與中國文化的價值》（臺北：時報文化出版企業，2007）。

5. 杜保瑞：〈中庸哲學體系探究〉收錄於《孔學與二十一世紀國際學術研討會論文集》，2001。

6. 杜維明：〈東亞思想觀念中的「道德共範」〉收錄於《儒家思想——以創造轉化為自我認同》（臺北：東大書局，1997）。

7. 杜維明：〈儒家論做人〉收錄於《儒家思想——以創造轉化為自我認同》（臺北：東大圖書，1997）。

8. 杜維明：〈先秦儒家思想中的人的價值〉收錄於《儒家思想——以創造轉化為自我認同》（臺北：東大書局，1997）。

9. 杜維明：〈仁：《論語》中一個充滿活力的隱喻〉收錄於《儒家思想——以創造轉化為自我認同》（臺北：東大書局，1997）。

10. 杜維明：〈仁與禮之間的創造性張力〉收錄於《杜維明文集》第四卷（武漢：武漢出版社，2002）。

11. 杜維明：〈仁與修身〉收錄於《杜維明文集》第四卷（武漢：武漢出版社，2002）。

12. 杜維明：論著選譯：〈修身〉。收錄於《杜維明文集》第四卷（武漢：武漢出版社，2002）。

13. 狐安南：〈《莊子》中的經驗形態：感應與反映〉收錄於楊儒賓黃俊傑編：《中國古代思維方式探索》（臺北：正中書局，1996）。

14. 胡適：〈說儒〉收錄於《胡適作品集15》（臺北：遠流出版社，1994）。

15. 徐復觀：〈以禮為中心的人文世紀之出現，及宗教之人文化〉《中國人性論史》（臺北：臺灣商務印書館，1999）。

16. 徐復觀：〈孔子在中國文化史上的地位及其性與天道〉《中國人性論史》（臺北：臺灣商務印書館，1999）。

17. 徐復觀：〈從命到性——中庸的性命思想〉《中國人性論史》（臺北：臺灣商務印書館，1999）。

18. 徐復觀：〈文化新理念之開創——老子的道德思想之成立〉《中國人性論史》（臺北：臺灣商務書局，1999）。

19. 徐復觀：〈老子思想的發展與落實——莊子的心〉《中國人性論史》（臺北：臺灣商務印書館，1999）。

20. 許文偉：〈略論禮典的實行和《儀禮》書本的撰寫〉《宗周禮樂文明考論》（杭州：杭州大學出版社，1999）。

21. 張光直：〈談「琮」及其在中國古史上的意義〉《中國青銅時代（第二集）》（臺北：聯經出版社，1990）。

22. 張亨：〈先秦思想中兩種對語言的省察〉收錄於《思文之際論集——儒道思想的現代詮釋》（臺北：允晨文化，1997）。

23. 張亨：〈《論語》中的一首詩〉收錄於《思文之際論集——儒道思想的現代詮釋》（臺北：允晨文化，1997）。

24. 張灝：〈儒家的超越意識與批判意識〉收錄於《儒學發展的宏觀透視》杜維明主編（臺北：正中書局，1997）。

25. 湯一介：〈論儒家哲學中的超越性與內在性〉收錄於《儒學發展的宏觀透視》杜維明主編（臺北：正中書局，1997）。

26. 馮友蘭：〈先秦道家哲學主要名詞通釋〉收錄於《老子哲學討論集》（北京：中華書局，1959）。

27. 馮友蘭：〈再論孔子——論孔子關於「仁」的思想〉收錄於《三松堂全集》第十二卷。（河南：河南人民出版社，2000）。

28. 馮友蘭：〈論先秦早期道家哲學思想〉收錄於《三松堂全集》第十二卷。（河南：河南人民出版社，2000）。

29. 馮友蘭：〈論孔子〉收錄於《三松堂全集》第十二卷。（河南：河南人民出版社，2000）。

30. 馮友蘭：〈論莊子〉收錄於《三松堂全集》第十二卷。（河南：河南人民出版社，2000）。

31. 〔宋〕程明道：〈識仁篇〉。收入黃宗羲著全祖望補修：《宋元學案》卷十三〈明道學案上〉（北京：中華書局，2007）。

32. 傅偉勳:〈創造的詮釋學及其應用〉《從創造的詮釋學到大乘佛學——「哲學與宗教」四集》(臺北:東大圖書公司,1999)。

33. 裘錫圭:〈郭店《老子》簡初探〉收錄於《道家文化研究(第十七輯)》(北京:生活・讀書・新知三聯書店,1999)。

34. 陳榮捷:〈仁的概念之開展與歐美之全釋〉收錄於《王陽明與禪》(臺北:臺灣學生書局,1984)。

35. 陳榮捷:〈中國哲學史話〉收錄於《中國哲學論集》(臺北:中央研究院中國文哲研究所,1994)。

36. 蔡仁厚:〈儒學的常與變——從經權原則看儒家的鮮活之氣〉收錄於《儒學發展的宏觀透視》杜維明主編(臺北:正中書局,1997)。

37. 錢穆:〈漫談論語新解〉《孔子與論語》收錄《錢賓四先生全集(四)》(臺北:聯經出版社,1998)。

38. 龐樸:〈作為思想方法的中庸之道〉收錄於《儒學發展的宏觀透視》杜維明主編(臺北:正中書局,1997)。

(二)期刊類

1. 王大千:〈「中和」、「中道」與「中庸」辨〉,《孔孟月刊》,第三十二卷,第八期,1994。

2. 朱嵐:〈論儒家的中庸價值觀〉,《中華文化月刊》,第 20 期,1977。

3. 徐聖心:〈真人不夢與莊周夢蝶〉,《中國文學研究》第 5 期,1991 年 5 月。

4. 從春俠:〈早期儒家的中庸境界〉,《清華大學學報》,1998 年 02 期)。

5. 曹礎基:〈一個博大精尖的客觀唯心主義體系——莊子學派哲學思想論辯〉,《哲學研究》第八期,1980。

6. 黃秋韻:〈《中庸》哲學中仁之主體性地位之探討〉,《鵝湖》,第三十二卷,第四期,2006。

五、博碩士論文(依作者姓氏筆畫排序)

(一)博士論文

1. 丁亮:《「無名」與「正名」——論中國上中古名實問題的文化作用與發展》(臺中:東海大學中國文學研究所博士論文,2003)。

2. 王聰明:《中庸形上思想研究》(臺北:國立師範大學國文學研究所博士論文,1997)。

3. 吳怡:《中庸誠字的研究》(臺北:文化大學中國文學研究所博士論文，1971)。

4. 徐聖心:《莊子「三言」的創用及其後設意義》(臺北:國立臺灣大學中國文學研究所博士論文，1998)。

5. 高柏園:《中庸形上思想之研究》(臺北:中國文化大學哲學研究所博士論文，1985)。

（二）碩士論文

1. 史幼屏:《《中庸》義理型態之定位問題研究》(臺中:東海大學哲學研究所碩士論文，1994)。

2. 李高梅:《中庸道德思維及其生命實踐之研究》(嘉義:南華大學哲學研究所碩士論文，2007)。

3. 李銀淑:《《中庸》實踐哲學研究》(臺北:輔仁大學哲學研究所碩士論文，2003)。

4. 周芳如:《《中庸》「誠」的研究》(臺北:輔仁大學哲學研究所碩士論文，2001)。

5. 張佑禎:《《中庸》的中和思想研究》(臺北:東吳大學哲學研究所碩士論文，2009)。

6. 黃秋韻:《中庸的道德形上學》(臺北:輔仁大學哲學研究所碩士論文，1993)。

7. 楊植博:《《中庸》天道與人道思想研究》(嘉義:南華大學哲學系研究所碩士論文，2007)。

8. 詹博婷:《《中庸》人文精神之研究》(臺北:中國文化大學哲學研究所碩士論文，2008)。

9. 劉家一:《〈中庸〉思想與「誠」的實踐》(高雄:國立中山大學中國文學研究所碩士論文，1996)。